김효권의
골프가 예수을이네!
개정 2판

지앤오미디어
서울 송파구 올림픽로 32길11
e-mail : hkim501@gmail.com

Copyright © Hyokwon Kim 2012
All rights reserved.
저작권법에 의하여 보호를 받는 저작물이므로 무단전재와 무단복제를 금합니다.

이 책에는 네이버에서 제공하는 나눔글꼴이 적용되어 있습니다.

김효권의
골프가 예수이네!

개정 2판

글, 그림 김효권
감수 김재열

머리말

> "밥 먹고 골프만 친다면, 나도 싱글…"
> 내기 골프는 "본전만 하자."

골프채를 잡은 지 어언 20년 하고도 몇 해가 지났다. 개·콘의 달인도 16년이면 되던데…… 골프를 매일 칠 수는 없었지만 골프에 대한 열정만큼은 감히 달인(達人)을 넘어 도인(道人)의 경지에 올랐음직도 하다. 그러나 골프가 그렇게 호락호락한 운동이 아님을 깨닫는데는 그 세월의 반을 까먹었다.

공이 물에 빠지고 벙커에 박혀도 표정 관리해 가며 보란 듯이 살려 냈을 때의 그 짠한 손맛을 잊지 못해 엄동설한에도 삽질해 가며 그 긴 세월을 순간처럼, 나이스 샷만을 위해 수도자와도 같은 길을 걸어 온 것 아니겠는가. 분명 매력 있는 게임인 것만은 틀림이 없다.

지나온 세월만큼이나 많은 실수와 시행착오를 거치면서 얻은 경험과 자료들이, 나와 비슷한 길을 걷게 될 아마추어 골퍼들에게 도움이 되었으면 하는 생각에 논문 쓰는 심정으로 이 책을 만들었다.

지름길이 있다.

골프에는 지름길이 없다고 하던데? 아니…. 있다! 머리 올리고 8개월 만에 싱글 점수를 쳤다는 사람, 1년 만에 언더 파를 쳤다는 사람, 최저타가 67타 라는 사람. 이를 마치 훈장 달고 다니듯 자랑하는 아마추어 골퍼들이 간혹 있다. 자랑할 만하고 또한 부러운 일이다. 더 솔직하게 말한다면, 그런 사람의 실력이나 스코어 보다 골프에 투자하는 경제적, 시간적 여유가 더 부럽고 무엇

보다 마누라의 눈치를 무시할 수 있는 강심장이 존경스럽다.

하지만 당신도 '**밥 먹고 골프만 친다면**' 장담하건데 금방 싱글 점수에 언더 파도 가능한 일이다. 골프만큼 실전의 경험을 많이 요구하는 운동도 드문데 기껏해야 일주일에 한 번도 갈까 말까 하는 라운드, 약속 날이 잡혀야 연습장에 갈 정도인데 점수가 줄지 않는 것은 당연한 일이다.

연습장에서는 닭장 프로같은데 필드에만 나가면 스코어가 잘 나오지 않는다. 그립, 셋업 자세, 스윙, 리듬 다 좋은데 뭐가 문제인가? 하지만 연습장에서의 연마는 한계가 있다. 전략적인 코스 공략, 게임을 풀어가는 매니지먼트나 어려운 상황에서 대처하는 판단력과 자제력, 거리 측정 능력, 그린 읽기 등은 필드 경험에서만 얻을 수 있는 것들이다. 필드에 자주 나가는 사람을 이기기 힘들 수밖에 없다.

이 책에서는, 필드를 자주 나가지 못하는 아마추어 골퍼들을 위해 실전에서 접하게 되는 여러 상황들을 활용도와 성공률이 높은 나만의 경험으로 엮어 보았다. 비록 여기에 표현한 내용들이 지름길이 아닐지는 몰라도 빠른 길로 가는 방향을 제시할 것이라 믿는다.

내기에 강한 골프를 추구한다.

흔히들 '드라이버는 쇼(Show)고 퍼터는 돈(Money).'이라는 말을 많이 한다. 실질적으로 스코어를 만드는 것은 결국 퍼팅이라는 뜻이다. 이 말에 전적으로 동감하는 입장에서 화려한 골프보다는 실리적인 골프, 즉 돈이든 점수든 '**잃지 않는 골프**'를 지향하는 바이다. 진짜 돈 내기의 '노름'은 삼가야 하지만 여기서의 'Money'는 골프 스코어를 비유적으로 표현한 것쯤은 다 아시리라 믿는다. 아마추어 골프에서의 내기는 단지 게임의 박진

감을 더하기 위한 수단일 뿐이다.

내기 골프에서, 과연 돈을 땄을 때가 가장 재미있을까? 친구든 거래처든, 윗사람이든 후배든, 고수든 하수든 간에 상대의 돈을 가진다는 것은 부담스럽다. 아무리 작은 내기 골프라 해도 **'잃지 않았을 때'**가 최고로 즐거운 게임이다. 개평 주는 기분도 뿌듯하겠지만, 본전을 했다는 것은 돈이 돌고 돌았기때문에 적당히 긴장감도 있었을 터, 무엇보다 남의 돈으로 하루 잘 즐겼기에 가장 값지고 알찬 게임이 되지 않았을까. 그래서 **"이기는 골프"** 보다는 **"지지 않는 골프"**를 추구하는 것이 내기 골프에 대한 나의 일관된 신조이다.

돈 잃고 기분 좋은 사람 있으랴. 돈을 잃지 않는 최선의 방법은 내기를 하지 않는 것이고, 그렇지 않다면 숏 게임의 연습에 시간과 장비를 투자하는 것이 최선이다. 연습에 투자한 시간을 대비해 보면 짧은 시간에 점수 만들기가 더 쉬운 쪽은 숏 게임이기 때문이다. 진정 골프의 고수가 되려면 숏 게임을 빼고는 불가능한 일이다. 그래서 숏 게임에 대한 테크닉과 공략적인 내용을 보다 많이 담고자 했다.

'일관성' 있는 골프는 돈을 잃지 않는다.

주말 골퍼의 특징 중 하나가 들쭉날쭉한 스코어 일 것이다. 어쩌다 나가는 라운드로는 다음 게임까지 필드 감각을 유지하기가 쉽지 않다. 그러나 자신만의 확고한 게임 운영에 대한 철학과 스윙의 메커니즘에 대한 이해를 가지고 있다면 띄엄띄엄 가는 라운드라 할지라도 그리 크게 흔들리지 않는 게임을 할 수 있다. 일관성을 갖기 위해서는 쉽고 간결한 자신의 스윙이 필요하다.

아마추어로서 골프에 대한 나의 첫째 모토는 '일관성 있는 플레이'이다. 나름 어떻게 하면 '일관성 있는 골프를 할까'에 대한 고찰 내지는 고민도 많이 했다. 이 책에서도 일관성 있는 골프가 될 수 있도록 몇 가지 방법을 언급 하였다.

특별히 일관성이 중요한 이유는 '내기에서 지지 않는 골프'를 할 수 있기 때문이다. 그 날의 라운드에서 동반자 중의 누구 한 명은 흔들리는 자가 항상 발생한다. 흔히 말하는 '물주' 혹은 '보험'이 있기 마련이다. 즉 못 친 사람에게 받아서 잘 친 사람에게 교통정리를 하면.... 일관성 있게 자신의 점수만 지켜 나가면 절대 돈 잃는 일은 없다. 남의 돈으로 하루를 실컷 즐길 수 있다는 뜻이다. 하지만 동반자 중에는 오늘따라 잘 맞는 사람도 있기에 자신이 물주가 될 수 있음을 명심해야 한다.

나의 긴 골프 히스토리에 비해 내세울만한 이야기 깜(?)이 그리 많지는 않다. 굳이 말 한다면 나의 골프는 '화려하진 않지만 흔들림 없는 골프'를 한다고 자부한다. 이 책에서도 이런 나의 색깔을 나타내고 싶었다.

이 공간을 빌어, 시카고에서 나의 머리를 올려준 박완철 대표와 켈리. 골프에 불을 붙여준 차구현 박사. 나의 밥, 주인성과 이지수 소장. 영원한 맞수 김수동 원장과 정운태 사장... 그리고 나의 골프 인생에 인연이 닿았던 모든 이에게 고마움을 표하는 바이다. 무엇보다 새벽 골프에 도시락까지 챙겨줬던 마누라에게는 어떤 글로 어떻게 표현해야 할지 잘 모르겠다. 이 책을 쓰게끔 만들어 준 모든 이에게 감사할 따름이다.

김효권 씀

감수자의 말

김재열
현 SBS 골프 해설 위원
현 하나 골프 투어 대표이사

　필드의 경험이 현실감 있게 담겨 있어 고수의 노하우를 그대로 전달 해 준다. 골프의 다양한 면을 다루어 또 다른 재미를 주고 보다 폭 넓게 이해할 수 있는 기회를 제공한다.

　몸으로 하는 골프는 물론 머리로 생각하고 가슴으로 즐기는 골프를 강조하고 있다. 현명한 코스 공략법과 게임을 메니지먼트하는 방법들을 제시하고 있어 초급자는 물론 중상급자에게도 많은 도움이 되리라 믿는다.

　궁극적으로 아마추어 골프는 재미가 있어야 한다. 골프를 보다 다양하고 재미있게 즐기는 방법들을 소개하고 있다.

　빠른 시간 내에 잘 치고 싶다면, 내기 골프에서 더 이상 잃고 싶지 않다면, 하수 소리를 빨리 벗어나고 싶다면 숏 게임에 투자하라는 얘기에 동감한다.
　불가피한 내기 골프에서 잃지 않는 방법은 '일관성 있는 골프'를 하는 것. 저자가 가장 강조하고 있는 '일관성'은 자주 필드에 나가지 못하는 골퍼들이 귀담아 들어야 할 부분이다.

아무리 불꽃 튀는 내기 게임이라 할지라도 동반자간에 친교의 목적 또한 잊어서는 안 된다. 그래서 골프의 매너와 에티켓도 강조하고 있다.

건축을 전공한 저자의 재미있는 삽화와 함께 스토리도 흥미롭다. 무엇 보다 많은 그림을 통해 이해 하기 쉽게 설명하고 더불어 책을 읽는 재미도 함께 제공하고 있다.

자신의 골프를 한 단계 업그레이드 하기를 원한다면 이 책을 권하고 싶다. 아마추어 골퍼들에게는 좋은 지침서가 될 것임을 확신한다.

머리말 _4

1부 에피소드 Episode

- **작은 소망** _18
- **싱글의 기도** _20
- **가정의 행복과 골프** _24
- **구찌는 없다** _28
- **질질 흘리는 사람들** _32
- **친구의 친구** _36
- **골프 즐기기** _42
- **매일 골프 치는 사람** _46
- **필드 패션에 대한 일고(一考)** _50
- 드라이버는 **남자의 자존심?** _54
- **리듬은 4/4 박자** _58
- **템포는 안단테** _62

2부 내기 골프 잃지 않기

1장_ 매니지먼트 _71
- ❶ 내기 골프에 지지 않으려면_72
- ❷ 아마추어들이 잊어버려야 할 샷들_78
  - 로브 샷
  - 드로우 샷, 페이드 샷
- ❸ 아마추어라도 이 정도의 기술 샷은_82
  - 펀치 샷
- ❹ 백 스핀에 대한 오해와 진실_85
- ❺ 숏 게임일수록 정확한 거리의 측정이 중요_88
  - 그린의 크기로 목측한다.
  - 걸음 걸이로 보측한다.
  - 앞 핀, 뒤 핀은 엣지에서 10m로 계산한다.
  - 평소 일상 속에서 거리 감을 익혀 놓자.
- ❻ 그린 위에 그림을 그리자._91
- ❼ 쉬운 듯 까다로운 짧은 퍼팅_92
  - 짧은 퍼팅의 실패 요인
  - 짧은 퍼팅, 자신감 만들기
- ❽ 골프는 좋은 그립에서 시작된다._98
  - 손의 역할/그립 방식/순서/방법/그립 요령
- ❾ 정확도와 비거리의 대결_105
- ❿ 일관성 있는 골프를 추구한다._109
  - 장타의 유혹에서 벗어나자.
  - 3/4 스윙이면 충분하다.
  - 숏 게임은 감(感)이 아니라 매뉴얼에 따라 한다.
  - 상대를 이기려 하지마라.
  - 공략은 안전하게, 샷은 과감하게.

2장_ 연습장에서 _117

1. 연습장에서는_118
2. 웨지 샷 연습하기_122
3. 웨지의 거리 조절 연습_124
4. 스코어를 줄이는 가장 빠른 연습 방법_126
5. 어느 클럽이 더 중요할까?_130
6. 특별한 연습 방법 소개_132
7. 뒤땅_133
8. 집에서의 퍼팅 연습_134
9. 골프장에서의 퍼팅 연습_136
10. 거리에 대한 나만의 메뉴얼 만들기_138
11. 클럽, 멋으로 구입하지 말아야_143
12. 아이언 클럽에 대해서_146

3장_ 공략 노트 _150

1. 필드에서의 공략_151
   - 티 샷의 페어웨이 공략
   - 100yd(90m) 이상의 세컨 샷 공략
   - 앞 핀과 뒤 핀의 공략
   - 경사지에서의 거리 계산
   - 경사지에서는 셋업이 중요하다.
2. 그린 주변에서의 핀 공략_168
   - 공을 떨어뜨릴 지점을 찍어라.
   - 오르막 퍼팅이 남도록 한다.
   - 특별한 경우가 아니면 무조건 굴려서 붙인다.
   - 시간이 허락하는 한 그린을 살핀다.
   - 퍼터는 가장 다루기 쉬운 클럽이다.
   - 경사지에서의 요령
   - 굴릴 것인가? 띄울 것인가?

❸ 퍼팅 그린에서의 공략_180
- 퍼팅 순서
- 빈 스윙(연습 스윙)은 필히 한다.
- 숏 퍼팅
- 롱 퍼팅
- 퍼팅 라인 읽기
- 2단 그린
- 2중 경사
- 그린 위의 볼자국을 확인한다.
- 더 이상 3-퍼팅은 없다.
- '더 이상 3-퍼팅은 없다.' 총 정리

❹ 벙커에서의 공략_213
- 벙커 샷의 거리 조절
- 모래 상태에 따라 샷이 달라진다.
- 벙커는 탈출이 우선이다.
- 벙커는 무조건 피해야 하는 이유

4장_ 숏 게임 기본기 다지기 _225

❶ 그린 주변에서의 숏 게임_226
- 그린 주변 40m 이내에서 상황별 어프로치
- 그린 주변 40m 이내에서 샷의 유형
- 굴리는 샷
- 띄우는 샷
- 아주 높게 띄우는 샷
- 40~100m 사이의 어프로치 샷

❷ 퍼팅의 기본기_250
- 견고한 그립
- 안정된 자세
- 일관성 있는 스윙

❸ 벙커 샷의 이해_265
- 벙커 샷의 이해
- 기본 자세
- 트러블 샷(Trouble shot)

3부 골프 2배 즐기기

1장_ 기본 용어 _278
- ① 잘못 알고 있는 용어들_279
- ② 코스_284
- ③ 클럽의 부분별 명칭_286
- ④ 자세_287

2장_ 골프 기록 하기 _288
- ① 골프 기술에 관련된 기록_289
- ② 나의 기술 종목 기록 하기_291

3장_ 코스 사전 탐색 하기 _296
- ① 위성 사진 제공 사이트_296
- ② 나만의 공략집_299

룰과 에티켓

1장_ 골프 룰 _306
  ❶ 알고 있어야 할 기본적인 룰_306

2장_ 골프 에티켓 _319
  ❶ 초보 골퍼들이 놓치기 쉬운 에티켓_320
  ❷ 퍼팅 그린에서 꼭 지켜야 할 에티켓_323
  ❸ 벙커 에티켓_327

3장_ 구제 _328
  ❶ 구제 받을 수 있는 경우_329
  ❷ 구제 받을 수 없는 경우_335

4장_ 벌타 _338
  ❶ 페널티 구역_339
  ❷ 언플레이어블 볼_342
  ❸ 오비와 로스트 볼_344
  ❹ 로컬 룰_345

Part 1
에피소드

작은 소망
싱글의 기도
가정의 행복과 골프
구찌는 없다
질질 흘리는 사람들
친구의 친구
골프 즐기기
매일 골프치는 사람
필드 패션에 대한 일고(一考)
드라이버는 남자의 자존심?
리듬은 4/4박자
템포는 안단테

작은 소망

글 : 김효권
그림 : 김효권

어느 비오는 날, 꼴푸치다 번개 맞은 K씨. 단지 꼴푸를 좋아했을 뿐인데... 그만...골로 갔다....ㅠㅠ

염라대왕의 명을 받자와 이쁜 캐디 저승사자가 마중을 나왔다.

골프를 사랑하시는 염라대왕님. 오늘도 마음은 필드에 계신데...

명단을 확인하던 대왕께서는 뭔가 이상하다는 표정이다. 아무래도 캐디 사자가 다른 사람을 데리고 온 모양이다.

그래서 이승으로 다시 돌려 보내기로 결정하고는... 미안한 마음에 소원 한가지를 말하라 하신다.

1

에피소드

"한달에 한번이라도 골프 칠 수 있는 당신은.... 정말 행복한겁니다."
_효권 생각

싱글의 기도

글 : 김효권
그림 : 김효권

오늘도 **오팔맨**.
힘찬 싱글의 길을 누비면서

떠오르는 저 태양을 향해

경건한 마음으로 고개 숙여
기도를 올린다.

골프를 사랑하시는 **야마**님께.

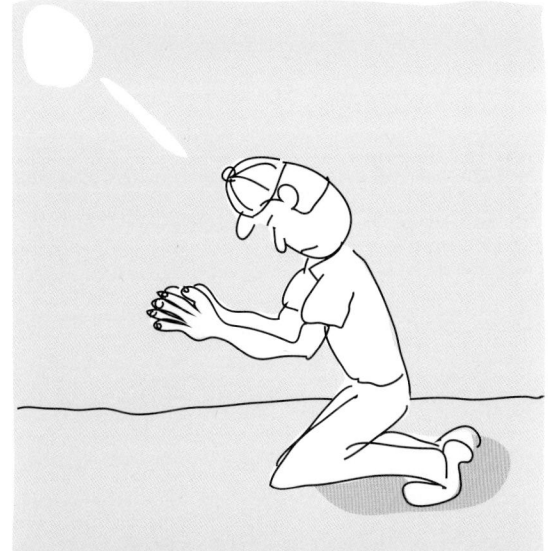

"O.B가 나도
보기로 막게 해 주시고…"

"언제나 투빠따로
끝나게 해 주시고…"

"배판일 때 뻐디 항개 정도
나오게 해 주시옵고…"

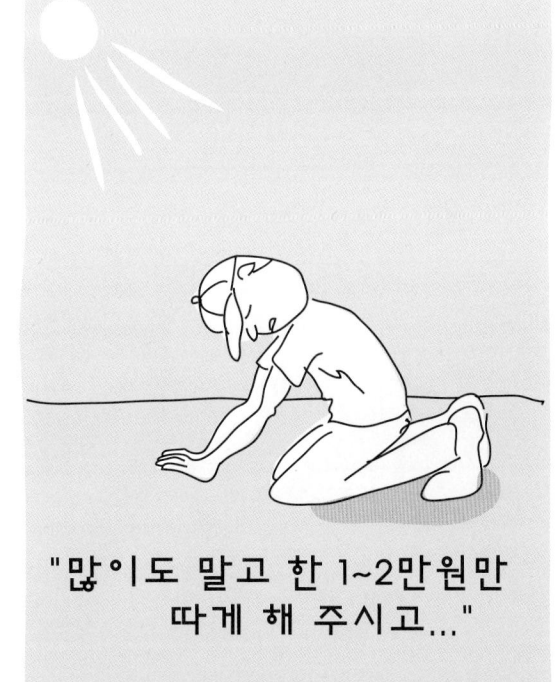

"많이도 말고 한 1~2만원만
따게 해 주시고…"

바로 그 때...
하늘에서 꼴푸공 하나가 날아와서

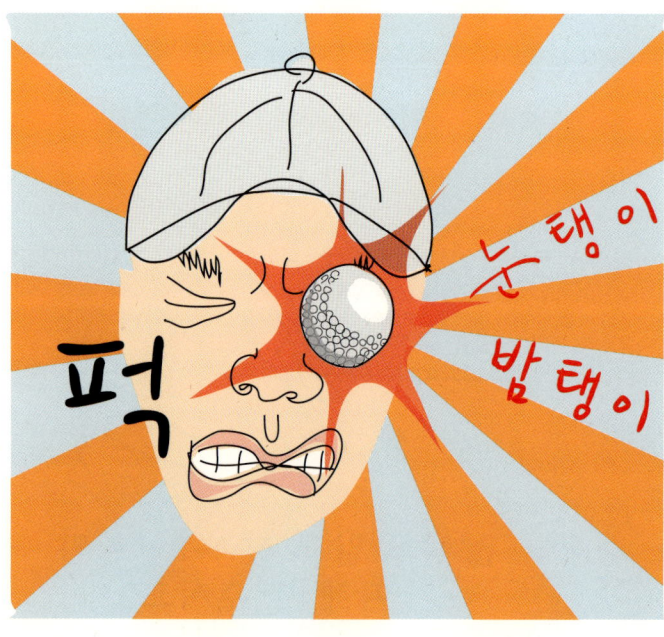

저 멀리 하늘이 뽀사지면서
보일 듯, 말 듯...

눈탱이를 밤탱이로 만든다.

1 에피소드

짜~잔하고 나타나신 **야마**님!
응징의 한방을 날리셨다.

포스 작열하는 **골핑야마.**

한 밀씀 하시는데...

골퍼들이여!
너무 많은 걸 바라지 말지어다. _효권 생각

가정의 행복과 골프

소제 : 골프와 정력

당신은 골프를 치고 온 후, 아내에게 미안한 마음이 들어서 눈치를 본적이 있는가? 잘 보이기 위해서, 아니면 다음에 또 가기 위해서 어떤 서비스를 하고 있는가? 기껏해야 마트 가서 카트 끌어 주기? 아니면 외식하기? 설거지 해주기? 그것도 아니면 아무렇지도 않게 지낸다고? 설마 그렇게 용감하지는 않을 테고...

그래서, 당신에게 펼쳐 질 긴 골프 인생을 아내의 눈치로부터 완전 해방할 수 있는 확실한 방법을 제시하려 한다. 좋은 제안을 드리려는 참이고 조금이라도 공감한다면 시도해 보길 권한다.

어느 하루, 날을 잡아서 다음의 얘기들을 아내에게 들려준다.

〈다음〉

고대 이집트에서는 아기를 갖지 못하는 여성들을 대상으로 정기적인 성지순례를 가졌다고 한다. 명분은 종교적인 순례지만 실제로는 많이 걷게 유도하는 것이었다. 특별한 교통수단이 없었기 때문에 자연스럽게 많이 걸음으로서 발바닥에 뻗혀 있는 생식 신경을 자극하여 성기능을 활발하게 하려는 시도였다. 그리하여 아이를 많이 출산하도록 해서 남아들을 전쟁터에 보내기 위한 집정자들의 의도적인 다산정책 이였다고나 할까.

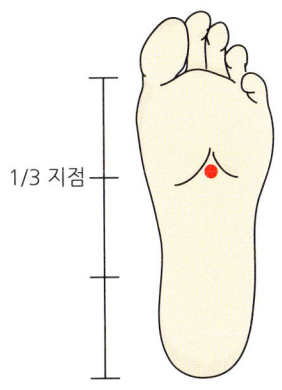

용천혈의 위치
발가락을 뺀 발바닥 부분에서 1/3 지점인 움푹 들어간 부분.

　그리고 중국의 진시황은 어린 여자 신하들을 시켜 발바닥을 주무르게 했다. 발바닥의 '용천혈(湧泉穴)'을 마사지하여 성적 욕구를 증대시켰다고 한다. 우리나라의 풍속에서도 볼 수 있다. 남자가 장가를 들면, 신부 집에서는 신랑을 거꾸로 매달아 놓고 발바닥을 때리는 풍습이 있다. 아빠나 오빠 되는 사람이 때리면 신부는 살살 하라며 말리기도 하고… 어릴 적에 바짝 말린 명태로 때리는 것을 본 적도 있다. 곱게 키운 딸, 뺏어 간다고 미워서 때렸겠나. 피곤한 신랑의 '용천혈'을 자극하여 왕성한 밤을 지내라는 조상의 지혜가 담겨있는 문화이다.

　골프는 발바닥을 많이 자극시키는 걷기 운동이다. 그래서 옛날 스코트랜드에서는 젊은 청년들이 라운드를 마친 후, 끓어오르는 (?) 혈기를 누를 길이 없어 거리로 나선다. 걸 헌팅을 하러 다운타운 거리로 나간다. 그것이 바로 19홀의 전설이 되었다는 근거 없는 썰(說)이 있기도 하다. 하지만 진지하게 믿음을 주며 이야기를 이어나긴다.

　빼 먹지 말아야 할 게 또 있다. 골프란 운동은 허리의 회전 운동으로 하는 스포츠다. 몸통의 회전 운동으로 인해 허리 아래에 있는 사정중추(射精中樞)가 자극된다고 한다. 골프의 스윙은 자연스러운 허리의 꼬임이므로 당연히 그 쪽 방면이 발달 될 터이고 허리를 제대로 돌려 나이스 샷을 많이 날릴수록 부부관계에서도 만족스러운 굿샷을 날릴 수 있다는 얘기.

　이와 같이 사실에 근거한 내용들을 쭉 설명을 한 후, 다음 단계로 들어간다. 여기서 부터가 중요하다. 라운드를 한 날, 집에 오면 약간은 피곤하겠지만 참아야 한다. 소파에 기대어 꾸벅꾸벅 조는 행동은 금물이다. 그날 밤은 무슨 일이 있어도 의무 방어전이 아니라 지명전(指名戰)을 가져야 한다. 부부간의 애정도 확인하고 그간의 회포도 풀 겸 해서.

1 에피소드

무조건이다. 골프를 치니 이렇게 몸에서 힘이 솟는다는 것을 보여 줘야 한다. 아내가 속으로 "아마 전에 했던 '용천혈' 얘기가 진짜구나."라고 느낄 수 있도록 최선을 다한다. 당분간은 필드에 나갈 때 마다 서비스 하는 것을 원칙으로 한다.

분명, 밥상이 달라질 것이다. 다음부터는 눈치 보며 골프가방 챙길 일도 없고 사업상 간다는 구차한 변명도 필요 없다. 잘 다녀오라며 마중 인사까지 할지도 모른다. 잊을 만하면 전에 했던 얘기들을 가끔씩 다시 들어 주면서 "골프를 치고 오니 소화도 잘되고 막 힘이 솟는다."는 말을 자주 한다. 그리고 몸으로 증명해 보인다. 안되면 의약품의 힘을 빌어서라도 의무전(戰)을 치르라고 권하고 싶다.

그런데 여기서 의문점 하나. "그럼 일주일에 두세 번 나가는 사람은 코피 터져 죽겠네."라는 이도 있을 게다. 그렇지 않다. 두세 번을 나가는 사람이라면 대게 한두 번은 아내 모르게 나가는 사람이든지 아니면 마누라 눈치를 안 보는 사람일 게 분명하다. 그 만큼 능력이 있어 아내에게 부족한 것 없게 해주는 사람이면 눈치 볼 필요가 없지 않겠는가? 남편이 물적이든 심적이든 풍부하게 많은 걸 제공하고 있는 사람이라면 일주일에 열두 번을 나간들 아내가 뭐라 하겠는가. 건강과 사업을 위해서 치겠다는데. 이런 사람들은 열외.

왠지 눈치가 보이는 사람들에게 조언을 드리려는 것이다. 사실 나의 입장도 그럴 능력이 조금 모자라서 아내의 눈치를 보는 것이고 대신 골프 친 날은 꼭 몸으로 마음으로 봉사를 하곤 했다.

이렇듯 오랜 세월을 같이 해야 할 골프이기에, 개인적으로 가장 중요하다고 여겨지는 아내와의 관계를 잘 매니지먼트 해 나갈 필요가 있기에 여러 분들에게 드리는 조언이며 조금이나마 보탬이 되길 바랄 뿐이다.

부부의 금실이 두터워져서 '가정의 행복'도 얻고, '골프의 명분'도 살리고, 또 '건강'도 챙긴다. 대단하고 멋진 발상 아닌가. 이것이 바로 **'꿩 먹고 알 먹고, 꿩 털로 입 닦고.'** 아니겠나. *h.kim*

라운드 후의 피곤은 바로 풀자.

용천혈(湧泉穴)을 자극하라.
필드에 갔다 온 후, 거실의 소파에 편하게 앉아서 골프공을 발로 밟고 꾹 눌러 주거나 앞뒤로 돌려준다. 발바닥의 용천혈 자리에다 대고 비비면 피로가 빨리 풀릴 것이다.

피로를 풀어주고
혈압을 낮춰주고
정력이 좋아지고
노화를 막아주고 ....

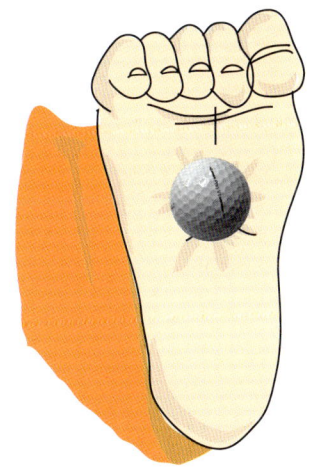

소파에 다리를 올리고 바닥에 눕는다.
4~5시간 동안의 라운드로 혈액이 하체 쪽에 많이 쏠려 있다보면 다리도 붓고 피로감이 오래간다. 다리를 몸보다 위쪽으로 향하도록 하면 빨리 회복이 된다.

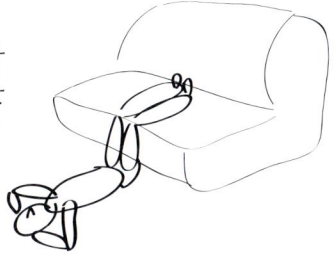

구찌는 없다

에피소드 1

게임의 흥미를 유발하기도 하고
분위기를 살벌하게 만들기도 한다.

입(口)을 일본말로 '구찌(くち)'라 한다. '오랄(Oral)' 또한 영어로 '입의', '구술(口述)의'의 뜻이다. 둘 다 '입'이란 의미이다. 주로 말로서 상대를 놀리거나 방해할 때 속어처럼 쓰이곤 한다. 짧은 퍼팅을 하려고 집중을 다하고 있는데 옆에서 "약간 내리막이네. 조심해." 하면서 슬쩍 한마디 내 뱉는다. 그 말을 듣는 순간 부터 "오르막인 것 같았는데….진짜 내리막인가?" 속으로 생각하며 다시 한번 보게된다. 헷갈리기 시작한다. 괜히 말려드는 것 같기도 하고 신경이 쓰이며 혼란스러워 진다. 도와주기 위한 말인지 아니면 방해하려는 멘트인지 도무지 알 수가 없다. 이런 때 하는 말로 '구찌를 하다.' 혹은 '오랄을 넣다.'라는 표현을 쓰기도 한다.

골프 판에서는 '입(口)'보다는 뱉어내는 '말(言)'이란 의미가 더 정확할 것 같다. '방햇말'이라고나 할까. 그 말(言)은 상대방으로

하여금 심리적 흔들림을 주어 실수를 유발시키고자 하는 의도였을 수도 있다. 좋은 뜻으로 했든 나쁜 뜻으로 했든 상대가 반응을 보인다면 일단 구찌가 먹혀 든 게 틀림없다. 골프라는 운동이 집중력을 끝까지 유지하여 실수를 얼마나 줄이느냐에 달린 게임이라면 독침과 같은 말 한마디에 상대의 실수를 야기 시킬 수 있다는 것은 진정 최고의 무기가 아닐 수 없다.

약간의 구찌가 있기에 게임의 흥미가 더해지는 것도 사실이다. 은근 슬쩍 흘린 구찌가 먹혀들었을 때, 쾌감을 넘어 안타까움마저 느껴질 때도 있다. 친한 사이일수록 그 농도는 짙어지고 게임의 분위기는 한층 후끈 달아오르기도 한다. 구찌가 구찌를 낳고 점점 살벌한 게임의 시발이 되기도 하고. 과유불급이라 했든가. 지나친 구찌가 결국 감정싸움으로까지 번져 분위기는 싸~아 해져 화기애매해 지기도 한다.

1 에피소드

    구찌는 하는 쪽 보다 받는 쪽의 의지에 달려있다고 본다. 상대를 진짜 기분 언짢게 만들려고 방햇말 하는 동반자는 거의 없을 것이다. 마음 맞는 동반자와 기분 좋게 시작한 게임이기에 분위기를 재밌게 띄우려고 서서히 구찌 아닌 구찌로 들어 온다. 이 때 중요한 것은 당신의 마음에 달려 있다. 상대의 말을 구찌로 받아들이면 그 순간부터 구찌가 되어 버리고 상대의 한마디 한마디에 신경이 쓰이기 시작한다. 조금만 실수해도 괜히 상대의 구찌에 당한 것처럼 꼬인다.

    그러나 "저 사람이 오늘의 게임을 재미있게 만들려고 그러는구나.", "라운드의 분위기를 위해 관심을 쏟는 동반자구나'라고 오히려 감사하게 생각해야 한다. 다운될 분위기를 화기애애하게 만드는 중이고 오늘의 라운드를 즐겁게 만들어 주는 분위기 메이커인 것이다. 그러면 그 자의 구찌는 더 이상 구찌가 아니다. 눈웃음 정도로 모든 구찌를 가볍게 받아 주면 된다. 만약에 진짜 구찌라고 치더라도 죽어라 방햇말을 해 대는데 상대가 미소만 짓고 있다면 오히려 스스로 무너질지도 모른다. 구찌의 장점이자 단점이기도 한 부분이다.

    "분위기 좋게 하려고 애 쓰는구나."라고 고맙게 받아 넘기면 마음 흔들릴 일도 없다. 이보다 더 좋은 구찌 대처법이 있을까? 최선의 방법 일 것이다. 그렇다고 너무 무반응 일변도는 피해야 한다. 말도 없이 내 게임만 즐기는 것 또한 좋아 보이지는 않는다. 방어적 자세로 몸을 낮추면서 분위기 상하지 않게 구찌를 즐긴다면 다른 동반자들에게도 라운딩의 즐거움이 배가되리라 믿는다.

명심보감 언어(言語)편에서 말하길

口是傷人斧요 **言是割舌刀**니
구 시 상 인 부　　언 시 할 설 도

閉口深藏舌이면 **安身處處牢**니라.
폐 구 심 장 설　　　안 신 처 처 뢰

입은 사람을 상하게 하는 도끼요, 말은 혀를 베는 칼이니
입을 막고 혀를 깊이 감추면 몸이 어느 곳에 있든 편안할 것이니라.

구찌로 인해 상대가 기분 상해 있다면 더 이상 구찌가 아니라 도끼로, 칼로 상대의 가슴을 찍고 있는 것이다. *h.kim*

1 에피소드 질질 흘리는 사람들

> **골프는 신사들의 게임**
> 그런데 필드에서는 양심불량이 난무하고
> 한 타에 목숨을 건다.

어느 골프 연습장의
남자 화장실 벽에...

男자 화장실에 가면 남성들에게는 아주 익숙한 글귀를 볼 수 있다. 소변기 앞에 서면 '한국 화장실 협회'의 슬로건으로 다음과 같이 재미있는 문구가 붙어 있다.

"남자가 흘리지 말아야 할 것은 눈물만이 아니죠!"

화장실에서 작은 볼일을 볼 때, 소변기에 한 발짝 가까이 다가서서 바닥이나 옆으로 질질 흘리지 말라는 얘기다. 변기나 바닥을 지저분하게 만들기 때문이다. 그런 사람들이 있기에 부드럽게 경고하고 있다.

　골프장에서도 이것저것 흘리고 다니는 지저분한 사람들이 있다. 남자답지 못하게 슬쩍 공을 흘려 알 까는 골퍼들 말이다. 순간의 유혹을 뿌리치지 못하고 한 타에 목숨을 거는 비겁한 자들이다. 호주머니에 공을 꼭 하나씩 가지고 다닌다. 초심자라면 게임의 원만한 진행을 위해서 예의상 한두 개 정도 넣고 다니는 게 통상적인 행동이므로 이해가 간다. 캐디들의 부탁이기도 하고.

　하지만 고수들도 간혹 이지민 하나씩 품고 다니는 경우가 있다. 오이 밭에서 괜히 신발 끈 고쳐 맬 이유가 있을까? 불룩한 호주머니 때문에 스윙에도 지장이 있을테고 또 성공적으로 알은 깠다 치더라도 벌렁거리는 가슴으로 눈치 보며 치는 샷이 얼마나 좋은 결과가 나올까?

　얼마 전까지만 하더라도 격을 높인다고 정장 입장하라는 골프장에서 어찌 화장실 문화만도 못한 행동인가. 한 두타 잃고 말자. 억울해 하지 말고 자신이 저지른 실수는 스스로 거두어 들여야 한다. 혹시나 동반자가 모르고 그냥 넘어 갔다고 생각하면 큰 오산이다.

다만 상대의 인격을 존중하고 게임의 분위기를 위해 감정을 표출하지 않고 있을 뿐이다. 한두 타는 얻었을지 몰라도 인간성 전부를 잃는 우(愚)를 범하지 말아야 한다. 진짜 어리석은 짓이다.

매너를 흘리고 다니는 사람도 있다. 매너와 에티켓은 지키는 것이지 흘리는 것이 아니다. 퍼팅 하려는데 그린 한쪽에서 연습 퍼팅 하는 사람. 벙커에서 몇 번 퍼덕대다 공 집어 나와 버리는 사람. 습관적으로 공에 터치하는 사람. 그린 사이드에서 뒤 땅 몇 번 까고는 짜증난다며 그냥 혼자 홀 아웃 해 버리는 사람. 무벌타로 드롭한다면서 터무니없이 빼 놓고 당연하단 듯이 치는 사람. O.K 사인 없이도 3 퍼팅 했다고 자신이 공을 집어 드는 사람. 캐디와 괜히 기(氣) 싸움 하는 사람. 벙커 샷 후 그냥 나와버리는 사람. 돈 좀 잃으면 말도 없고 심각해지는 사람 등등.

그 중에서도 가장 하지 말아야 할 매너는 성의 없이 플레이하는 것이다. 다른 동반자에게도 게임의 즐거움을 반감시킨다. 골프의 특성상 장시간의 게임, 그리고 비싼 그린피를 지불하고 하는 운동이기 때문에 상대방의 무성의로 나의 게임을 망친다는 것은 있을 수가 없는 일이다. 그런 사람들이 특히 잘 하는 말.

"프로 될 것도 아닌데 대충 쳐."

어이없고 힘 빠지는 소리다. 차라리 스크린 골프나 치시지 무엇 하러 비싼 필드엔.... 특히 골프는 동반자의 게임에 피해를 주는 행동은 절대 해서는 안 된다.

룰(Rule)의 문제도 흘리는 이가 있다. 간혹 골프 룰로 지적하면 깐깐하게 따진다고 불평을 하는 골퍼가 있다. 선수도 아니고 상금 걸린 시합도 아닌데 적당히 하자는 얘기다. 프로처럼 칼같이 룰을 적용하기에 한계가 있는 부분도 있지만 규칙은 모든 사람에게 똑같이 적용되어야 한다. 룰 이전에 다른 동반자의 게임까지도 망치게 할 수 있기 때문이다.

카트 도로 위에 공이 있어 구제 받는답시고 터무니없이 빼 내어 놓고 치는 사람이 있다. 상대는 말을 않고 있지만 속은 부글부글 끓고 있을 것이다. '오잘공'의 티 샷이 디봇 자국에 들어갔다면 정말 억울한 일이다. 발로 쓰~억 밀어 내고 싶은 심정이다. 나만 빠졌지만 어쩌겠는가. 어려운 상황을 멋지게 해결해 나가는 것도 골프의 묘미중 하나 아니겠는가. 스스로 극복해야 한다.

예외 없이 필드에서도 누구에게나 공평하게 적용되고 지켜야 하는 규칙과 질서가 있는 법이다.

골프에는 다른 스포츠에서 볼 수 없는 특이한 점이 몇 가지 있다. 점수를 내는 경기 중에 점수가 낮을수록 이기는 게임은 골프밖에 없지 않나 싶다. 점수가 음수(마이너스)까지도 내려간다. 많은 장비를 사용한다는 점. 점수를 플레이어가 직접 작성한다는 점. 보조인을 데리고 다닐 수 있다는 점. 그리고 경기장에 심판이 없다는 점이다. (물론 공식 시합에서는 필요할 때 호출하게 되어 있지만) 자신이 경기사이자 심판이 되어 본인 스스로에게 맡기는 것이다. 그래서 골프를 흔히 '신사의 게임'이라고 한다. 정장만 입는다고 신사가 되는 것은 아니다. 양심을 버리고, 매너가 없고, 그리고 규칙을 지키지 않는다면 어찌 진정한 신사라 할 수 있겠는가.

화장실에서 흘린 오줌자국은 물로 씻으면 되겠지만 필드에서 질질 흘린 양심과 매너는 지워지지 않고 꼬리표처럼 항상 당신을 따라 다니게 될 것이다. *h.kjm*

*오늘 중 제일 **잘** 친 **공**

에피소드 1

친구의 친구

> 화끈한 골퍼들은 스킨스 게임을 싫어해
> 또박이 골퍼를 조심해야...
> 이가 없으면 잇몸으로 먹고 살기 때문.

골프메이트(Golfmate)에도 크게 몇 부류가 있다. 우선, 때와 장소를 가리지 않고 자리 잡고 앉았다 하면 손짓, 발짓 다 해가며 골프 스윙 얘기하는 사람. 이런 사람은 한 타의 점수도 중요시 여기며 내기를 하지 않아도 골프를 재미있어 한다. 골프에 애착을 갖고 있는 사람이다. 다음은, 그냥 하루 웃다 즐기고 술이나 한잔 기울고 가는 사람. 돈을 잃어도 밥값 낸 걸로 여긴다. 골프는 좋아하는데 점수에 대한 욕심은 그다지 없다. 스크린 골프로도 만족할 사람이다. 마지막으로, 돈 내기에 목숨 걸고 배판에 따따블, 흔들기를 좋아하는 사람. 내기 액수도 만만찮다. 주로 장타자이고 일주일에 2번 이상 필드를 가며 스킨스 게임은 재미없어 한다. 피 튀기는 승부를 즐기는 사람이다. 게임이 끝나면 머리가 지끈거릴 정도다. 바로 이런 자와의 일전을 얘기하려 한다.

어느 여름 날, 새벽 시간에 친구의 친구와 라운드를 가졌다. 작은 체구에 검게 그을린 모습이 퍽이나 인상적이다. 클럽 하우스에서 서로 통 성명하곤 아침 식사를 했다. 친구는 나에게 약간의 경계심을 가지라는 듯이 동반자의 전력을 슬쩍 귀띔한다.

골프 시작한지 10개월 만에 싱글을 쳤고 드라이브 거리는 기본이 280~290yd (250~260m)이며 언더 파도 친 적이 있단다. 사실이란듯이 친구의 친구는 빙긋이 웃으며 하는 말이 9번 아이언으로 150yd(135m)를 본다고 한다. 더욱 놀란 것은 골프 경력이 1년 8개월 밖에 안 됐으며 최근 점수대가 70대 중반을 오가고 있단다. 그의 히스토리에 놀라지 않을 수 없다. 검게 탄 얼굴이며 팔뚝을 보아 짐작은 했지만 예상 밖이다. 오늘의 혈전이 예상 되었다.

화장실에서 선크림을 바르고 있는데 그 친구가 손을 씻으며 나의 친구와 하는 대화를 듣고는 또 한 번 할 말을 잃었다.

내 친구의 친구:
　"그저께 박 사장한테 잃은 돈 말이야....
　어제 복구 다 했지....ㅋㅋ....
　야! 근데 내일 비 온다던데.....괜찮겠지?"

나: ".........." (내심 놀라며 쓰~억 쳐다봄.)

그들의 대화로 미루어 보면 나흘 연짱 필드에 나간다는 말인데.... 무슨 PGA 선수도 아니고... 나는 속으로 중얼거리며 살짝 긴장감마저 느껴진다. 화장을 마치고 그린 연습장으로 향했다. 심호흡도 하고 몸을 풀며 마음을 차분히 가다듬으면서 가만히 오늘의 게임을 그려 봤다.

처음 보는 동반자에게 자신의 기량을 자랑한다는 것은 최근의 컨디션이 최상이며 자신감에 찬 의지의 표현이고 일 주일에 적어도 3번은 필드, 3번은 연습장에서 칼을 갈았을 게 틀림없다. 짧은 경력에도 장타자라고 하면 엄청난 연습량이 있어야 가능하고 또한 드라이브 연습만 집중적으로 했을 것이라 여겨지면서 동시에 숏 게임은 상대적으로 약할 것이라 예상해 본다. 드라이버만 죽자 사자 쳐댔을 테니까. 9번 아이언으로 150yd(135m)를 언급한 걸로 보면 짐작하건대 실전에서도 자랑 삼아 보여 주기 위한 무리 샷을 날리는 스타일이지 싶다. 모르긴 몰라도 분명 짧은 경력만큼이나 게임 운영에도 허점이 보일 게다.

하지만 경계를 늦출 수 없는 인물이다. 짧은 경력일지라도 최근 필드 경험이 많은 이런 사람이 내기 골프에서는 가장 무서운, 경계해야 할 상대이기 때문이다. 그러나 이런 유(類)의 플레이어는 결정적인 약점이 있다. 경쟁심이 발동하게 되면 쉽게 흔들린다는 것이다. 비슷한 장타자를 만난다든지 자기보다 한 수 위의 고수를 만난다든지 하면 막 덤비는 스타일이다. 또 위기 상황에서도 피해가는 법이 없다. 쉽게 말해 '**모 아니면 도**' 식이다. 그래서 잘 칠 때와 못 칠 때의 점수 편차가 큰 플레이어이다. 이런 사람은 의외로 쉽다. 주로 배판은 독으로 두드리고 게임의 끝으로 갈수록 배판의 배판까지 두드리는 스타일이다.

골프의 기술은 짧은 시간 내에 습득할 수 있어도 게임 운영이나 마음을 다스리는 데는 적잖은 시간이 흘러야 얻을 수 있는 것들이 있다.

마침내 코스로 나가니 뿌연 아침 안개가 우리들을 맞이한다. 첫 홀로 나갔다. 솔직히 나는 마음을 놓을 수가 없었다. 그 자의 얘기에 약간의 뻥이 있다 하더라도 일주일에 네 번이나 라운드를 갖는 자와의 경기라면, 또 최고의 컨디션을 유지하고 있는 자와의 내기 게임이라면 긴장하지 않을 수 없었다.

1 에피소드

드디어 첫 홀의 티잉 구역에 섰다. 전문적인 꾼들은 아니지만 게임의 흥미를 위해 타당 금액을 정하고 룰을 간단하게 공식화한 후 친구의 친구가 먼저 티 샷을 한다. 아니나 다를까 첫 샷이었지만 전혀 흔들림 없이 새벽 공기를 가르며 경쾌한 타구 소리와 함께 공은 엄청난 거리를 날아 페어웨이에 안착했다. 첫 홀의 첫 샷이라 '오잘공'이라고 할 수도 없고 정말 멋진 드라이버 샷 이였다. 자신의 얘기가 과장이 아니었음을 증명이라도 한 듯 얼굴에는 여유가 흘렀다. 감탄사와 함께 나이스 샷을 외쳐주고 티 샷을 했다. 나도 그렇게 짧은 드라이버 거리는 아닌데 내 공과의 차이는 무려 40미터 이상은 되는 것 같다. 끼리끼리 모인다고 했든가. 다른 동반자들도 드라이버 거리가 만만찮다. 졸지에 나는 세컨 샷의 아너(Honor)가 되었고 제일 먼저 7번 아이언으로 간신히 그린에 온(On) 시켰다.

연구 대상인 그 친구의 세컨 샷 차례다. 먼저 올라간 공도 보이고 드라이버 샷이 워낙 잘 맞아 페어웨이 한 가운데에 위치한 상태라 욕심도 날게 분명하다. 예상했던 바, 130yd(120m)를 피칭 웨지로 핀에 붙이려고 했던 그의 시도는 뒤땅을 파는 삽질로 이어졌다. 장타자들에게서 흔히 볼 수 있는 장면이다. 그는 미스 샷에 대한 보상이라도 하려는 듯 무리한 샷의 연발이 시작된다.

길지 않은 드라이버 비거리를 가지고서 좋은 점수를 유지하고 있는 사람들은 분명 페어웨이 우드를 잘 다루거나 숏 게임이 아주 뛰어나다는 사실을 알아야 한다. 이가 없으면 잇몸으로 먹고 살기 때문이다.

자신보다 짧은 드라이버 거리임에도 숏 게임 싸움에서 한 수 밀리니 상대는 무너지기 시작한다. 게임이 중반으로 갈수록 그가 할 수 있는 온갖 기술들을 다 보여 준다. 훅, 슬라이스, 생크, 벙커 샷 등. 따블은 혼자서 두들기고 배판의 수혜자들만 늘어난다. 결국 그의 첫 티샷이 '오잘공'이 되 버렸다. 본인도 멋쩍은 듯이 하는 말.

"오늘.... 이상하게 안 되네. 어제는 잘 맞았는데......."

옆에서 보는 사람은 안 되는 이유를 알겠는데 정작 본인은 못 느끼고 있다. 그는 어제의 멋진 샷들만 되 뇌이고 있는 것 같다. 어제 샷처럼 되질 않으니 마음만 앞서고 서두르고 있었다.
　게임은 그렇게 싱겁게 끝이 났고 다들 클럽하우스 식당에 모였다. 점심 주문도 끝나기 전에 그는 연신 부킹 전화질을 해 댄다. 한 수 배우고 싶다며 한 번 더 모시겠단다. 복수심에 가득 찬 그 심정을 누가 모르랴. 밥값 계산하고도 남은 돈이 제법 되어 즐거웠다며 돌려준 개평도 받질 않는다. 화끈하다.
　집으로 가는 중에 친구로부터 문자가 떴다. 시간과 장소가 적혀 있는 도전장 이였다. 기꺼이 접수하겠노라고 답신을 보냈다.

상대를 이기려고 작정을 하고 덤비면 이기기 힘들다. 자기 것만 지켜 나간다면 이기지는 못할 지은 정 결코 지지는 않는 법이다.

나머지 돈은 결국 마누라의 차지가 되었고 입이 찢어져라 좋아 한다. 마치 개선장군이라도 된 듯이 융숭한 대접을 받았다. *h.kim*

1

에피소드

필드에 자주 나가는 사람 구별법

좌우 손등의 피부색을 비교해 보면 쉽게 구별할 수 있다. 왼손에는 장갑을 끼기 때문에 햇빛에 노출되지 않는다. 또한 양팔에 햇볕 차단용 팔 토시를 착용한다면 오른 손등이 노출되어 햇볕에 타게 된다. 좌우 손등의 피부색이 차이가 많을수록 필드에 사주 나가는 골퍼라고 간주해도 무난할 것이다.

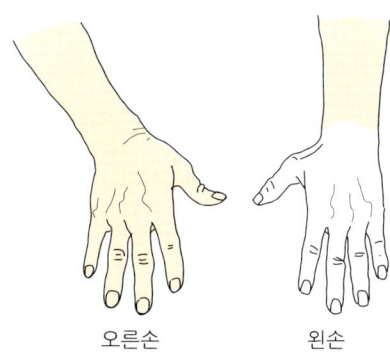

오른손　　　왼손

골프 즐기기

흔히들 골프를 즐기라고 한다. 프로든 아마추어든 솔직히 어떻게 하는 것이 진정 골프를 즐기는 것 인가? 골프는 적당히 치면 되고 자연과 벗 하며 인생을 즐기라는 뜻인가? 아니면 마음 맞는 동반자와 즐겁게 농이나 따 먹으면서 하루 까먹는 정도면 즐기는 것일까? 그렇게 즐기기에는 그린 피(Green fee)가 너무 비싸다. 차라리 그 돈으로 등산이나 스크린 골프 같은 다른 놀이 거리를 찾는 게 훨씬 만족스러울 것이다.

논어, 옹야 편에서 공자 가라사대,

知之者 不如好之者이고 **好之者 不如樂之者**이다.
지 지 자 불 여 호 지 자   호 지 자 불 여 낙 지 자

'아는 것은 좋아하는 것만 못하고
　　　　　좋아하는 것은 즐기는 것만 못하다.'

여기서 알 지(知), 좋아할 호(好), 즐길 락(樂)이 포인트이다. 知란 진리의 존재를 파악한 상태라면 好는 그 진리를 따라 자기 것으로 만들어 가고 있는 상태이고 樂은 그것을 완전히 이해하고 터득하여 자기 것으로 삼는 경지의 상태라고 풀이하고 있다. 다시 말해, 知를 골프에 대한 인식이라고 한다면 好는 골프와 나 자신과의 관계에 관한 이해이다. 그에 비하면 樂은 골프와 자신이 혼연 일체화된 상태를 의미한다고 할 수 있다. 고로 '즐긴다는 것(樂)은 관계

와의 최고의 형태'인 셈이다. 그 樂의 경지에 이르러 비로소 어떤 터득이 가능하지 않을까?

골프를 막 시작한 사람이 있다. 골프 책, 골프 채널도 보고 레슨도 받고 몇 번의 라운드로 필드에서의 에티켓, 영어로 된 골프 용어들, 내기 게임의 요령, 스윙의 원리 등을 알 것만 같다. 애매한 골프 룰도 잘 알고 있다. 신지애와 타이거 우즈의 경기 내용도 줄줄 꾀고 있다. 골프에 대한 지식이 풍부해 졌다. 연습장에 나가 왜 슬라이스가 나는지도 연구한다. 골프란 게임의 묘미와 매력을 조금은 알 것 같다. 이상 **知之者**에 속한다.

몇 년의 그런 세월이 흘러서 경력이 쌓인 후, **好之者**는 이렇다. 1m의 짧은 퍼팅을 놓쳐 땅을 치기도 하고 내기 게임해서 몇 푼 땄다고 저녁도 산다. 간혹 조폭에 열쇠 던지기로 진탕 술 퍼는 날도 있다. 3일 내리 라운드를 해도 힘들지가 않다. 그리고 또 연습장에 간다. 새벽 골프를 마치면 오후에 한 바퀴 더 돌고 싶어 한다. 16홀쯤 오면 자꾸 아쉬워 진다. 내일 또 치고 싶다. 골프가 인생의 일부분이 되었다. 골프를 빼고는 얘기가 되질 않는다.

한 때 골프에 빠진 시기가 있은 후, 수년의 세월이 더 지난 **樂之者**, 즉 골프를 즐기는 자는 이렇다. 게임의 흥미 도모를 위해 내기는 하되 따든 잃든 돌고 도는 돈의 흐름에 크게 개의치 않는다. 판을 크게 하지도 않는다. 형이하학적인 게임이 되면 문제가 발생함을 잘 알고 있기 때문이다. 상대가 알 까는 걸 목격해도 못 본 척 눈을 돌린다. 스코어 기록이 불가한 생 초짜와의 라운드도 상관 않고 즐거워한다. 아무리 구찌를 넣어도 쌓인 내공에 씨알도 먹히지 않는다. 가끔은 먼 산과 하늘을 쳐다보는 여유도 있다. 초면의 동반자와 플레이를 맺게 해 준 사람에 감사하며 새로운 사람과의 관계에 즐거워 한다.

에피소드 1

　골프에서의 '즐긴다.'는 뜻은 희희낙락의 의미가 아니다. 진정으로 '즐긴다'는 말은 점수에 대한 집착은 버리고 골프 게임 자체에 더욱 더 애착을 가지라는 의미가 아닐까. 한 타 한 타에 웃고 고민하고 경쟁하는 사이에 골프의 재미는 더해 간다. 골프를 매개로 서로의 관계가 무르익게 될진대 필드에 나와 어찌 골프를 빼고 골프를 즐긴다 할 수 있겠는가? 골프를 잘 치고 못 치고는 그리 중요하지 않다. 같이 웃고 즐기는 중에도 게임만은 진지하게 최선을 다하는 것이 동반자에게도 기쁨을 주는 동시에 자신에게도 만족감을 가져다주어 즐거움을 배가시킨다.

　LPGA 통산 25승에다 체육인의 최고 영예인 체육훈장 청룡장에 빛나는 '원조 골프 여왕', 박세리. 1998년 US 여자 오픈에서 맨발 투혼의 우승 샷은 아직도 기억이 생생하다.
　그녀가 2010년에 모 국내 언론과의 인터뷰에서 이런 말을 했다. "골프의 즐거움을 이제야 알 것 같아요...중략...목표는 우승밖에 없었죠. 경주마처럼 앞만 보고 돌진 했어요. 오랜 슬럼프를 거치면서 팬과 동료들의 고마움을 새삼 깨달았습니다. 골프라는 게 나도 즐겁고 남도 즐겁게 할 수 있는 스포츠라는 걸 그 때 배운 거죠."
　산전수전 다 지나 온 최고의 골퍼가 지금에서야 골프의 즐거움을 알았다는 이야기인 즉, 진정 최고 경지의 樂之者에 대해 어찌 함부로 논 하리오.
　"이제 골프의 즐거움을 깨달았으니, 제 골프 인생도 다시 시작되는 것 아니냐"며 방긋 웃고 있는 사진을 신문에 개제했다. *h.kim*

홀인원의 추억

행운을 가져다준다는 홀인원.

2009년 그 날.

내게도 짜릿한 순간이 왔었습니다.

하지만 아직 행운은 오질 않네요.

누구에게나 주지는 않나 봅니다.

그래도 기다리는 즐거움도 있기에

함 기다려 보렵니다.

_효권

기흥 C.C 동코스
7번 홀 PAR3
150m, 6번 아이언

매일 골프 치는 사람

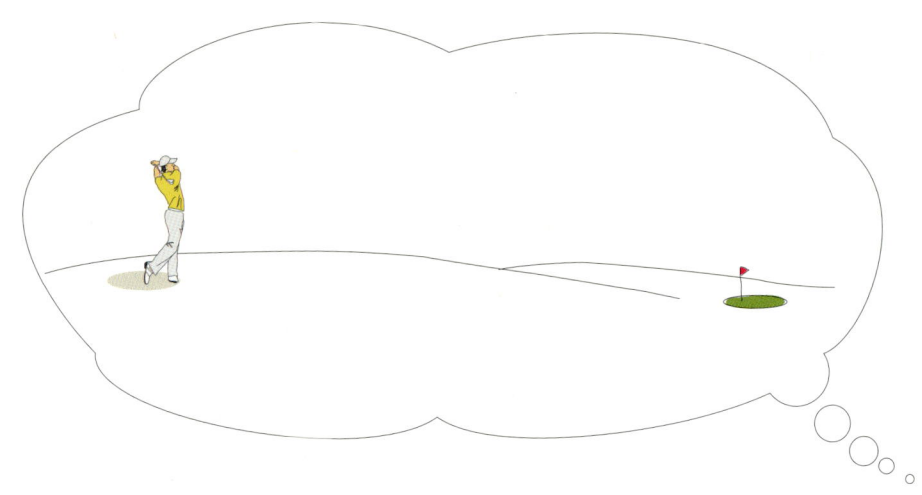

골프 마니아라면 매일 골프를 칠 수 있다는 것만큼 환상적인 일도 없을 것이다. 하지만 그리 쉬운 일만은 아니다. 날마다 같이 할 수 있는 동반자도 있어야 하고 당연히 금전적 여유도 있어야 하며 몸의 컨디션도 잘 관리해야만 하고 또한 먹고 사는 일에 지장이 없어야 할 것이다. 무엇 보다 마누라의 눈치를 무시할 수 있는 두꺼운 낯을 가져야 하는데 과연 이 조건들을 만족하는 사람이 몇이나 될까? 아니 이 세상에 있기나 할까? 골프를 업(業)으로 하는 사람들이야 가능한 일일지도 모르겠지만.

개인적으로 잘 아는 K씨라는 사람이 있는데 잘 나가는 사업가이다. 자주 만나지를 못했기에 확인할 길은 없었지만 그는 한 때 매일 골프를 쳤다고 한다. 언젠가 여름철에 스케줄이 적혀 있는 그의 수첩을 볼 기회가 있었는데 화요일부터 일요일까지 내리 골프 약속이 잡혀 있었다. 나로서는 상상도 못할 일이다. 물론 K씨는 골프업 종사자는 아니지만 골프광 임에는 틀림없는 사실이다.

추운 겨울날 우연하게 연락이 닿아 K씨를 만난 적이 있었다. 몇 년 만이었나.... 잔을 기울이며 골프 이야기와 사업하다 망한 일까지.... 지난 얘기들을 풀어 놓기 시작한다. 시간은 흐르고 대화가 익어가면서 더욱 깊은 속내를 털어 낸다. 주제는 자연스럽게 여자 이야기로 넘어갔다.

K씨의 사연인 즉, 한 여자를 알게 됐단다. 나이 차이에도 불구하고 서로 좋아했단다. 세월 가는 줄 몰랐는데 그 여자에게는 또래의 남자 친구가 있었고 둘이 작당한 덫에 걸려 몇 십 억 원의 사기를 당했다는 것이다. 기둥이 흔들릴 정도였다. 눈앞은 캄캄하고 밥을 먹어도 모래를 씹는 듯, 물을 마셔도 구정물을 삼키는 듯, 몸은 거부 반응을 일으켰다. 돈은 물론 배신감과 억울함에 몇 날 며칠인가 밤잠을 설치다가 급기야 불면증 증세를 보이며 병원을 찾게 되고 약에 의존해야만 했다. 심한 날엔 수면제도 약발을 다하지 못해 뒤척인 적이 한두 번이 아니었단다.

그러던 어느 날, 언제부터인지는 몰라도 K씨는 잠자리에 들어 눈을 감고 골프를 치기 시작했단다. 자주 가는 골프장을 떠 올리며 라운드를 시작한다. 머릿속에는 온통 초록 빛 잔디와 햇살 따가운 필드로 꽉 차 있었다. 환상의 세상이 펼쳐졌다. 티 샷을 날리고 잔디를 뜯어 바람에 날려 보기도 한다. 불과 세 번째 홀로 가기도 전에 의식은 사라진다. 거기가 바로 천국 이였다. 아침에 눈을 뜨면 다시 참담한 현실이었고 다시 밤이 되면 새로운 필드의 세상이 펼쳐졌다. 매일 밤마다 그는 골프를 즐기고 있었던 것이다.

에피소드 1

　K씨는 밤마다 눈을 감고 필드만 찾았던 게 아니었다. 연습할 때의 모습도 떠 올리면서 자세도 잡아 보고 그립도 고쳐 잡고 스윙도 점검하는 등 상상 속에서 나름대로 골프를 가꾸어 나가고 있었다. 머릿속을 온통 골프 생각으로 채워버렸다. 그렇게 세월이 지나면서 고통스럽고 부정적인 요소들이 자신도 모르게 조금씩 희석되어 가고 있었다. 결국 약도 필요 없을 정도로 호전이 되었던 것이다.

　충격의 여파로 골프 멀리하기를 3년여 해, 그 동안 채 한번 잡은 적 없었지만 그의 골프 실력은 여전히 싱글의 점수를 유지하고 있었다. 본인은 정작 손을 놓고 있었지만 K씨의 '아바타'가 계속 필드를 누비고 있었든 셈이다.

　사정이 있어 잠시 골프채를 놓은 사람들이나, 특히 필드를 자주 찾지 못하는 골퍼들에게 이처럼 자신의 아바타를 키워 볼 것을 강력하게 추천한다. 실력의 유지 내지는 향상에도 상당한 도움이 되리라 장담한다. 이미지 트레이닝을 하는 것이다. 비록 클럽을 실제로 손에 잡고 스윙을 하는 것은 아니지만 상상 속에서 하는 스윙일지라도 훌륭한 효과를 얻을 수 있다. *h.kim*

1

에피소드

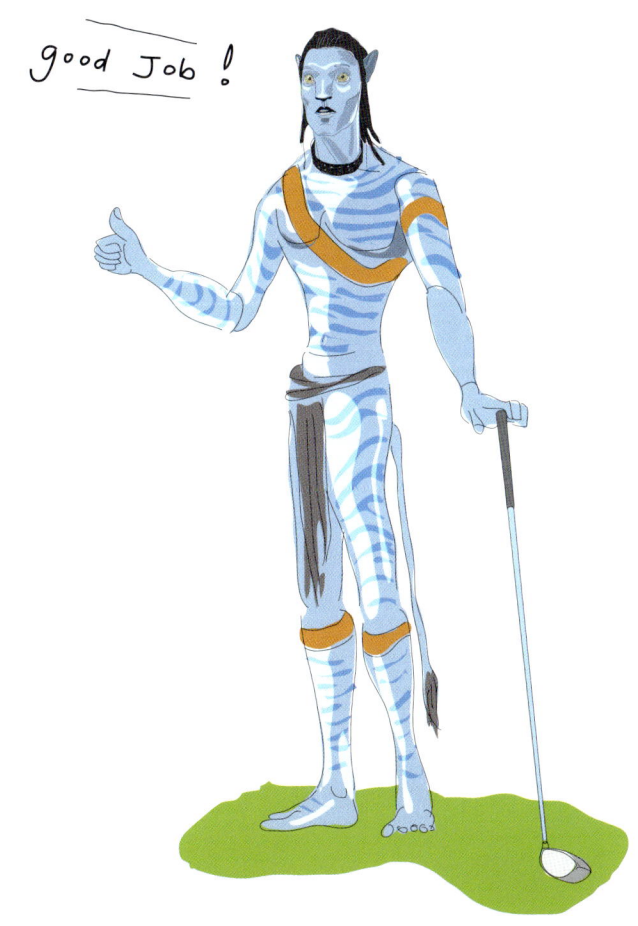

에피소드 1

필드 패션에 대한 일고(一考)

▎**패션은 남을 위한 배려**
▎자연의 배경과 잘 어울리는 색상으로

　오래 전, 지역 골프 동호회의 정기 모임에서 여성분과 라운드에 함께 동행 할 기회가 있었다. 그 분은 특이하게도 골프장 갈 때의 옷차림과 돌아 올 때의 패션이 달랐다. 당연히 필드에서의 차림도 다른 복장 이였다. 특히 모자의 패션에 관심이 많은 '멋쟁이' 이었다. 오랜 시간이 지났지만 아직도 뚜렷하게 기억에 남는 골퍼중의 한 사람이다. 이 여성 골퍼를 보면서, 복장은 자신을 위함이라기보다는 남을 위한 배려가 아닐까 라고 느끼곤 했다.

　얼마 전 골프장에서 본 이야기다. 150yd(135m) 정도의 길지 않는 파3 홀 이였고 진행상 뒤 팀에게 싸인(웨이브)을 주고 그린 뒤에 옹기종기 모여 그들의 티 샷을 기다리고 있었다. 뒤 팀은 모두 여성 골퍼들이었다. 그런데 얼핏 티잉 구역 쪽을 바라보고는 순간 내 눈을 의심했다. 쭈그려 앉아 티를 꽂는 자세를 멀리서 보니 영락없는 작업복 차림에 잡초를 제거하는 모습이었다. 나만 그런가

싶어 동료에게 얘기하니 땅을 치며 웃는다. 같은 여성인 캐디도 내 생각에 동의를 한다.

　죄송하게도 그렇게 큰 착각을 한 이유는 다름 아닌 옷의 색상 때문이었다. 그 여성 골퍼의 옷은 나름 비싸고 세련된 의상이었으리라 믿어 의심치 않는다. 하지만 필드의 초록 배경에는 어울리지가 않았던 모양이다. 자세히 보니 세련된 갈색 브라운의 커피 색 계통의 색상이었다. 개인적으로도 좋아하는 색이지만 초록의 골프장 배경색과 섞이면서 멀리서 봤을 때는 칙칙한 작업복으로 보일 뿐이었다.

　맘껏 멋 부리고 왔을텐데 그런 오해 받고도 기분 좋은 사람이 있을까. 평소 필드 패션에 대해 큰 관심은 가지고 있는 건 아니었지

왼쪽 남자의 의상 색상은 초록의 배경과 잘 어울리지 않는다. 오른쪽의 여성처럼 필드에서는 화사한 색상에 명도가 높은 색이 잔디와 하늘색에 잘 어울린다.

1 에피소드

만 오래 전부터 느껴왔고 비싸고 고급스러운 만큼 효과를 보지 못하는 안타까운 마음에 감히 언급하고자 한다. 특히 여성 골퍼들에게 참고가 되었으면 해서……

　필드에서는 스타일도 중요하지만 색의 배합을 우선 고려하여 자연의 색과 얼마나 잘 융화되는가를 생각해야 한다. 초록 빛의 잔디와 푸른 하늘과 잘 어울리는 색은 화사한 색상이 좋을 듯하다. 일단 채도와 명도가 높은 색 즉, 밝고 화려한 색상이 잘 어울린다. 일상에서는 튀는 색상이라 잘 입지 않는 원색의 옷을 필드에서 과감하게 표현해 보는 것도 정신 건강에 도움이 되지 않을까? 또한 광활한 필드에서는 멀리서도 눈에 잘 띄는 밝은 색상의 옷이 안전상에도 좋다. 해녀들의 잠수복도 오렌지색으로 바꾼다지 않는가.
　생업을 위해 골프장에서 작업하시는 분들의 의상을 낮춰 볼 의도는 전혀 없다. 분명 패션이 남에게 보이기 위한 차원에서는 보고 싶지 않아도 봐 줘야 하는 관찰자의 입장에서 표하는 극히 개인적인 느낌일 뿐이다. *h.kim*

Golfing Yama
골핑야마

에피소드 **1**

에피소드 1

드라이버는 남자의 자존심?

비거리의 불편한 진실
골퍼들의 영원한 로망이지만
자존심을 지켜주지는 않아…

세 번 놀라다.

　10년 전쯤의 이야기다. 왕성하게 플레이하던 지난날의 일이지만 나의 체격 조건에 비해 드라이버의 비거리가 제법 났다. 누군가는 내게 '마른 쟌 델리'(John Daly 80년대 미국 최고의 장타자)라고도 했었다. 초면의 동반자들과 게임을 하다보면 항상 듣는 얘기가 있었다. 공통적으로 하는 말들을 종합해 보면 '세 번을 놀랬다'는 것이었다. 첫 번째로 놀란 것은 티 샷의 비거리 이었고 두 번째 이유는 티 샷 한 클럽을 보니 드라이버가 아니라 3번 우드였다는 것이다. 요넥스의 ADX200 모델로서 3번 페어웨이 우드임에도 헤드가 컸다. 티 샷의 정확도를 높이기 위하여 우드로 티 샷을 하곤 했다. 마지막 세 번째 이유는..... 게임을 마친 후, 클럽하우스에서 샤워를 하면서 나의 알몸을 보고서는 "저렇게 비쩍 마른 체격에 어떻게 그런 비거리를 날릴까?" 의아해 했단다. 나의 체격 조건은 대충, 체중 59kg, 키 174cm에 마른 체격이다.

스스로 무너지다.

소위 자타가 공인하는 장타라는 자들과 게임을 하다보면 나와 은근히 드라이버 비거리 경쟁을 벌이려는 사람이 있다. 왜소한 체격의 나 보다는 멀리 보내야 된다는 강박감을 가지고 있는 것처럼 견제를 한다. 비거리를 의식하다보니 상대는 곧잘 무너지곤 했다. 티 샷을 하고는 당연히 멀리 쳤다고 생각하고 페어웨이에 가 보면 그다지 별 차이가 나지 않아 고개를 갸우뚱 그린다. 그 들은 자신의 공이 정타로 맞지 않은 걸로 판단하여 다음 티 샷 때는 더욱 강력한 샷을 보인다. 그러니 공이 제대로 날아갈 리가 있나. 거의 대부분이 러프에서 세컨 샷을 날리는 지경이다. 스스로들 무너지기 시작한다.

반면 나는 심리적인 면에서 본다면 밑져야 본전이다. 기본적으로 파워는 근력에서 나오기 때문에 나의 체중으로 볼 때 비거리에는 한계가 있다는 것을 잘 알고 있다. 다만 힘을 효과적으로 모을 뿐이다. 상대 보다 멀리 나가지 않아도 당연한 일이므로 비거리 경쟁엔 별 관심을 두지 않았다. 힘들여 칠 이유도 없고 차라리 세컨 샷을 먼저 온 시키는 게 심리적으로 유리할 수도 있다.

그러나 장타자들의 생각은 달랐다. 저 비쩍 마른 놈 보다는 멀리 보내야 된다고 여기는 것 같았다. 특히 처음 동반하는 장타자들에게서 더욱 그런 것을 느낀다. 본인이 장타라는 것을 알아 주기를 바라는 듯이...

파워를 컨트롤 하다.

지금 생각해 보면 80대 점수를 빨리 빠져 나가지 못했던 이유가 드라이버의 거리 때문인 것 같다. 마른 체격에 아무리 유연하다고 해도 파워는 체중에 비례하는 것인데 그 몸무게에 100%의 최대

출력을 내고 있었기 때문이다. 그럼 지금은 어떤가? 그 때 보다 약 10~20m 정도는 줄었다. 파워가 약해져서라기보다는 파워를 통제, 억제, 자제하여 힘을 다스리고 방향성을 더 중요시 하여 정확도를 높이는 데 집중하고 있다.

드라이버의 비거리가 260yd(235m) 정도일 때 페어웨이 정확도는 약 40~45% 정도였다. 페어웨이에 안착한 비율이 반도 되질 않았다. 지금은 240yd(220m) 정도이지만 정확도가 60~70%로 아주 높아졌다. 간혹 이지만 100%인 적도 있었다.(본인의 5년간 데이터에 의함.) 그제서야 70점대로 진입했다. **'드라이버 거리를 줄이니 점수도 줄더라.'** 는 뜻이 바로 이 말이다.

물론 드라이버의 비거리가 날수록 짧은 거리의 세컨 샷이 가능하기 때문에 유리 하겠지만 필드를 자주 찾지 못하는 아마추어들에게는 장타의 스윙 메커니즘이 몸에 배면 숏 게임의 스윙에는 불리하게 작용할 수 있다. 100% 출력을 내는 장타자들이 대체로 숏 게임에 약한 이유이기도 하다.

남는 장사를 하자.

아마추어 골퍼로서 드라이버 비거리를 동반자보다 1미터라도 더 보내고 싶은 심정은 누구에게나 있다. 드라이버는 남자의 자존심이니까. 장타자가 유리한 것은 분명한 사실이다. 프로나 고수가 되기 위한 첫째 조건이 드라이버 비거리일 것이다. 그린 공략이 훨씬 수월해져 버디 확률이 높아지기 때문이다.

장타를 치지 말라는 것이 아니라 멀리 보내려고 애 쓰지 말자는 것이다. 비거리를 10m 늘리기 위해서 투자한 시간과 노력에 비해 만족도는 그리 높지 못하다. 화려 할 뿐 실속이 없다. 그래서 10m

를 포기한다면 그만큼 페어웨이에 안착할 확률, 드라이버의 정확도는 더욱 높아질 것이다. 10m를 손해 보는 대신에 60yd(50m) 안팎의 숏 게임에 장비와 시간과 노력을 투자하고 게임의 운영을 현명하게 풀어나가는 편이 훨씬 이득이 많이 남는 장사이다.

비거리 10m를 완벽하게 늘리려는 노력보다 숏 게임을 완벽하게 마스트 하는 편이 더 쉽다. 점수를 줄이는 가장 쉽고 빠른 방법이다. 거기에다 적절하고 무리하지 않는 현명한 코스 공략을 한다면 비거리에 대한 손실을 덜 수 있다.

진정한 자존심이란...

300yd(270m) 가까이를 잘 날려 놓고도 웨지 샷에서 철퍼덕거린다면, 이 보다 더 자존심 상하는 일이 있을까? 내기 골프에서 돈을 잃었다면 이 또한 존심 상하는 일이다. "남의 자비(慈悲)로 사는 것 보다 가난한 생활을 하는 편이 낫다."고 탈무드에서 말 했듯이 돈 잃고 상대의 개평을 바라는 것은 무척 자존심이 상하는 일이다. 아무리 돈이 많은 갑부라 하더라도, 드라이버로 조금 더 보내 세운 자존심 보다는 내기 골프에서 돈 잃고 상한 자존심이 더 타격이 크지 않을까? 진정 자신의 귀중한 자존심을 지켜주는 것은 드라이비가 아니라 논을 만들어 주는, 또는 돈을 지켜 주는 숏 게임이라는 것을 명심해야 한다. *h.kim*

리듬은 4/4 박자

골프에서 흔히 '리듬 있게 스윙 하라.' 혹은 '템포를 가져라.'는 등의 음악적 용어가 자주 등장한다. 도대체 리듬이 뭐고 또 템포는 뭔데 그렇게들 강조하는 것인가? 골프를 가르치는 사람이나 배우는 사람들에게 굳이 "리듬과 템포가 뭔데?"라고 물으면 막연하게나마 알 것도 같은데, 명쾌한 답을 하지 못한다.

골프에서의 리듬과 템포는 좋은 샷을 만들기 위한 첫째 조건이다. 그 용어의 의미를 정확하게 이해한다면 자신의 것으로 만들기가 훨씬 수월해 질것이다.

어린 시절 누구나 한번쯤은 불렀든 '학교'의 악보이다. 우선 가사를 책 읽듯이 읊어 보자.

> 학교 종이 땡땡땡, 어서 모이자.
> 선생님이 우리를 기다리신다.

그 다음으로 이 문장을 일정하게 네 음절로 나누어 아래와 같이 마디로 잘라서 읽어 본다. ─ 마디

> | 학교종이 | 땡땡때앵 | 어서모이 | 자아아아 |
> | 선생님이 | 우리르을 | 기다리신 | 다아아아 |

이번에는 각 마디의 첫 음절에 악센트(Accent)를 넣어 셈여림을 준다.

> | **학**교종이 | **땡**땡때앵 | **어**서모이 | **자**아아 - |
> | **선**생님이 | **우**리르을 | **기**다리신 | **다**아아 - |

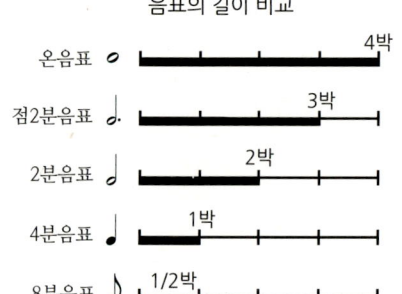

센박과 여린박이 규칙적으로 반복 되면서 마치 힙합의 랩처럼 질서 있는 흐름이 된다. 점점 리드미컬(Rhythmical) 해 지는 것이다. 여기서, 한 글자마다 막대기나 손뼉을 치면서 강약과 함께 읽으면 '**쿵**쿵짝짝'과 같이 한 마디에 4개의 박(拍, Beat)이 생긴다. 이것을 4박자, **네 박자**라고 한다. 박자를 음악 기호로 표시한 것을 흔히 '콩나물 대가리'라고 하는 음표이다. 센박과 여린박이 규칙적으로 반복 되면서 마치 힙합의 랩처럼 질서 있는 흐름이 된다. 점점 리드미컬(Rhythmical) 해 지는 것이다. 여기서, 한 글자마다 막대기나 손뼉을 치면서 강약과 함께 읽으면 '**쿵**쿵짝짝'과 같이 한 마디에 4개의 박(拍, Beat)이 생긴다. 이것을 4박자, **네 박자**라고 한다. 박자를 음악 기호로 표시한 것을 흔히 '콩나물 대가리'라고 하는 음표이다. 음표의 기준이 되는 온 음표(○)를 4등분한 게 **4분 음표**(♩)이고 이 4분 음표를 한 박으로 하여 한 마디 안에 4분 음표가 4개 있는 것을 **4분의 4박자**(4/4)라고 표현한다.

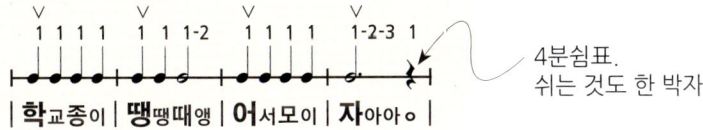

4분쉼표. 쉬는 것도 한 박자

다시 정리해 보면, 4분 음표를 한 박자로 하여 한 마디마다 4박자가 일정히게 진행한다. '**쿵**쿵짝짝 **쿵**쿵짝짝...'의 연속으로서 발 끝을 까딱거리며 박자를 맞출 수 있다. 이럴 때 바로 '리드미컬(Rhythmical) 하다.', '리듬이 있다.'라는 표현을 쓴다. '질서 있는 규칙적인 흐름'이라고나 할까?

리듬(Rhythm)은 음이 연속적으로 진행할 때의 시간적 질서라고 말할 수 있겠다. 물론 음이 없는 쉼의 상태도 포함된다. 리듬을 철학자 플라톤은 '운동의 질서'라 했고 어떤 이는 '시간의 질서'라고 했다. 또 그리스어로 '흐른다.'는 뜻으로 미루어 결과적으로 길이와 강약에 의한 '**흐름의 질서**'라고 말할 수 있겠다.

1 에피소드

　리듬이란 음악에서뿐만 아니라 자연의 현상, 인간의 일상 전반에 걸쳐 나타나는 요소이다. 지구의 자전과 공전에 의한 반복적인 흐름으로 매일 해가 뜨고 매년 봄이 오고, 밤이 되면 잠을 자고 또다시 아침이 밝아 오고...... 자연의 질서에 순응하며 연속된 생활의 리듬 속에 살아가고 있다. 그래서 골프를 위한다면 스윙의 리듬뿐 아니라 생활의 리듬을 지키는 일이 더 우선일 수도 있다. 이렇듯 모든 것이 질서 있는 리듬 속에 이루어지고 있다.

　이제 골프에 적용해 보자. 앞에서 말했듯이 리듬의 의미를 포괄적으로 **'질서 있는 흐름'**이라고 했다. 스윙 동작에 있어 어드레스에서부터 피니쉬 동작까지 일정한 질서를 가지고 물 흐르듯 리듬 있는 스윙을 만들어야 한다.

　스윙을 '쿵쿵짝짝'의 네 박자에 맞게 아래 그림처럼 네 동작으로 나눈다. 한 번의 스윙을 한 마디라고 했을 때, 한 마디 안에 4개의

백 스윙	일시 정지	다운 스윙	피니쉬
테이크 백 해서 탑에 이르기까지 한 박자.	탑 동작에서 한 박자 쉬고	탑에서 클럽을 끌어 내려 공을 치는 임팩트까지 한 박자.	관성에 의해 클럽을 뿌려 주고 완전 멈춤 자세까지 한 박자.
"하나"	"둘"	"셋"	"넷"

부분 동작 (백스윙, 탑 동작, 다운스윙, 피니쉬)이 있고 각각의 동작을 한 박자로 하여 4박자를 만들자는 것이 키 포인트이다. 4/4박자가 되는 것이다. 마음속으로 "하나, 둘, 셋, 넷"을 세면서 박자를 맞춘다. 중요한 것은 백스윙이든 다운스윙이든 동작마다 걸리는 시간이 같다. 즉, 4분 음표의 한 박자로서 모두 길이가 같다는 사실에 주목해야 한다. 이것이 필자가 강조하는 '4분의 4박자' 리듬의 스윙이다. 주로 세 박자 째에 다운스윙이 빨라지는 데서 대부분의 에러가 발생된다. 4/4박자의 리듬에 맞추어서 다운스윙이 빨라지지 않도록 속도를 제어한다. 항상 마음속으로 "하나, 둘, 셋, 넷"을 읊으며 리드미컬하게 박자를 맞추는 스윙 연습을 하자.

이 방법을 응용하여 자신에게 맞게 만들면 된다. 예를 들어, 백스윙과 다운스윙의 두 동작만으로 "하나, 둘"의 2박자 스윙을 만들 수도 있다. 중요한 것은 모든 한 박자의 길이는 같아야 한다는 것을 강조한다.

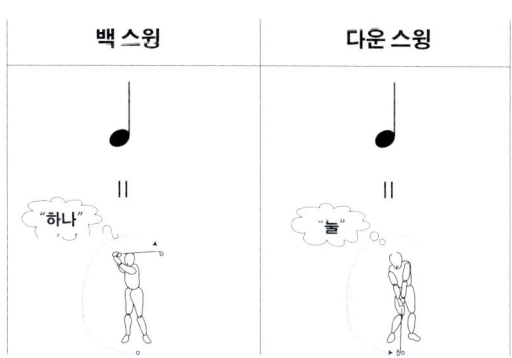

간단히게 2박자로 줄여서 자신에게 알맞은 리듬을 만들 수 있다.

실전에서 '하나, 둘, 셋, 넷'을 세어 가며 스윙 하기란 쉬운 일이 아니다. 필드에서 공을 칠 때면 항상 위축이 되고 머릿속이 하얗게 되어 연습한 대로 잘 되질 않는다. 연습 삼아 한 빈 스윙은 부드러운데 공 앞에만 서면 굳어지는건 당연한 일이다.

그래서 또 연습장을 간다. 편안한 마음으로 자신이 만든 리듬이 몸에 익숙해 질 때까지 실전처럼 연습을 해야 한다.

에피소드 1

템포는 안단테

그런데 앞에서 언급한 4/4박자 리듬에서 한 가지 의문이 생긴다. "하나, 둘, 셋, 넷"을 얼마만큼의 빠르기로 읊어야 하는가? 네 박자를 빨리 셀 수도 있고 느리게 셀 수도 있지 않은가? 박자를 브루스 곡으로 맞출 것인가? 아니면 탱고 스타일로 할 것인가? 서로 빠르기가 다른 것처럼 얼마만큼의 속도로 박자를 맞출 것인가를 정해야 한다.

음악에서는 장르에 따라 적절한 속도, 즉 템포(Tempo)가 있어 음의 흐름을 제어하고 있다. 템포란 연주의 빠르기로서 곡의 맨 처음에 제시되어 일관된 속도로 연주하도록 한다. 다시 말해 템포는 곡의 빠르기를 제어하고 조절, 컨트롤하는 장치라 할 수 있겠다. 골프 스윙의 빠르기도 자신의 적당한 템포에 맞춰 제어해야 한다. 그렇다면 템포로 속도를 제어한 적절한 빠르기는 과연 어느 정도를 말하는가? 스윙의 가장 적당한 빠르기, 최적의 스윙 템포를 찾아보도록 하자.

음악에서 빠르기의 기준은 메트로놈의 숫자에 따른다. 예를 들면, 악보에 'MM ♩=120'과 같이 표시한다. 즉, 멜첼의 메트로놈에 따라 1분 동안에 4분 음표(♩)를 120번 치는 빠르기로 연주하라는 뜻이다. 클래식 음악에서는 악곡 전체의 빠르기를 지시하는 '빠르기 말'로 악보에 나타내기도 한다. 보통 빠르기인 모데라토를 기준으로 조금 느리게는 안단테, 조금 빠르게는 알레그로로 표시한다.

안단테(Andante)는 이태리어로 '걸어가듯이', '적당히 느리게'의 뜻이다. 클래식 음악에서는 이렇듯 빠르기를 막연하게 표현하

메트로놈

빠르기 말

이탈리아 어	라르고 Largo	**안단테** **Andante**	모데라토 Moderato	알레그로 Allegro	비바체 Vivace
우리말 표현	느리고 넓게	**걸어가듯이**	적당히 빠르게	활기차게	생기있게
BPM	♩=40~60	♩=70~100	♩=110~120	♩=120~140	♩=140~170

Beat Per Minute

악보에서의 빠르기말은 속도뿐 아니라 분위기까지 포함하고 있다. 해석하기 나름이어서 정확한 BPM(1분당 박자수) 수치로 나타낼 수 없으며 위의 숫자는 근사한 값으로서 비교한 것일 뿐이다.

고 있다. 그래서 같은 곡이라도 지휘자나 연주자에 따라 각자의 개성이 나타나기도 한다.

 이제 자신의 템포를 정해 보도록 하자. 개인적으론 약간 느린 템포의 안단테가 적당하다고 본다. 빠르지도 느리지도 않는, 약간은 느린 듯 한 스윙 템포가 가장 적당하다고 하겠다. '조금 느리게'의 안단테를 메트로놈의 속도로 표현하면 'MM ♩=70' 정도가 된다. 1분에 70번을 똑딱거리는 빠르기이다. 이 속도는 바로 인간의 맥박 진동수와 거의 맞아 떨어진다.

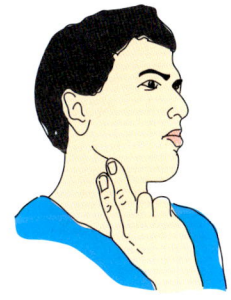

 다소의 차이는 있겠지만 자신의 맥박 뛰는 속도가 자연스러운 스윙 속도라는 뜻이다. 지금 바로 당신의 목이나 손목에 손가락을 대고 심박의 진동을 느껴 보자. 쿵쿵 뛸 때 마다 한 박자가 되는 것이다. 하나, 둘, 셋, 넷의 박자에 맞춰 그 템포에 맞게 연습장에서 스윙을 하여 보자. 그 동안 자신이 얼마나 빠른 스윙을 하고 있었는지를 느끼게 될 것이다. *h.kim*

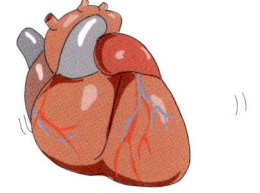

안단테는 인간의 심장이 진동하는 속도와 비슷하다.

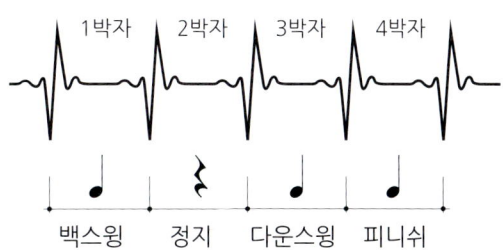

에피소드 1 — "리듬은 4/4 박자, 템포는 안단테" 정리 하기

앞서 언급한 리듬과 템포에 관한 내용은 쉽게 설명하려고 원론적인 이야기를 했다. 그러면 이 내용들을 실전에 적용하려면 어떻게 해야 할까?

리듬(Rhythm) : 질서 있는 흐름.
템포(Tempo) : 흐름의 속도를 제어.

"리듬을 가져라."는 뜻은....

4박자든 2박자든 박자에 맞춰 스윙을 한다. 박자에 맞춘다는 말은, 백스윙은 천천히 하고 다운스윙은 빨리하는 식이 아니라 모든 동작의 길이는 한 박자로서 같게 해야 한다는 뜻이다. 그렇게 되었을 때 비로소 부드럽게 보인다. 프로들의 스윙을 보면, 특히 여자 선수들은 아무리 거리가 멀어도 힘들이지 않고 그냥 툭 치는 것 같다. 공을 내리 치는 동작(다운스윙)에 특별히 힘을 주어 속도를 높이지 않는다. 공의 비거리는 힘의 강약으로 내는 것이라기보다는 클럽의 길이에 따라서 거리가 나는 것이다. 14개의 클럽을 사용하는 이유이다.

스윙 도중에는 속도의 변화를 주지 않아야 부드러운, 리드미컬한 스윙이 된다. 주로 다운 스윙에서 빨라져서 에러가 발생하기 때문이다.

"템포를 줄여라."는 뜻은....

템포란 스윙의 속도를 말하지만 최대 속도가 아닌 속도의 제한을 뜻한다. 최대한 힘껏 쳐야 멀리 나간다는 말은, 공이 헤드의 정중앙(스윗 스팟)에 맞았을 경우에만 가능하다. 헤드의 스윗 스팟에 맞지 않으면 거리와 방향 모두 잃게 된다. 아마추어 골퍼에게 가장 문제는 스윙의 속도가 빠르고 그 속도를 억제하지 못한다는 것이다.

골프 스윙에서의 템포는, 클럽을 최대한의 속도로 휘두르는 것 보다는 일정한 속도로 제어한다는 의미가 크다.

결국, 스윙의 템포를 힘을 있는 대로 휘두르지 말아야 하는 이유는 공을 헤드의 스윗 스팟에 맞힐 확률을 높이게 하기 위함이라 하겠다.

종합하여 한마디로 표현한다면,
'힘 있는대로 치지 말고 다운 스윙을 좀 더 천천히' 하라는 의미.

1

에피소드

"레알 제주도 온"

좋은 샷을 위한 Report I _H.Kim

Report

"MIND CONTROL"
"대결의 상대는 나 자신"

- **욕심/과욕** — 비거리에 대한 욕심, 점수에 대한 욕심, 모든 것이 욕심에서부터 문제 발생.
- **대상 의식** — 의식적인 부자연스러움 속에 무리수를 두다.
- **집중력 분산** — 평상심을 잃다. 산만함. 심리적 흔들림. 자신을 억제하지 못하여 무너지기 십상.
- **ERROR 유발** — 쉬운 샷도 실수 연발.

가벼운 몸과 마음 자세

승부와 경쟁은 상대방과 하는 것이 아니다.

★ **Self-control**

스스로를 통제하느냐, 못하느냐의 자신과의 싸움.

- **심리적 통제** = 마음의 통제
  - 감정 조절
  - 과욕 억제
  - 의욕 통제, 조절
- **물리적 통제** = 힘의 통제
  - 스윙 통제
  - 파워 억제
  - 3/4스윙, Slow Downswing

통제 능력 = 골프 실력

자신의 Game Play — 통제, 억제, 자제에 의한 침착함과 여유로운 마음 유지

즐기는 Game — 상대와의 경쟁이 아닌 자신을 위한 게임, 즐기는 게임이 된다.

동반자는 승부의 대상이 아니라 배려와 이해의 상대가 되어야 한다.

→ **굿샷! 골프가 예술이네.**

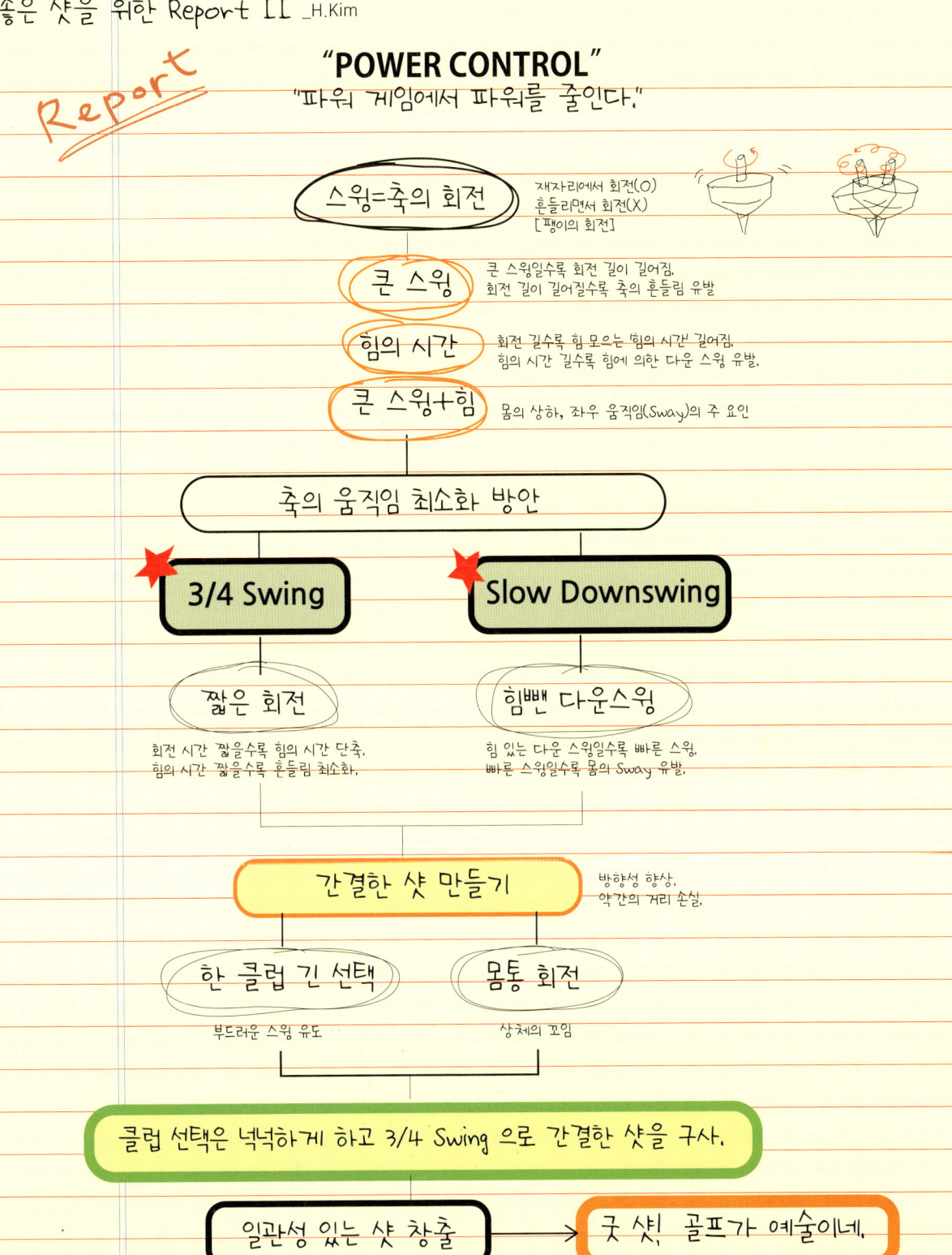

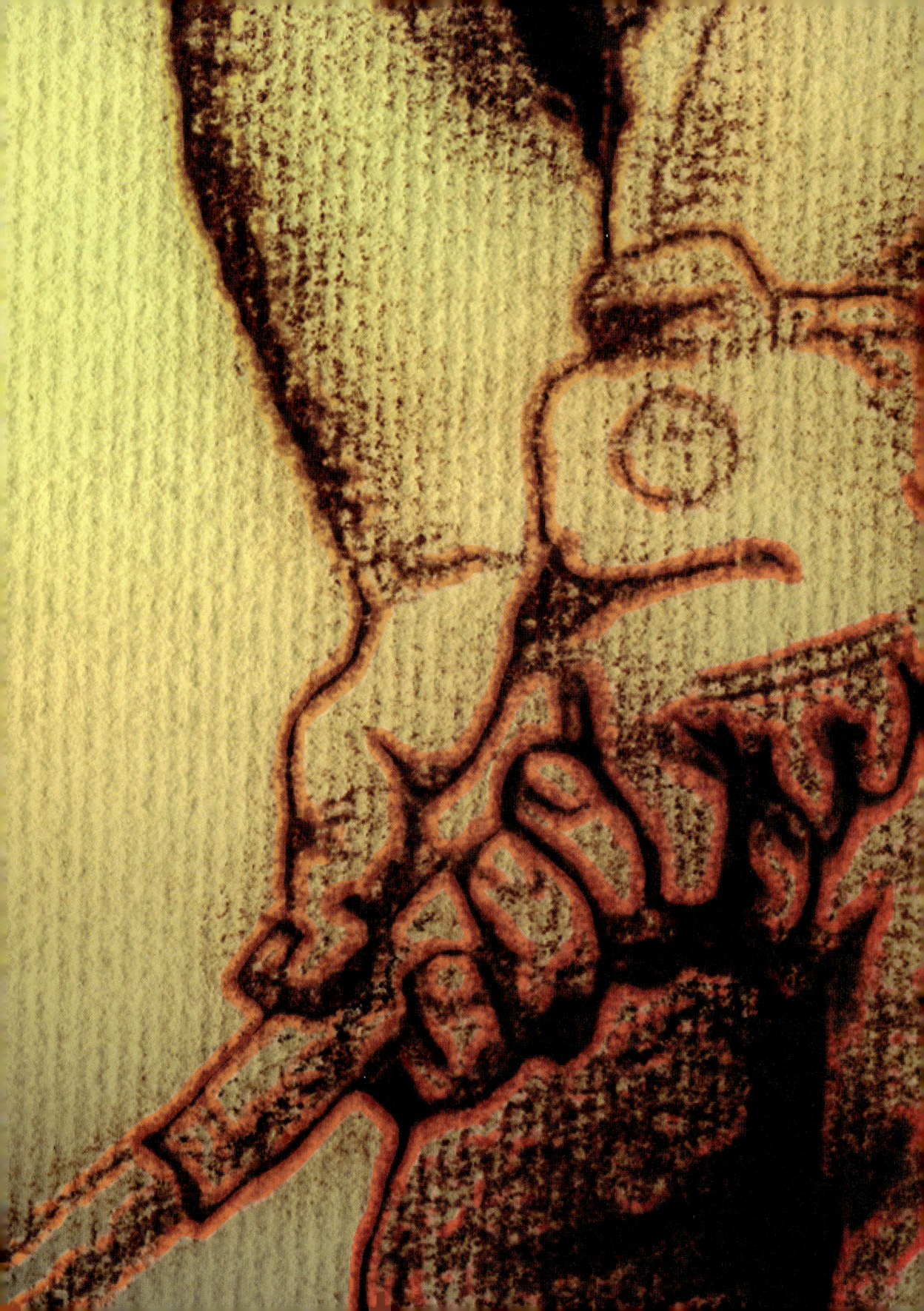

Part 2
내기 골프
잃지 않기

1장_매니지먼트

2장_연습장에서

3장_공략 노트

4장_숏게임 기본기 다지기

참고 사항

■ 미터와 야드 거리 표시

우리나라 코스는 요즘 거의 m로 거리를 표시하지만 미국 코스나 동남아 일부 코스에서는 yd로 거리 표시 하기도 한다.

이 책에서는 yd와 m를 같이 표시하였고 아래에 설명한 대략적인 방법으로 환산한 수치이다.

■ m와 yd간 대략적 계산법

- 1yd는 대략 0.9m. 1m는 약 1.1yd
- 150yd는 몇 m?
  150에서 소수점을 위로 한 칸 옮긴 15를 150에서 빼면 **약 135m**
- 150m는 몇 yd?
  150에서 소수점을 위로 한 칸 옮긴 15를 150에 더하면 **약 165yd**

154m처럼 일 단위가 0이 아닐 경우는, 계산하기 쉽게 150m로 계산해서 2~3yd 정도 더해주면 167~8yd정도 식으로 계산하면 될 듯.

Chicago 스카이라인

1 Chapter 매니지먼트

2 내기 골프

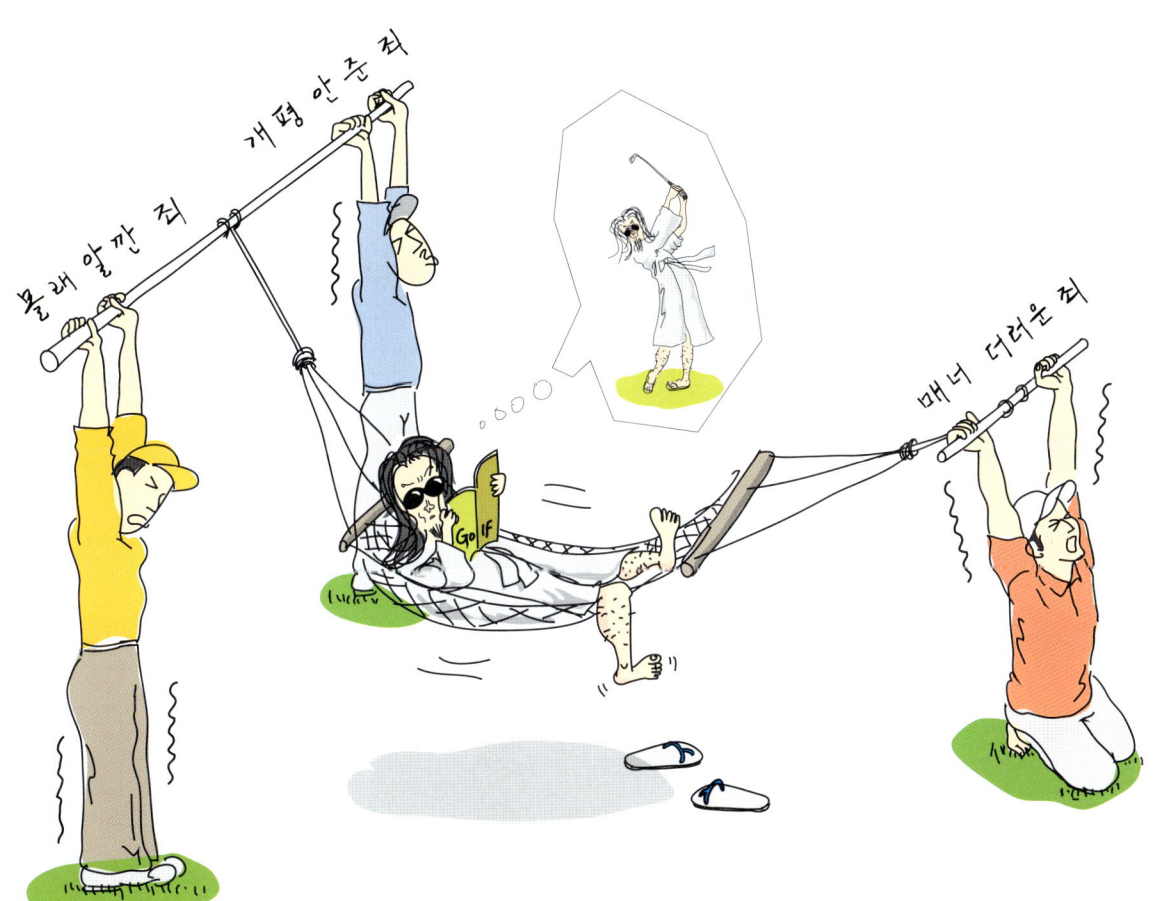

"죄와 벌"

1   내기 골프에 지지 않으려면

내기 골프는 게임의 흥미가 첫째이어야 한다. 돈이 목적이 아니기 때문이다. 아마추어 게임의 내기에서는 잃지만 않으면 최선이라는 마인드로 임한다. **돈 잃고 기분 좋은 사람 아무도 없으니까.**

이기는 골프보다는 잃지 않는 골프 즉, **지지 않는 골프가 가장 이상적**이다. 본전만 한다면 최고의 게임을 즐긴 것이다.

■조금 일찍 출발하자.

골프장으로의 출발은 여유를 가지고 일찍 나선다. 허겁지겁 시간에 쫓기면 신호도 무시하고 액셀레이터를 더욱 밟게 되어 사고의 위험도 있다. 자동차 속도는 빨라지고 마음도 급해져 온몸의 근육이 긴장을 하게 된다. 심신(心身)이 아주 산만한 상태에서 라운드가 시작되며 자기 페이스를 찾을 때쯤이면 게임은 끝나버린다. 골프장에 일찍 도착하여, 우리의 몸을 주변 분위기에 빨리 동화시켜야 한다. 신체의 업(up)된 기(氣)를 깔아 앉힐 시간이 필요하다.

■준비 운동과 그린 파악하기

골프장에 일찍 도착해야 하는 이유는 또 있다. 30분이나 1시간쯤 일찍 도착하여 간단한 몸 풀기 스트레칭과 그린 파악은 필수. 그린이 얼마나 빠른지 느린지, 몇 걸음에 얼마큼 굴러 가는지, 가까운 거리(1m 정도)에서의 영점 조준 등 퍼팅 컨디션을 점검해야 한다. 만약 시간이 없다면 연습 퍼팅은 못하더라도 스트레칭은 꼭 하길 바란다. 바로 현찰과 직결되기 때문이다.

■ 많이 먹지 마라.

그늘집에서는 간단하게, 특히 긴장감이 도는 내기 게임이라면 요기할 정도로만 먹는다. 운동 중에 많이 먹게 되면 집중력에 문제가 생긴다. 위장의 음식물을 소화시키기 위해 온몸의 에너지를 다 써 버려 다른 부위를 무기력하게 만든다. 식곤증과 같은 무력감과 집중력 감퇴로 나타날 것이다. 특히 더운 여름철 라운드에서 그늘집의 찬 에어컨 바람도 근육을 경직하게 만드는 요인이 된다.

남들이 먹으니까 나도 먹는다? 진정한 고수는 많이 먹지 않는다. 다만 돈을 잃지 않을 뿐이다.

■ 물을 많이 마시자.

충분한 수분 섭취로 몸의 탈수를 막아야 한다. 몸에 수분이 모자라게 되면 집중력뿐 아니라 모든 기능도 떨어진다. 물은 갈증이 날 때 마시는 게 아니라 목이 마르기 전에 미리 마셔야 한다. 이온 음료 같이 몸에 흡수가 빠른 음료를 마시는 것도 좋겠다. 특히 더운 날에는 그늘집에 들릴 때 마다 꼭 물 한 컵씩 들이키고 간다.

■ 진한 커피는 삼간다.

사람마다 커피에 대한 민감도는 다르겠지만, 진한 커피의 카페인에는 대뇌를 각성시키는 효과와 심장 박동의 증가, 혈압 상승 등으로 흥분, 불안을 초래, 집중력을 모으는데 방해 요인이 있다. 물론 과다하게 마셨을 경우이다. 게임 전에는 박카스 종류나 감기 몸살 약 등도 피하는 게 좋다. 반면 운동 전 연한 커피 한잔 정도의 카페인 섭취는 지구력을 강화하고 중추 신경계를 자극하여 정신을 맑게 하는 효과도 있다는 보고서가 있다.

■긴장을 풀면 본전도 못 찾는다.

내기 게임에서, 호주머니가 두둑하게 돈이 들어 왔을 때에 약간은 몸과 마음이 느슨해지면서 집중력이 흐트러지기 시작한다. 특히 자신의 일방적인 게임이라고 여길 때, 긴장이 풀리면서 집중력도 떨어져 자칫 본전도 못 챙기는 일이 허다하다. 돌려주는 한이 있더라도 끝까지 게임에 집중한다. **딴 돈을 승자의 아량으로 기분 좋게 돌려 줄 수 있도록 해야 한다.** 그렇지 않으면 구차하게 상대방의 처분만 기다리고 있을 것이다.

■장타 경쟁은 절대 금물.

장타에 대한 경쟁심은 자신의 페이스(Pace)를 무너뜨리게 하는 첩경이다. 장타자들과의 게임에서는 괜히 경쟁 분위기에 편성되어 무리수를 두게 된다. 장타뿐 아니라 게임 중의 경쟁심은 자신의 평정심만 잃게 된다. 아예 상대의 실력을 인정해 주는 편이 마음 편하다. 장타가 아니면 자신만의 강점으로 승부를 걸자.

■구찌는 구찌일 뿐이다.

구찌가 들어온다면 그건 본인의 몫이다. 구찌는 게임의 분위기를 살리기 위한 것일 뿐, 본인이 구찌라고 받아들이면 구찌가 되는 것이다. 구찌는 가볍게 받아 들이고 즐길 줄 알아야 한다.

■모험은 삼가 한다.

코스 공략에 있어 공격적인 시도는 대체로 성공할 확률이 낮다. 새로운 시도는 더욱 금물이다. 가장 안전한 곳에 공을 보내는 게 골프 공략의 첫째이다. 필드에서의 용감함은 돈만 잃을 뿐이다. 위험한 도전은 성공 때만 보상을 받고 무모한 도전에는 반드시 대가가 따른다. '못 먹어도 go!'는 고스톱 판에서나 통할 일이다.

■ 가장 안전한 작전을 짜라.

시야에 보이는 것이 코스의 전부는 아니다. 일단 공을 보낼 지점을 찍어라. 코스를 정복하기보다는 코스 설계자의 의도를 인정하고 코스에 순응하는 자세로 임한다. 전혀 위협이 안 되는 벙커에도 빠지는 사람이 있다. 비싼 공사비 들여 괜히 만들진 않는다. 빠지라고 만든 벙커이기 때문에 피하는 게 상책이다. 모든 작전은 **성공할 확률이 1%라도 높은 쪽으로 택하는 게 현명**하다.

■ 자연에 순응한다.

비가 오든 바람이 불든 날씨를 탓해서는 안 된다. 나에게만 부는 게 아니다. 그린이 느리다고, 잔디 관리가 엉망이라고 탓한들 게임에 아무 도움이 되지 않는다. 일단 게임에 돌입하면 바람, 비, 코스 등에 빨리 적응할 궁리를 해야 한다. 골프란 자연과 함께하는 게임이다. 바람 부는 날, 비 오는 날, 추운 겨울 날이 싫으면 자연을 탓하지 말고 플레이를 포기하는 게 낫다.

■ 캐디를 내 편으로 만들어라.

골프장의 캐디는 레스토랑에서의 서빙 개념이 아니다. 클럽 심부름하는 도우미뿐이 아니라 함께 문제를 풀어가는 협력자이자 게임의 동반자로 여겨야 한다. 특히 심각한 상황에서는 심판의 역할까지 요구하기도 한다. 어쨌든 캐디의 의견을 존중하고 설상 약간의 이견이 있더라도 캐디를 탓해선 안 된다. 골프장에서의 모든 판단의 책임은 자신이 져야 한다. 캐디와의 관계가 불편하면 본인만 손해라는 것을 명심하자.

■ 자주 왔던 코스도 쉽게 보면 안 된다.

베스트 스코어(Best score) 나온 코스에서 워스트 스코어(Worst score) 나오지 말라는 법 없다. 매일 같은 코스에서 게임을 한다 해도 같은 결과가 나오는 것은 더욱 아니다. 티 박스(Tee box)의 위치, 핀(Pin)의 위치, 그 날의 날씨, 동반자, 몸의 컨디션 등 항상 다른 분위기가 연출되므로 새로운 각오로 임해야 할 것이다.

■ 지난 홀은 잊어라.

O.B, 뒤 땅, 짧은 퍼팅 미스 등의 실수에 대해 너무 민감할 필요는 없다. 아마추어가, 특히 주말 골퍼가 실수 없이 친다는 것은 거의 불가능한 일이다. 너무 자책해서도 안 된다. 실수한 샷이 바로 본인의 핸디캡에 속해 있으므로 당연한 결과라고 받아들이고 다음 샷에 집중하도록 하자. 핀에 붙이는 멋진 샷을 날리려고 하기보다는 실수를 줄이려고 애 쓰는 사람이 진정한 고수다.

■ 장비에 투자하라.

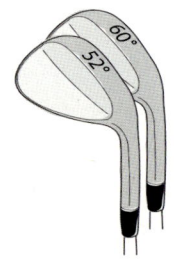

당장 갭 웨지(Gap wedge)와 하이브리드(Hybrid) 클럽을 구입할 것을 권한다. 골프는 장타로 힘 자랑하는 게임이 아니다. 거의 60yd(55m) 안에서의 싸움이다. 실리적인 면을 따진다면 웨지 샷에 시간과 돈을 투자해야 한다. 다루기 어려운 롱 아이언은 과감하게 가방에서 빼 버리자. 하이브리드가 해결하리라. 골프를 쉽게 풀어가는 확실한 방법이다.

■ 기회를 기다려라.

　쉽게 포기하지 말자. O.B가 한 두 개 정도 나와도 끝까지 포기하지 않는다면 분명 한 두 번의 기회는 올 것이다. 그 때를 기다려야 한다. 한 두 홀 망쳤다고 해서 전체 게임을 망친 것은 아니다. 비싼 수업료를 치렀을 뿐, 아직도 학교 종은 울리지 않았다. 장갑 벗을 때까지 최선을 다 한다면 복구할 기회는 분명히 찾아 온다. 골프는 내가 잘 쳐서 이기는 것 보다 남이 망가져서 이기는 경우도 많기 때문이다. 그래서 골프가 재미있다. 18홀까지만 기다려 보라.

■ 양심을 버리지 말자.

　찾아도 보이지 않는 공에 알(?) 까고 싶은 유혹. 디봇 자국에 빠진 공은 발로 차 내고 싶은 유혹. 벙커에 후라이 된 공은 써~억 밀어 내고 싶은 유혹. 한번쯤은 이런 유혹에 빠지지 않은 골퍼는 없으리라. 아무도 보지 않는다고 자신의 양심을 버려가며 쳤다 한들 그리 좋은 샷이 나오지 않는다. 하루 종일 찜찜하지 않을까? 잘못한 대가로 받아 들여야 한다. 피하지 말고 오히려 트러블에서의 탈출을 즐긴다면 당신은 진정한 골프 마니아다.

■ 낮은 데로 임하라.

　내기도 좋고 운동도 좋지만 무엇보다 사교적인 부분을 간과해서는 안 된다. 동반자에 대한 배려와 이해를 바탕으로 자신을 낮춘다면 마음의 평온함 내지는 느긋함이 굿 샷으로 연결되지 않을까? 내기 골프의 목적은 게임의 흥미, 재미를 유도하기 위함을 잊지 않는다면 언제나 즐거운 게임이 되리라 믿어 의심치 않는다.

2 아마추어들이 잊어 버려야 할 샷들

투어 프로들의 세계에서는 다양한 기술 샷, 컨트롤 샷을 구사할 수 있어야 만이 어려운 상황에서 가장 효과적이고 이상적인 공략을 펼 수 있어서 우승의 문턱이라도 넘볼 수 있다. 하지만 아마추어 세계에서는 일관되게 보낼 수 있는 샷이 아니면 과감하게 포기해야 한다. 한두 번 성공했다고 해서 확률적으로 낮은 어렵고 위험한 샷을 시도한다는 것은 어리석은 짓이다. 더 큰 화를 초래할 수 있다. 기술적으로 모자라는 부분은 경기 운영(매니지먼트)으로 채우도록 하는 게 현명한 방법이다.

1 로브 샷 (Lob shot)

그린 주변의 깊은 러프에 공이 놓여 있으면서 그린의 상태는 내리막이고 핀이 가까이 있어 그린과의 공간이 좁은 상태일 때, 공이 많이 굴러 내려가지 않게 하기 위해 아주 높이 띄워 치는 샷이다. 클럽은 로프트가 60도 이상으로서 별도의 로브 웨지(Lob wedge)를 사용한다.

미국의 골프 코스는 그린 주변의 잔디도 아주 깊게 된 곳이 많다. 특히 투어 시합일 때는 더 깊게 만들어 선수들에게 정확한 샷을 요구한다. 그린을 놓쳤을 때 유용하고 필요한 샷이지만 아마추어 골프에선 성공을 장담하기 어려운 샷 중의 하나이다. 숏 게임의 귀재라는 PGA의 필 미켈슨이 멋있게 이 로브 샷을 가끔 보여 주기도 한다.

헤드의 페이스가 하늘을 향하게 완전 오픈 시키고 풀 스윙을 하면 공이 거의 수직으로 솟아오른다. 높게 뜬 공이지만 나간 거리는 불과 몇 m 정도 앞에서 떨어져 약간만 구를 뿐이다. 스핀에 의해 멈췄다기 보다는 높이 떴기 때문에 짧게 구른다. 그린과 가까운 거리에서 강하게 스윙 해야 하는 대담한 용기가 필요한 샷이다.

그런데 우리나라 골프장의 상황은 대부분이 그린 주변의 잔디를 짧게 깎아 놓은 곳이 많다. 그렇게 심한 러프가 없다. 물론 프로 시합 때는 길게 길러 국제 수준에 맞추어 난이도를 조절하지만 일반인을 위한 코스는 페어웨이의 러프도 그렇지만 그린 주변의 잔디를 잘 정리되어 있기 때문에 로브 샷을 시도하기에는 위험한 상태로 되어 있다.

짧은 잔디에서는 헤드를 눕혀 치기가 더 어렵다. 잔디가 짧고 딱딱한 바닥일 때는 시도해서는 안 되며 긴 잔디에서는 얼마만큼 공이 지면에서 떠 있는지도 판단해야 하는 까다로운 샷이다.

어설프게 시도 했다가 바로 앞에 떨어지거나 아니면 '홈런 볼'이 되어 버리기 십상이다. 개인적인 생각이지만 선수가 아니라면 삼가는 게 화를 면할 수 있다. 내기의 부담이 없는 라운드일 때, 꼭 시도해야 할 경우에는 벙커 샷과 비슷하지만 손목을 더 많이 사용한다.

로브 샷은 바닥이 딱딱하고 잔디가 짧을 경우에도 어렵지만 잔디가 깊어 공이 약간 떠 있을 때도 쉽지 않다.

2. 드로우 샷 (Draw shot), 페이드 샷 (Fade shot)

 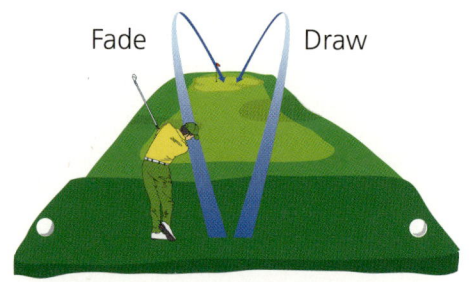

훅 목표점으로 날아 가다가 왼쪽으로 휘어 나가는 공.
슬라이스 목표점으로 날아 가다가 오른쪽으로 휘어 나가 공.

페이드 왼쪽으로 날아 가다가 목표점으로 들어 오는 공.
드로우 오른쪽으로 날아 가다가 목표점으로 들어 오는 공.

훅과 슬라이스는 의지와 상관없이 잘못 친 샷이지만
페이드와 드로우는 의도적으로 만들어 치는 샷이다.

그린을 공략할 경우, 큰 나무와 같은 장애물에 가려 직접 그린을 겨냥할 수가 없을 때가 있다. 이 때 공의 궤도를 오른쪽 혹은 왼쪽으로 휘어지게 만들어 그 장애물을 절묘하게 피해 그린에 안착할 수 있도록 공략하는 샷이다. 숏 아이언은 로프트가 커서 공에 백 스핀이 걸리기 쉬운 반면 로프트가 작은 롱 아이언 일수록 공에 사이드 스핀이 생겨 좌우로 잘 휘어지는 구질이 된다.

그러나 요긴한 샷인 만큼 위험 부담도 따른다. 키 큰 나무에 가려 그린 공략을 직접 할 수 없는 상황에 처해 있을 때, 아무리 고수 골퍼라 하더라도 의도한 대로 휘는 구질로 만들어 성공할 수 있는 사람이 과연 몇이나 될까? 의도적으로 감아 치려다 심한 훅이 될 수도 있고 전혀 휘지 않고 곧장 날아가 버려 물에 빠지거나 O.B가 될지도 모르는 상황에서 이렇듯 모험적인 샷을 굳이 시도하는 사람을 과연 용감한 골퍼라 할 수 있을지 모르겠다. 내기를 하지 않는 친선 게임이라면 한번 시도해 봄직 하겠지만.

하지만 구사할 수만 있으면 한층 업그레이드 된 고급의 골프가 될 수는 있다. 장애물을 피해 칠 때뿐만 아니라 핀의 위치에 따라, 혹은 그린 주변의 페널티 구역 위치에 따라 아주 유용하게 공략할 수 있는 고급의 기술 샷인 것은 사실이다.

페이드의 구질은 공이 그린에 떨어진 후에 스핀의 량에 따라 잘 멈추기 때문에 계산된 거리대로 보내는데 유리하다. 드로우 샷의 구질은 그린에 떨어진 후 많이 굴러 간다. 맞바람이 분다든지 핀이 그린의 뒤쪽에 있을 때 아주 유용한 샷이다.

이렇듯 장점이 있는 반면 단점도 있다. 가장 중요한 것은 얼마만큼 성공할 확률이 높으냐는 것이다. 만약에 실패했을 때, 너무나 큰 대가를 치러야 한다면 굳이 위험한 모험을 시도하지 않는 쪽이 현명한 골퍼이다. 아마추어에게는 직선의 샷으로 공략하는 게 가장 안전하고 에러도 줄이는 방법이라 할 수 있겠다. 사실 직선의 샷도 어렵지만 의도적으로 원하는 방향으로 휘어지게 시도하는 것은 더욱 어려운 일이다.

중요한 것은 자신의 구질을 파악하여 드로우든 페이더든 상관없이 항상 일정한 샷을 구사할 수 있어야 한다. 자신의 구질을 파악하고 있으면 그린 공략에 더 유리해 진다.

페이드 구질은 공에 스핀이 많이 걸려 잘 구르지 않는다. 거리 맞추기에 유리하다.

맞 바람이 불거나 뒷핀일 때 보다 많이 구르게 하기 위해서는 드로우 샷이 유리하다.

3 아마추어라도 이 정도의 기술 샷은...

아마추어 골퍼들에게 기술적인 컨트롤 샷 중에서 플롭 샷과 페이더, 드로우 샷 등은 일관성이 떨어지고 위험 부담 때문에 가능한 삼가할 것을 언급 했었다. 하지만 펀치 샷은 기술적으로 쉬우면서도 위기 탈출에 아주 효과적인 샷이다. 펀치 샷을 시도하다가 실수를 했다손 치더라도 대형 사고의 위험도 적다.

흔하게 발생하는 여러 상황에서 쉽게 빠져 나올 수 있게 해 주는 아주 쓸모가 많은 컨트롤 샷이라 하겠다.

1 펀치 샷 (Punch shot)

이럴 때 펀치 샷을...

- 큰 나무 가지에 걸릴 것 같아 공을 낮게 깔아 쳐야 할 때.
- 페어웨이의 디봇 자국에 공이 놓여 있을 때.
- 맞바람이 심하게 불 때.
- 잔디가 없는 맨땅에 공이 있을 때.
- 페어웨이 벙커인데 모래가 딱딱하고 벙커 턱이 낮을 경우.
- 풀 스윙이 어려운 상황에서 안전한 곳으로 탈출해야 할 때.
- 겨울철, 딱딱한 페어웨이에서의 샷 등등

펀치 샷은 그 활용도가 매우 다양해서 강력한 무기가 될 수 있다. 맞 바람에서는 평상시보다 한 두 클럽 길게 선택하고 나무 아래서 탈출해야 할 때는 4번이나 5번 아이언을 짧게 잡고 사용하면 공의 탄도를 보다 낮게 보낼 수 있다.

펀치 샷의 요령

- 하향 타격(Down blow)으로서 클린 샷(정타)을 만든다.
- 클럽 면이 열리지 않게 스퀘어로 셋 업.
- 손목을 많이 사용하지 않고 오른쪽 겨드랑이를 몸통에 밀착시켜 허리가 유도하는 몸통 스윙을 해야 정확도가 높아진다.
- 한 두 클럽 긴 것을 선택하여 짧게 잡고 친다.
- 하프 스윙 하듯이 작고 낮은 스윙이 기본이다.
- 의식적으로 찍어 치지 않도록 한다.
- 백 스윙 때에도 몸의 무게 중심은 계속 왼쪽 발에 둔다.

낮게 보내기 위한 셋업 자세.

펀치 샷의 피니쉬 동작

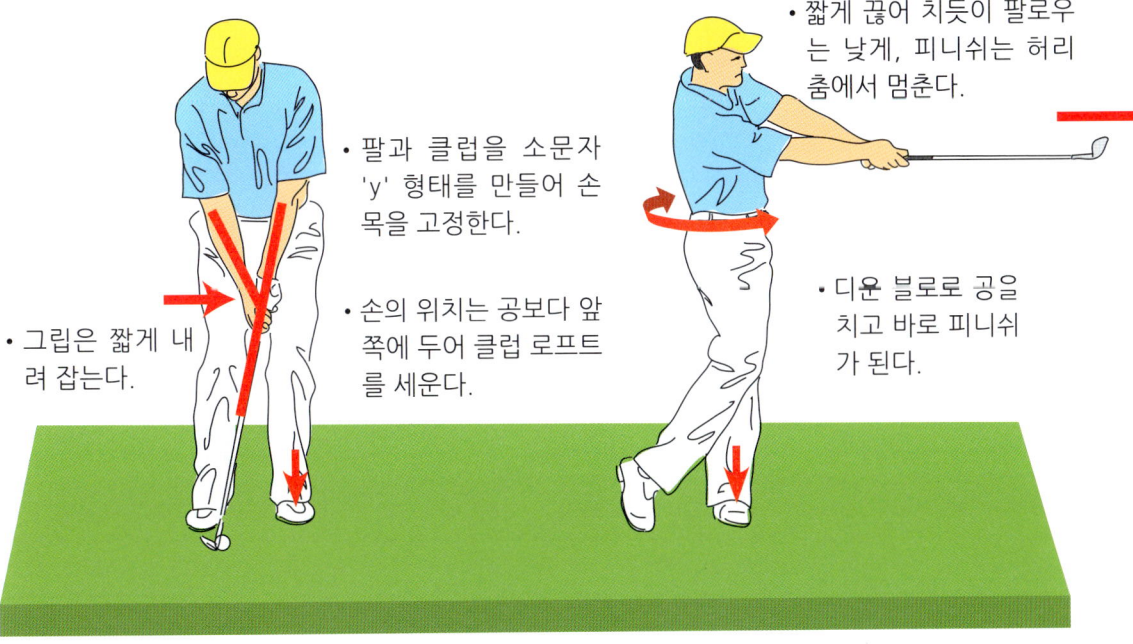

- 그립은 짧게 내려 잡는다.
- 팔과 클럽을 소문자 'y' 형태를 만들어 손목을 고정한다.
- 손의 위치는 공보다 앞쪽에 두어 클럽 로프트를 세운다.
- 짧게 끊어 치듯이 팔로우는 낮게, 피니쉬는 허리춤에서 멈춘다.
- 다운 블로로 공을 치고 바로 피니쉬가 된다.
- 공의 위치는 가운데나 오른쪽으로 둔다.
- 스탠스의 폭은 약간 좁히고 체중을 왼발 쪽에 둔다.
- 체중은 계속 왼쪽에 유지 시킨다. 셋업부터 피니쉬까지.

1 매니지먼트 — 펀치 샷 연습 : 7번 아이언으로 100yd(90m) 보내는 연습 하기

평소 연습장에서 7번 아이언으로 100yd(90m)를 보내는 연습을 많이 하자. 공을 컨트롤하는 연습에도 많은 도움이 된다. 7번 아이언으로 100yd(90m)를 보내려면 하프(1/2) 스윙으로 끊어 쳐야 한다. 바로 펀치 샷이 된다. 거리감뿐만 아니라 펀치 샷의 감도 느낄 수 있어 좋은 연습이 될 것이다.

다운 블로우 샷이 되게...

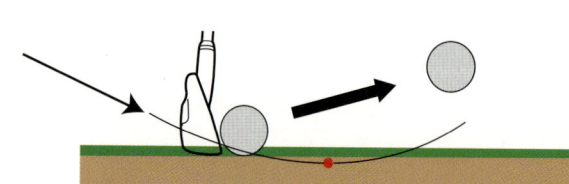

찍어 치되 낮게 빼서 낮게 밀어 친다.
공의 앞쪽에 디봇 자국이 생긴다.

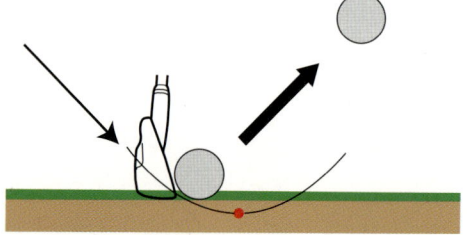

가파르게 찍어 치면 오히려 공이
많이 뜬다.

● 최저점

4 백 스핀(Back spin)에 대한 오해와 진실

백 스핀은 실력 차이 때문?

프로 골프선수들의 시합 중계를 보고 있노라면, 공이 그린에 떨어진 순간 한두 번 튄 후 거꾸로 방향을 바꿔 홀로 빨려 들어 가곤 한다. 특히 미국의 프로 투어 시합을 보면 더 심한 역회전이 걸리는 듯 하다.

이런 역회전은 선수들의 실력 차이라기 보다는 잔디 종류에 따른 차이가 있다. 미국의 페어웨이 잔디는 흔히 양잔디라 부르는 한지형의 밴트 글라스 종류를 많이 사용하는데 잔디의 특성상 잎이 가늘고 낮게 깔려 자라기 때문에 공의 라이(Lie, 놓여진 상태)가 좋아진다. 공이 잔디의 바닥에 바짝 붙어 있어 임팩트 시, 클럽 헤드와 공의 접촉이 좋아 많은 스핀이 걸리기 때문이다.

한편 국내 코스의 페어웨이 대부분은 보통 중지(中芝)라고 불리는 난지형의 한국 잔디류나 버뮤다 그래스를 사용하는데 상대적으로 잎이 넓고 줄기가 직립으로 서 있어 공이 살짝 묻히거나 떠 있는 상태가 된다. 그래서 임팩트 시 잔디 잎이 끼는 등, 공과의 접촉면이 적어져서 역회전이 덜 걸린다.

역회전은 그 외에도 그린의 잔디 종류, 그린 표면의 딱딱함 정도, 그린의 습기 상태, 클럽 헤드 면의 재질, 헤드의 글로브(헤드면의 홈) 형태, 공의 표면 재질 등 백 스핀의 작용에 영향을 미치는 요소들이 다양하다.

왜 거꾸로 끌릴 정도의 강력한 백 스핀을 거는가?

무엇보다 오르막 퍼팅을 남기기 위함이다. 하지만 항상 홀보다 길게 쳐야 한다는 중요한 전제 조건이 따른다. 그렇지 않으면 공은 홀과 더 멀어지거나 어려운 내리막 퍼팅을 남기게 된다.

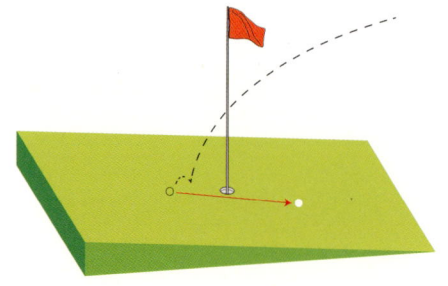

오르막 경사
공의 역회전에 의해 내리막 경사를 타고 쉽게 굴러 내려 간다. 홀 쪽으로 붙거나 오르막 퍼팅을 남긴다.

전제 조건 : 홀을 지나쳐서 떨어져야 한다. 짧으면 홀과 더 멀어진다.

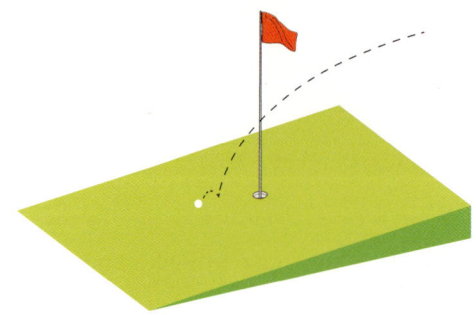

내리막 경사
공의 역회전에 의해 가능한 홀과 멀어지지 않게 한다. 내리막이지만 회전력에 의해 아래쪽으로 더 이상 굴러 내려 가지 않게 정지시킨다. 그래서 오르막 퍼팅을 남기게 된다.

전제 조건 : 홀 보다 길게 떨어져야 한다. 그렇지 않으면 어려운 내리막 퍼팅을 남기게 된다.

뒤로 끌릴 정도의 역회전이 필요한가?

가능한 모든 샷의 공은 그린에 떨어져 많이 구르지 않고 정지하도록 하는 게 바람직하다. 거리 계산에서나 어려운 위치의 핀을 공략하기 위해서는 그린에 바로 세울 수 있어야 유리하다. 그린에 떨어져 공이 많이 구르게 되면 자신의 클럽 거리를 제대로 적용 할 수 없다. 사실 백스핀에 의한 공의 흐름은, 공이 떨어진 그린의 미세한 경사 정도에 따라 큰 영향을 받기 때문에 일정한 스핀을 기대하기 어렵다. 어쨌든 공이 그린에 떨어지면서 바로 멈추거나 가능한 짧게 구르도록 하는게 좋다.

다운블로우의 스윙이 되면 자연적으로 역회전의 구질이 되어 만들어 치지 않아도 많이 구르지 않게 된다. 다운 블로우를 찍어 치는 것으로 잘못 알고 있는 골퍼도 있지만 퍼 올리는 스윙이 아니면 의도적이지 않아도 자연적으로 다운 블로우 샷이 된다.

다운 블로우 샷 Down blow shot

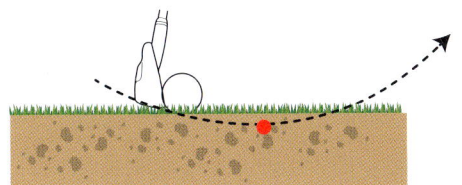

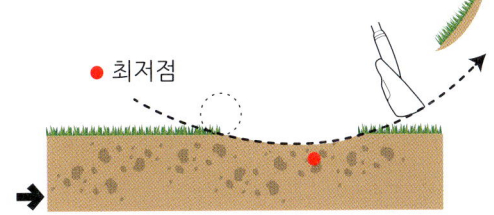

최저점

다운 블로우는 스윙 궤도의 최저점이 공의 앞에 있다. 헤드가 공을 먼저 치고 난 후에 잔디를 파 낸다. 찍어 치는 샷의 형태지만 찍어쳐서는 안 된다.

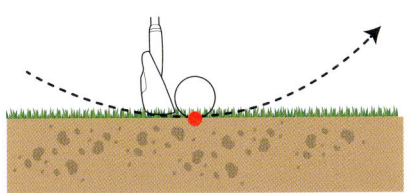

공을 퍼 올리는 형태의 샷은 스윙 궤도의 최저점이 공의 바로 밑의 지점이 된다.

스핀이 많이 걸리는 클럽이라고 광고하는데....

연철의 단조 클럽, 검은 색의 녹슨 헤드, 사각 형태의 글루브(gloove) 등, 역회전에 유리하다는 광고를 하고 있다. 어느 정도는 영향을 줄 수 있겠지만 효과는 미지수다. 정도의 차이는 있어도 의도적으로 스핀을 걸지 않아도 공은 항상 역회전으로 날아가게 되어 있다. 그리고 공의 스핀은 어느 정도의 파워나 컨트롤 등 기술적인 능력도 겸비해야 한다. 장비에 의한 스핀은 공에 흠집만 더 많이 낼 뿐이다.

공을 그 자리에 세우는 것, 가능한 많이 구르지 않게 하는 것이 최선이라면 비싼 장비 보다는 클럽의 헤드를 자주 닦아 이물질이 없게 하거나 표면이 연한 공을 사용하는 편이 훨씬 공을 세우기가 쉬울 것이다. 또한 다운 블로우의 샷이 되게 연습을 하도록 한다.

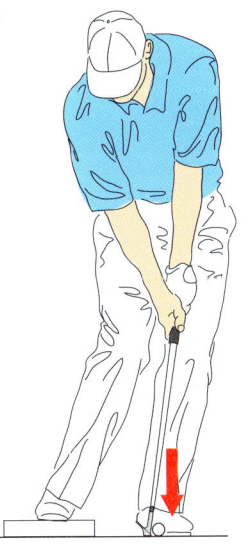

다운 블로우 샷 연습
왼발에 체중을 거의 다 싣고 스윙을 하면 자연스럽게 다운 블로우 샷이 된다.

5. 숏 게임일수록 정확한 거리의 측정이 중요

대략 70~80yd(60~70m) 이내의 거리에서는 핀에 가깝게 붙이는 것이 목표이기 때문에 거리측정의 정확한 판단 능력이 요구된다. 특히 50yd(45m) 이내의 짧은 거리에서는 정확한 거리 측정이 점수와 직결되기 때문이다. 또한 연습장에서 연마한 숏 게임 실력을 100% 실행에 옮길 수가 있다. 좋은 샷을 하고도 핀과의 거리 측정을 잘못해 점수를 잃는 경우가 있어서는 안되겠다.

물론 캐디에게 물어 볼 수도 있다. 그러나 짧은 거리는 본인이 판단하는 습관을 들이는 것이 좋다. 짧은 거리까지 플레이어들 마다 일일이 물어 본다면 캐디로서도 짜증나는 일이다. 최근 GPS나 레이저를 이용한 거리 측정기의 사용이 늘고 있어 사용해 봄직도 하다. 하지만 직접 눈으로 재고 머리로 판단하고 몸으로 실행하는, 이런 것도 골프의 재미 중 하나이다.

1. 그린의 크기로 목측(目測)한다.

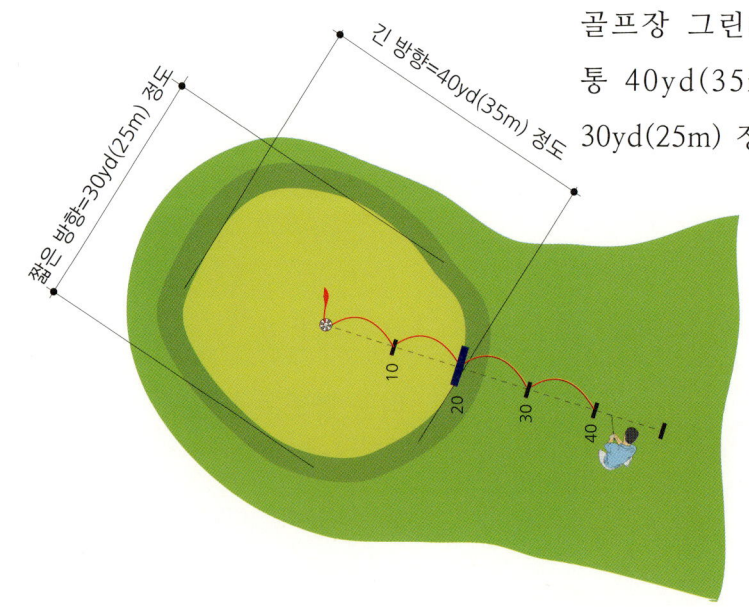

골프장마다 차이는 나겠지만 대개의 골프장 그린의 크기는 긴 방향으로 보통 40yd(35m) 내외이다. 작은 그린은 30yd(25m) 정도고 큰 그린은 50yd(45m) 정도가 된다. 40yd(35m) 그린이라고 봤을 때, 그린의 중앙에서 그린 에지까지의 반을 잡으면 대략 10yd(10m)에 대한 거리감이 생긴다. 10yd(10m)의 단위로 나누어 핀과 공까지의 거리를 눈으로 잰다.

2 걸음걸이로 보측(步測)한다.

보폭으로도 측량한다. 키가 170cm인 사람을 기준으로 보면, 다리를 최대한 벌려서 걸을 때가 1yd(90cm) 정도이고 빠른 걸음으로 걸을 때의 보폭은 60cm 정도, 보통의 속도를 걸으면 약 45~50cm 정도이다. 가까운 거리에서는 그린의 상태를 확인도 할 겸 그린 에지까지 가면서, 오면서 걸음으로 재어 보면 된다. 당연히 지연 플레이는 조심해야 한다.

큰 걸음 = 약 90cm (1yd)

빠른 걸음 = 약 60cm

3 앞 핀, 뒷 핀은 엣지에서 10yd(10m)로 계산한다.

앞 핀이면 그린 앞쪽 엣지에서 10yd(10m) 정도에 있다고 보고, 뒤 핀이면 그린의 뒤편 엣지에서 10yd(10m) 정도 떨어져 핀이 있다고 가정한다.

핀 공략 시, 아주 앞 핀이면 짧게 쳐서 그린을 놓치기 쉽고 아주 뒤 핀이면 그린을 지나쳐 버리는 수가 종종 있다. 앞, 뒤 대략 10yd(10m) 단위로 간주하고 계산하는 것이 안전하다.

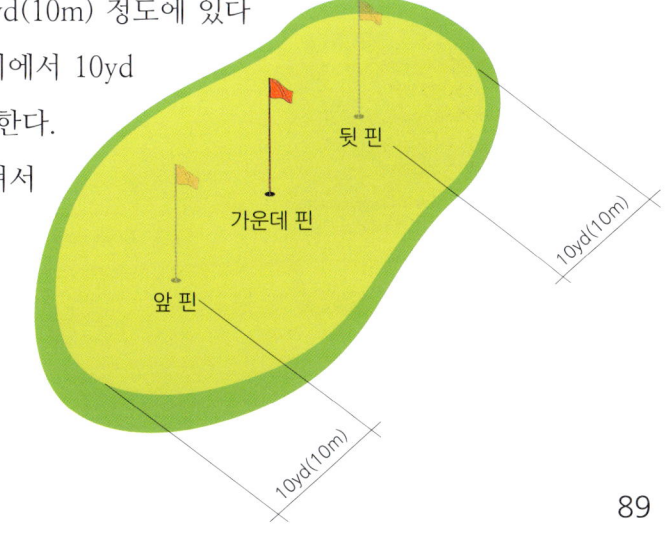

4 평소 일상 속에서 거리 감을 익혀 놓자.

집이나 사무실 등 매일 접하는 공간에서의 거리감을 눈에 익혀 놓자. 사무실의 기둥 간격이나 집 거실의 폭, 지하 주차장의 기둥 간격 등의 거리를 습관적으로 보고 익혀 둔다. 특히 10yd(대략 10m)의 길이 감각을 알아 두자. 연습장이나 필드에서는 주로 10yd(10m)로 잘라서 계산하기 때문에 유용하다.

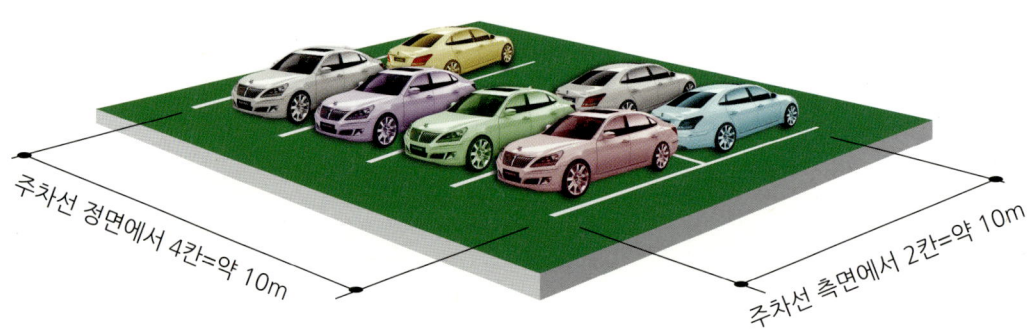

주차장의 주차선으로도 10yd(10m)의 대략적인 거리감을 익힐 수 있다.

레이저 거리 측정기

거리를 측정함에 있어 가장 쉽고 정확하게 재는 방법은 당연히 레이저를 이용한 **거리측정기**를 사용하는 것이다. 최근 가격이 저렴하여 많은 골퍼가 사용하고 있다. 목측이나 보측을 언급한 이유는, 그린 주변의 아주 가까운 거리는 일일이 측정기를 사용하기가 쉽지 않기 때문이다.

거리측정기는 어느 정도 먼 거리나 페널티 구역까지의 거리, 페어웨이가 오르막/내리막 경사가 심할 경우에 경사를 보정해서 거리를 알려주기 때문에 아주 유용하다.

6 그린 위에 그림을 그리자.

자신이 원하는 공의 경로를 마음속으로 그림을 그려 본다. 얼마만큼 띄워서 어디에 떨어지게 할까, 어디로 굴러서 흘러 갈 것인가를 마음 속으로 상상한 후, 눈으로 직접 그린에 그려 본다. 그런 후, 공을 떨어트릴 곳을 정한다. 퍼팅, 칩 샷, 피칭 샷, 벙커 샷까지도 모든 숏 게임에서는 최대한 상상력을 동원한다. 의도대로 되지 않았을지언정 풍부한 상상력은 확률적으로 성공률을 높일 것이다.

연못이나 벙커 등 어려운 상황에 처했을 때 더욱 필요하다. 물을 건너 멋있게 그린에 안착하여 핀으로 굴러가는 즐거운 상상은 긍정적인 마인드로 작용한다. 직면해 있는 두려움을 다소나마 해소시켜 줄 것이다.

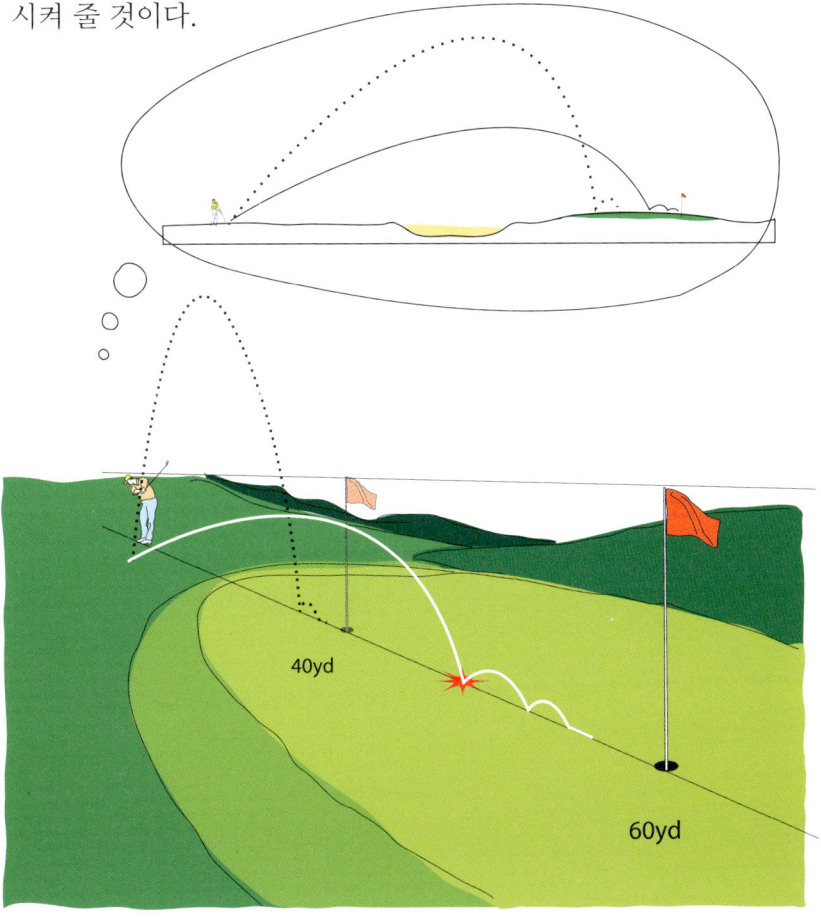

7 쉬운 듯 까다로운 짧은 퍼팅

10m 같은 1m

흔히 250m 드라이브 샷과 1m 퍼팅은 같은 1타라고 들 하지만 사실 엄청난 차이가 있다. 드라이브 샷의 실수는 리커버리가 되지만 1m 퍼팅을 놓치면 복구할 수가 없기 때문이다.

짧은 퍼팅일수록 꼭 넣어야 한다는 부담감이 있다. 홀과 가깝지만 O.K(Concede) 받기에는 애매한 거리. 프로 선수들도 종종 실패하는 1m 퍼팅. 그 원인을 밝혀 해결책을 찾아 본다.

1 짧은 퍼팅의 실패 요인

1. 실패에 대한 두려움. (Yips 현상)

'이 짧은 퍼팅을 놓치면 어쩌나.' 하는 불안감이 머리를 지배하고 있다. 긴장, 초조, 불안으로 몸과 마음이 경직되어 있고 자신감 결여, 정신적인 위축으로 인해 몸의 자연스러운 움직임을 방해한다. 긴 한숨 한번 크게 쉬고 시작하자. 반복적인 연습만이 두려움을 없애고 자신감을 갖게 하는 지름길이다.

2. 퍼팅 기술의 부족

흔히 백스윙을 길게 빼고는 임팩트 시 속도를 줄인다거나 스트록 시 손목을 쓴다든지 몸이 앞쪽으로 쏠린다든지 하는 퍼팅 기술의 기본에 문제가 있다. 특히 퍼팅은 기초적인 기술이 중요하다. 긴 시계추의 흔들림을 상기하면서 항상 일정한 속도와 힘으로 스윙 할 수 있도록 한다. 우선 퍼팅의 기본기부터 갖추자.

3. 너무 약하게 친다.

그립을 너무 세게 쥐면 몸이 경직되어 오히려 약한 스트록이 되기 쉽다. 짧은 거리라고 해서 살짝 치거나 내리막을 너무 의식하여 약하게 치게 되면 약간의 경사나 잔디결의 상태에도 영향을 받는다. 홀 주변에서 공의 흐름에 많은 변화가 생기고 홀을 비켜나가게 된다. 항상 공이 홀을 지나칠 정도의 세기로 쳐야 약한 변화들이 무시된다. 자신감이 없으면 약한 스트록이 된다. 홀을 지나칠 정도의 세기로 친다.

4. 과다한 경사(Lie) 계산

짧은 거리에서 경사를 너무 많이 읽는 경향이 있다. 특별히 심한 내리막이 아니면 가까운 거리는 거의 직선으로 보고 힘있게 스트록하는 용기가 필요하다. 그 용기는 역시 자신감에서 나오고 자신감은 꾸준한 연습에서 생긴다.

5. 엉뚱한 생각 중.

점수 계산, 돈 계산을 미리 하고 있다. 머릿속이 복잡하면 당연히 집중력이 흐트러진다. 계산은 퍼팅 끝난 후에 해도 늦지 않다. 일단 집어넣고 볼일이다. 지난 홀의 어처구니 없는 실수는 게임이 끝난 후에 복기하도록 하고 지금 이 홀의 이 퍼팅에만 집중하자.

6. 망설인다.

경사를 얼마큼 볼 것인가, 어느 정도의 세기로 칠 것인가 등등 판단이 서지 않을 때가 있다. 이쪽으로 칠까? 저쪽으로 칠까? 세게 칠까? 약하게 칠까? 등, 망설이면 들어가지 않는다. 결정은 빠를수록 좋고 항상 마음의 결정을 내린 후에 퍼팅 하도록 한다. 방향과 스피드 정도를 결정 했으면 자신을 믿고 망설임 없이 실행한다. 비록 공이 홀을 놓치는 한이 있을지라도.

7. 서두른다.

뒤 팀이 기다리고 서 있다. 신경이 쓰여서 뒤돌아보기도 한다. 캐디조차 재촉하는 눈치다. 지연 플레이는 금물이지만 자신한테 주어진 시간은 신중하게 할 권리가 있다. 마음이 조급해 지면 자연스러운 '긴 시계추' 스윙이 어렵게 된다. 다른 사람의 시선은 잠시 무시하자. 길어야 20초면 끝난다.

2 짧은 퍼팅, 자신감 만들기

"숏 퍼팅의 정복은 골프 세계를 정복하는 지름길."이라고 한다. 1m 내외의 퍼팅. 가까울수록 부담은 더해진다. 꼭 넣어야 하는 거리이지만 투어 프로들조차도 놓치는 장면을 자주 연출하기도 한다. 흔히들 280yd(250m)를 보낸 드라이브 샷이나 1m의 퍼팅이나 똑 같이 1타라고들 말 하지만 엄청난 차이가 있는 1타이다. 드라이버 샷은 약간의 실수가 있었다 치더라도 다음 샷으로 살려 낼 수 있지만 짧은 퍼팅은 실패하면 바로 점수와 직결된다. 드라이브 샷은 프로 같이 치기 어렵지만 1m 퍼팅은 프로처럼 잘 칠 수 있다. 쉬운 것 같으면서도 어렵다. 아니 어렵다고 느끼고 있는 것인지도 모른다. 짧은 퍼팅을 어렵게 만드는 가장 큰 장벽은 자신의 마음속에 있다. 문제의 원인과 해결책을 자신 스스로 풀어나가야만 한다.

퍼팅을 크게 두 가지 면으로 나눠 생각해 보자. 우선 그린의 흐름을 읽을 줄 알아야 한다. 그린의 경사를 읽을 수 있는 **그린 독해 능력**이 있고 공을 읽은 대로 보낼 수 있는 **스트록(Stroke) 능력**이 있다. 그린을 잘 읽기 위해서는 경험이 중요하다. 필드에 자주 나가는 수 밖에 없기 때문에 여기서는 그린 독해에 대한 언급은 생략하자. 스트록의 능력을 다시 두 가지로 나누어 보면 하나는 그립(Grip), 스윙(Swing), 자세(Stance) 등의 기본기나 그린을 파악하는 능력과 같은 **기술적인 면**이 있고 다른 하나는 자신감, 평정 심, 두려움, 불안감, 울렁증 등 마음을 움직이는 **심리적인 면**이 있다. 즉, 기술(技術)의 문제와 심리(心理)의 문제로 생각해 보자. 기술이야 열심히 연마하면 된다지만 심리는 마음대로 되질 않는다. 편안한 마음으로 자신 있게 하라고들 하지만 그게 그리 쉬운 일이 아니기 때문이다.

결론부터 말하자면, 심리적인 문제들을 기술적인 면으로 극복하자는 것이다. 심리적 문제 해결 보다는 기술적 문제 해결이 더 쉬운 문제이기 때문이다. 짧은 퍼팅의 기술적인 부분을 연마하여 성공할 확률을 높인다면 1m 거리의 퍼팅에 직면했을 때 심리적인 안정감을 갖게 될 것이다. 기술적으로 성공률을 높여 안정감을 찾아야 심리적으로도 자신감이 생길 수 있다는 논리.

그렇다면 퍼팅 기술을 어떻게 터득해야 할 것인가? 앞 장에서 언급한 '짧은 퍼팅의 실패 요인들'은 당연히 제거해야만 한다. 또 스트록할 때 손목을 쓰면 안 된다든지 임팩트 때 스윙 속도를 갑자기 줄이면 안 된다든지 등의 기술적 기본기에 대해서는 '퍼팅 기본기' 편(250쪽)에 설명한 대로 갖췄다 치자. 어떤 형식의 스탠스(Stance)든 그립이든 상관없이 편하고 자연스러운 자세면 된다.

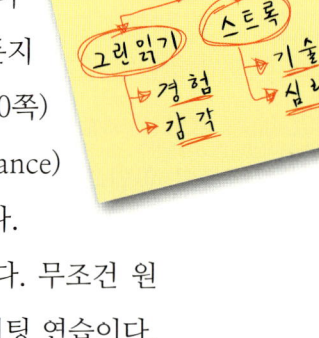

해답은 바로 『지속적인 짧은 거리의 퍼팅 연습』이다. 무조건 원하는 방향으로 보낼 수 있도록 하는 가까운 거리의 퍼팅 연습이다. 연습은 반복되어야 한다. 집이나 사무실에서 1m 거리의 짧은 퍼팅만 계속, 계속 연습한다. 공간도 많이 차지하지 않고 어디에서나 쉽게 할 수 있을 것이다.

한 가지 방법을 제시 하자면, 사용하지 않는 CD를 1m정도의 거리에 놓고 공이 CD 위를 지나가게 치는 연습만 며칠 계속한다. 처음에는 CD 가운데의 구멍을 겨냥하고 점차 CD의 좌, 우측 원하는 곳으로 보내 본다. 몇 주 뒤, 오백 원 동전을 놓고 역시 1m 거리에서 맞히는 연습을 계속한다. 항상 공이 동전을 지나가도록 해야 한다. 공이 많이 지나쳐도 상관없다. 동전의 오른쪽, 왼쪽을 겨냥해 원하는 방향으로 보낼 수 있는 연습도 한다. 연습한지 몇 주가 지난 후, 지금 필드에 나와서 1m쯤 퍼팅 거리에 직면해 있다고 가정하자. 하루에 몇 번씩, 며칠을 연습 했던 그 거리가 남아 있다. 아주 눈에 익은 거리이다. 어떤가? 전 보다는 훨씬 두려움이 사라지지 않았는가? 아직도 불안하다고? 그럼 몇 주만 더 연습 하자.

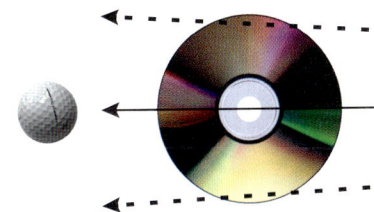

CD의 가운데, 좌쪽, 우쪽을 번갈아 가며 겨냥한다. 자신이 원하는 방향으로 보낼 수 있는 연습을 집중적으로 한다.

이렇듯 짧은 퍼팅에 대한 불안감이 어느 정도 없어졌다면 자신감 있는 스트록이 가능해 진다. 이 자신감이 강하게 칠 수 있도록 해 준다. 짧은 거리에서도 홀을 지나칠 정도의 세기로 쳐야 하기 때문이다. 홀 옆을 맞고 튀어 나오는 한이 있더라도 조금 강하게 쳐야 한다. 짧은 거리의 퍼팅은 잔디의 결이나 홀 주변의 미세한 스파이크 자국들조차도 영향을 받을 수 있다. 약하게 쳤다면 이러한 조건들로 인해 공의 방향이 홀을 비켜가게 만들 것이다. 가까운 거리시만 약간 강하게 침으로서 이런 미세한 경사 등을 무시할 수 있다. 짧은 거리에서도 강하게 칠 수 있는 것은 바로 자신감에서 나온다.

1m 내외의 짧은 퍼팅만 놓치지 않고 마무리할 수 있다면, 3-퍼팅이 줄어 들고 파 세이브가 늘어난다. 점수는 눈에 띄게 줄어들고 특히 내기 골프에서 결정적일 때 한방을 날릴 수 있는 최고의 무기가 될 것이다. (집에서의 연습 방법은 134쪽을 참조)

벤 호건_프로 골퍼

8 "골프는 좋은 그립에서 시작된다"

좋은 골프 스윙을 하기 위해서는 안정적이고 견고한 그립이 필수적이다. 불안정한 그립에서 좋은 샷은 절대 나오지 않는다. 세계적인 골프 교습가들은 하나 같이 그립의 중요함을 강조한다. 그립의 중요성은 아무리 강조해도 지나치지 않는다. 슬럼프를 겪고 있는 골퍼들은 제일 먼저 그립을 점검해 볼 일이다. 개인적인 경험으로도 경력이 쌓일수록 그립의 중요함을 새삼 느끼게 된다.

1 손의 역할

두 손은 사람의 몸과 골프채를 연결시켜 공에 힘을 전달하는 중요한 일을 한다. 클럽을 잡은 상태에 따라 공의 방향에도 큰 영향을 미친다. 방향성은 물론 거리에서도 손해를 보지 않기 위해서 안정된 그립이 되도록 노력해야 한다.

왼손의 역할

팔과 클럽이 완전하게 한 덩어리가 되도록 만들어 힘을 공에 전달시키는 역할을 한다. 그러기 위해서는 클럽과 손 사이에 빈틈없게 완전 밀착시켜서 견고하게 쥐어야 한다. **'견고한 그립'**의 의미는 손에 힘을 꽉 주어 쥐는 의미보다는 손에 완전 밀착된 상태를 말한다. 몸통과 팔을 회전시켜 스윙을 할 때, 클럽을 힘으로 쥐고 있는 것은 왼손의 3, 4, 5번 세 손가락으로만 이루어진다. 오른손은 힘을 빼고 클럽을 받쳐 줄 힘만 남긴다.

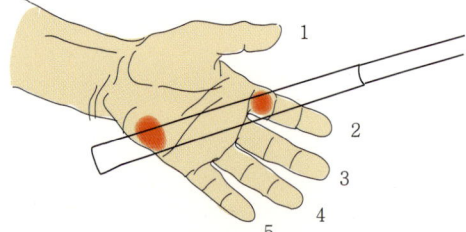

왼손 손바닥의 두툼한 부분과 2번 손가락 3번째 마디에 걸치게 잡는다.

왼손의 3, 4, 5번 손가락으로 힘을 주어 클럽을 잡는다.

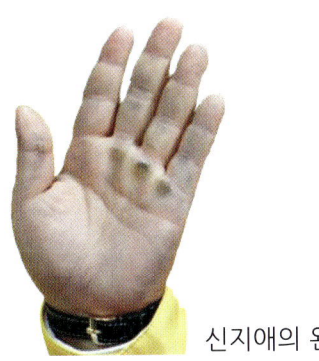
신지애의 왼손

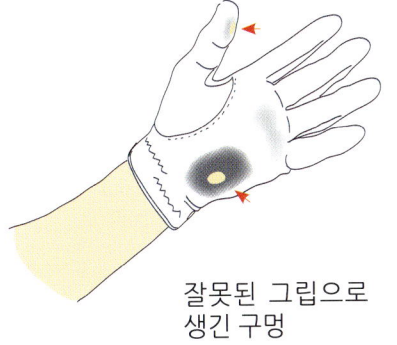
잘못된 그립으로 생긴 구멍

　신지애 선수의 경우, 많은 연습으로 인한 굳은 살은 주로 왼손의 3, 4, 5번 쪽의 손바닥에 생겨 있다. 세 손가락에 힘을 주어 견고하게 잡기 때문이다.

　장갑의 훼손된 부분으로 그립의 잘잘못을 판단할 수 있다. 장갑에 구멍이 생기는 이유 중 가장 큰 원인은 견고하게 잡지 못하고 클럽과 손 사이에 유격이 생겨 흔들리고 있기 때문에 장갑이 닳아 구멍이 생긴다. 엄지 같은 경우는 필요 이상의 힘을 주기 때문이기도 하다.

오른손의 역할

　오른손은 클럽을 견고하게 받쳐주고 왼손의 보조 역할이면 충분하다. 물론 장타를 원한다면 오른손의 역할이 중요하지만 방향성에서 문제가 생길 수도 있다. 손가락의 제일 안쪽 마디로 클럽을 감아 쥐고 손바닥의 끝부분(왼쪽 그림의 빨간 부분, 손가락의 뼈)으로 받침대처럼 받쳐 준다. 3, 4번 손가락으로 클럽에 완전 밀착시켜 감아 쥔다. 오른손은 3, 4번 손가락에만 힘을 주고 클럽을 들어 올릴 정도의 힘이면 충분하다.

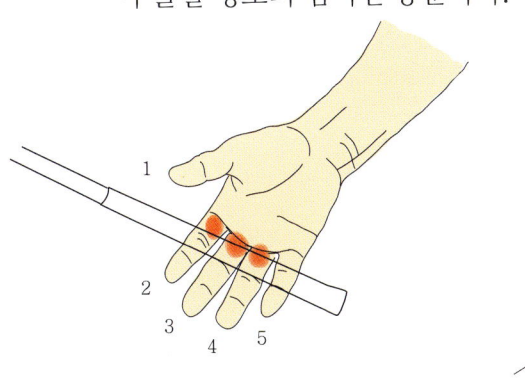
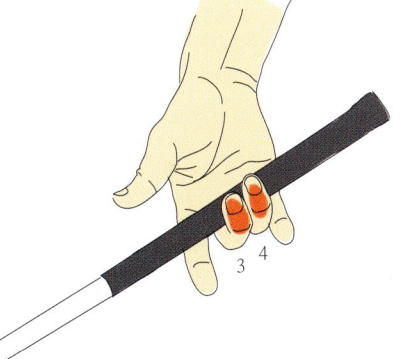

2 그립 방식

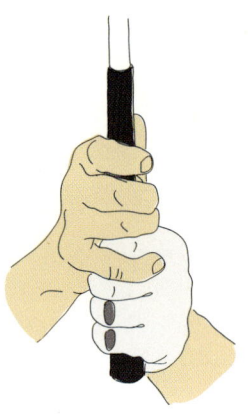

오버랩핑 그립(Overlapping Grip)
일반적으로 가장 많이 사용하는 그립 방식. 대부분의 선수나 아마추어 골퍼들이 선호하며 부드러운 스윙을 만드는데 유리한 그립이다.

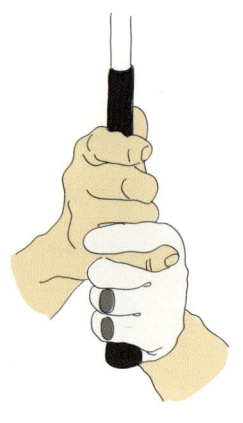

인터락킹 그립(Interlocking grip)
손이 작은 사람에게 적절한 그립 방식. 다소 딱딱한 느낌은 들지만 아주 견고한 그립이 가능하다. 대표적으로 타이거 우즈, 잭 니콜라우스, 미쉘 위 같은 선수들이 이 그립을 한다.

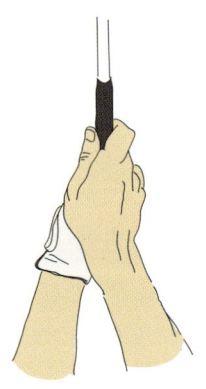

위크 그립(Weak grip)
헤드 면이 오픈된 상태에서 공이 맞기 때문에 슬라이스가 발생할 소지가 높다. 훅이 잘 나오는 사람은 위크 그립으로 잡는다.

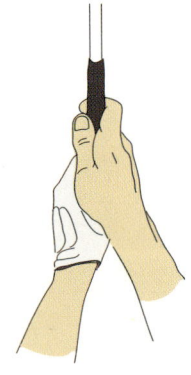

중립 그립(Neutral grip)
두 손바닥을 맞대고 합장하듯이 자연스럽게 쥐는 이상적인 그립.

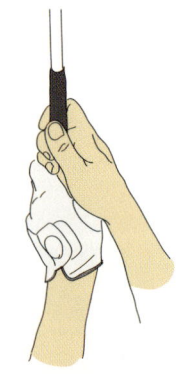

스트롱 그립(Strong grip)
임팩트 순간 헤드가 닫힌 상태이기 때문에 훅이 잘 생긴다. 역으로 악질적인 슬라이스가 자주 나올 때 스트롱 그립으로 잡는다.

3 그립 순서

그립은 시간이 지날수록 변한다. 좋은 쪽으로든 나쁜 쪽으로든 자신도 모르게 조금씩 바뀌게 된다. 심각한 슬럼프에 빠져 있는 중이라면 제일 먼저 그립을 재 정비해 보길 바란다.

❶ 왼 손가락 3, 4, 5번에만 힘을 주어 그립을 잡는다. 왼손의 손등이 전방을 향하고 오른손의 손바닥도 전방을 향한 채, 그대로 오른손을 갖다 댄다.

❷ 오른손을 합장 하듯이 그대로 클럽에 댄다. 오른손 손가락의 제일 안쪽 마디와 손바닥의 골에 클럽을 견고하게 밀착시킨다.

❸ 오른손의 3번, 4번 손가락으로만 클럽을 견고하게 받쳐주면서 감아쥔다.

❹ 오른손의 1, 2번 손가락은 가볍게 닿을 정도로만 갖다 댄다.

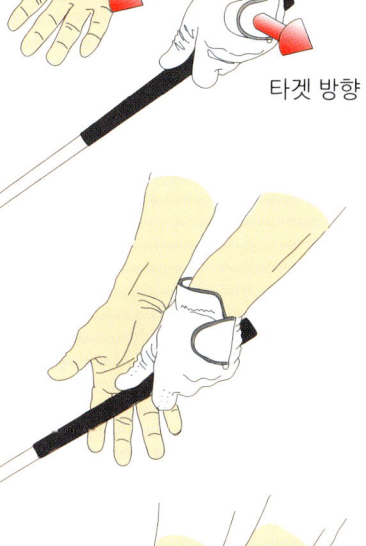

4 그립 방법

틈이 없는 그립 하기

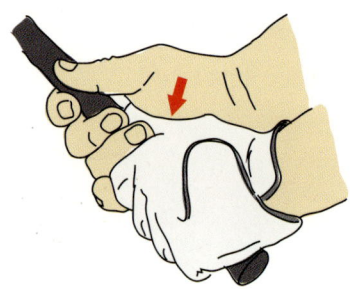

오른손의 엄지 손가락의 두툼한 부분으로 왼손의 엄지를 빈틈없이 눌러 준다.

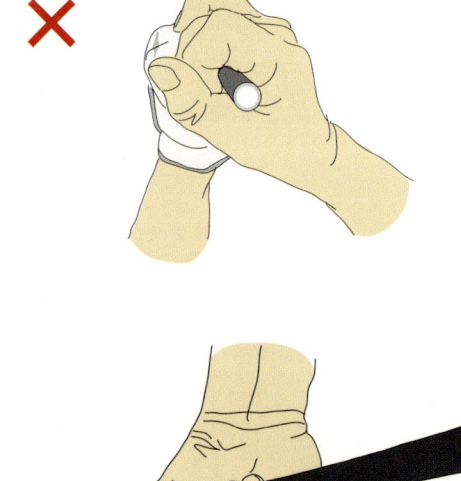

오른손의 방향은 오른쪽 어깨를 향하도록 한다.

손가락으로 그립 하기

○

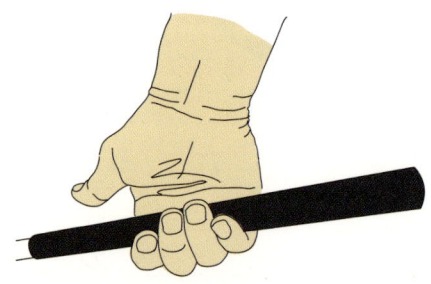

클럽을 오른손의 아래 마디에 댄 채로 **손가락**만으로 감아 쥔다.

×

오른손의 **손바닥**으로 감아 쥐는 게 아니다.

5 그립의 요령

힘은 빼되 견고한 그립이 되게

그립은 가볍게 잡되 견고해야 한다. 너무 힘을 주어 쥐게 되면 오히려 거리가 나지 않는다. 그렇다고 힘을 다 뺄 수는 없다. 힘의 강도를 1에서 10까지로 봤을 때, 4정도의 힘이면 된다. 그러나 러프나 질긴 잔디에서는 7-8 정도로 강하게 잡아야 한다.

힘을 빼는 요령

빈 틈이 생기지 않게 완전한 그립을 한 채, 양손을 의도적으로 힘을 가해서 꽉 잡는다. 힘껏 잡은 후에는 다시 힘을 의도적으로 빼 본다. 바로 그 상태가 적당한 힘이라고 보면 된다.

빈 틈이 없는 그립

그립을 했을 때 손과 손 사이, 손과 클럽 사이에 틈이 없도록 한다. 손에 물집이 생기고 살갗이 찢어지는 이유도 어딘가에 틈이 있어 마찰이 있기 때문이다. 또 틈이 있으면 클럽과 손이 따로 놀게 되는 불안한 그립이 되어 힘의 전달이 완전하게 되질 않는다. 왼손에 낀 장갑의 재질도 견고한 그립을 만드는데 큰 역할을 한다.

왼손 장갑

장갑은 클럽을 손에 잘 밀착할 수 있게 해 준다. 약간 작은듯하게 손에 꽉 끼는 것이 좋다. 얇게 만든 양피의 장갑이 손의 피부와

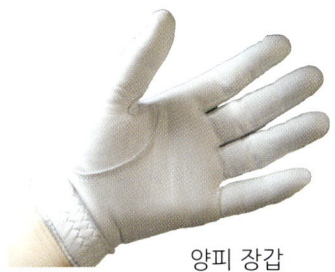
양피 장갑

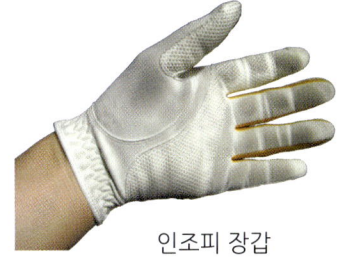
인조피 장갑

밀착도가 높아 좋다. 하지만 양피는 땀이 많이 나는 여름이나 비 오는 날에 물에 젖으면 미끄러워서 위험하다.

비 오는 날에는 인조피의 장갑이 안정감이 있어 좋지만 연습장에서 장시간 사용하면 손과 밀착도가 낮아 손바닥이 까지는 등 무리가 오기도 한다.

왼손을 강력하게.

왼손의 악력(握力)을 기르자. 실질적으로 클럽을 쥐는 왼손의 세 손가락에 힘이 있으면 그 만큼 견고하게 클럽을 쥘 수 있어서 안정적인 그립에 도움이 된다.

나의 경험에 의하면, 오랫동안 골프채를 놓고 있다가 다시 시작했을 때에 가장 무리가 오는 부분이 왼 손가락이었다. 무리한 스윙을 하지 않았음에도 불구하고 클럽을 쥔 왼손에 힘이 빠진 듯 불안한 스윙이 된다.

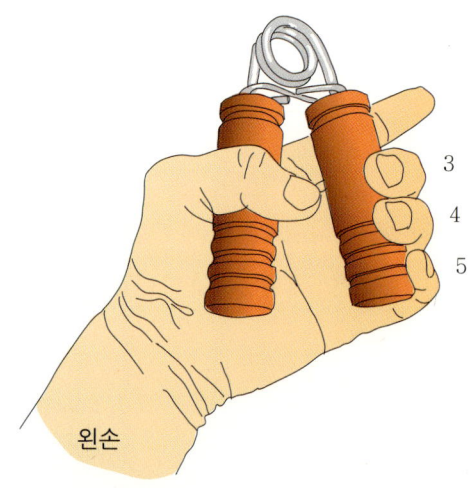

왼 손가락의 힘을 기르면 안정적인
그립에 많은 도움이 된다.

9 정확도와 비거리의 대결

　최근 프로 투어에서, 코스의 길이는 점점 길어지고 그린은 더욱 딱딱하게 만드는 추세다. 드라이버 샷의 거리를 늘려 세컨 샷에서 가능한 짧은 클럽을 사용해야 한다. 딱딱한 그린에 공을 쉽게 세울 수 있기 때문이다. 그래서 장타자들이 유리하게 된다. 하지만 신지애 선수는 정확성으로 승부를 건다. 정확도가 따르지 않는 거리는 의미가 없다. 거리와 정확성. 아마추어 세계에서도 과연 두 마리의 토끼를 잡을 수 있을까?

1 매니지먼트

2011년 2월 호주에서 열린
유럽여자프로골프(LET) HANDA 호주여자오픈
호주 커먼웰스 골프 클럽, 4라운드 18번 홀 (파4. 393yd)
신지애와 청 야니와의 경기에서….

신지애

　드라이버의 거리가 짧아 세컨 샷에서 긴 클럽을 선택하게 된다. 그래서 공을 그린에 세우기가 어렵다. 거리에 대한 불리함을 섬세한 웨지 샷과 퍼팅으로 커버한다.

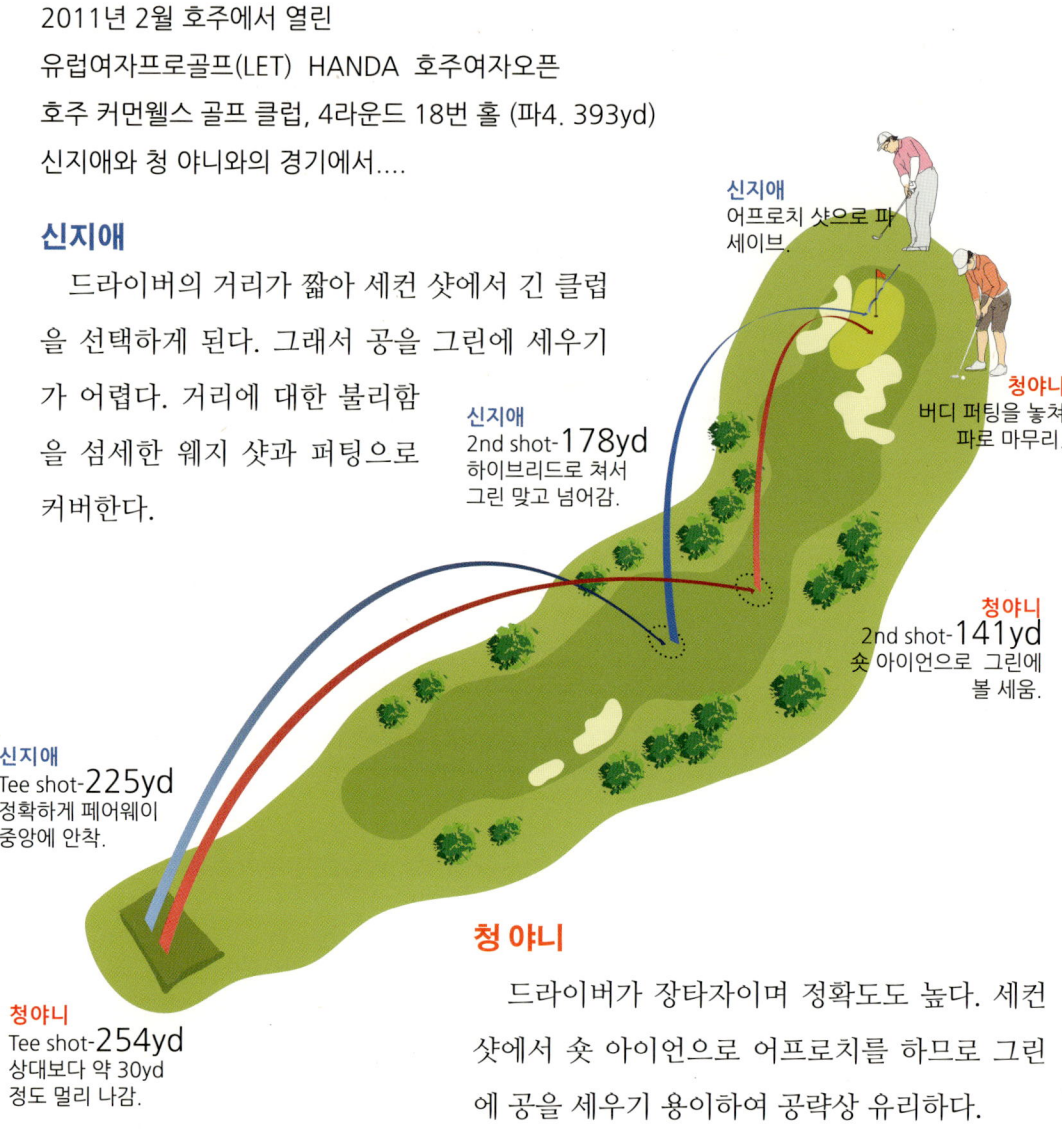

신지애
어프로치 샷으로 파 세이브.

신지애
2nd shot-**178yd**
하이브리드로 쳐서 그린 맞고 넘어감.

청야니
버디 퍼팅을 놓쳐 파로 마무리.

청야니
2nd shot-**141yd**
숏 아이언으로 그린에 볼 세움.

신지애
Tee shot-**225yd**
정확하게 페어웨이 중앙에 안착.

청야니
Tee shot-**254yd**
상대보다 약 30yd 정도 멀리 나감.

청 야니

　드라이버가 장타자이며 정확도도 높다. 세컨 샷에서 숏 아이언으로 어프로치를 하므로 그린에 공을 세우기 용이하여 공략상 유리하다.

　결과적으로 두 선수 모두 파를 만들었다. 하지만 내용상으로 보면 큰 차이가 난다. 신지애는 파로 겨우 세이브했고 청 야니는 버디 시도에서 파를 한 것이다. 신지애의 경우에 드라이버 샷의 거리에 대한 부담감이 있는 건 사실이다. 하지만 다음 페이지를 보면 불리한 조건에서도 LPGA를 제패한 이유를 알게 될 것이다.

신지애의 정확도와 미셸 위의 거리

샷의 기술 종목 비교 (2010년 기준)

2010년도 LPGA에서 드라이빙 거리 랭킹 1 미셸 위와 드라이버 정확도 랭킹 1위인 신지애의 기술 종목들을 비교해 보았다. (T는 공동 순위)

평균 드라이빙 거리

순위	이 름	평균거리
1	미셸 위	274.5 yd
T117	신지애	237.6 yd

두 선수간에 거의 30yd 가까이 차이가 난다. 체격에서 나오는 스윙의 차이와 그로 인한 게임의 스타일에서도 차이가 난다.

드라이버 정확도 (페어웨이 안착률)

순위	이 름	정확도
1	신지애	77.2 %
130	미셸 위	54.2 %

미셸 위는 드라이버 샷을 거의 절반 정도는 페어웨이를 벗어난다. 거리가 나는 만큼 정확도가 떨어진다.

그린 적중률 (GIR)

순위	이 름	적중률
5	미셸 위	72.5 %
30	신지애	68.7 %

미셸 위는 페어웨이를 많이 놓쳐도 그린에 올리는 능력이 뛰어나다. 장타의 티 샷이 세컨 샷에서 짧은 클럽을 선택할 수 있기 때문에 그 만큼 적중률이 높아진다.

라운드 당 총 퍼팅수

순위	이 름	퍼팅 수
6	신지애	28.84
T120	미셸 위	30.74

신지애의 퍼팅 실력이 월등한 것도 있지만 그린을 놓쳤을 경우에 핀에 붙여 1-putt으로 마무리하는 경우가 많기 때문에 수치가 낮아진다.

그린 적중시의 평균 퍼팅수

순위	이 름	퍼팅 수
6	신지애	1.76
T79	미셸 위	1.84

온 그린 된 상태에서의 퍼팅수도 신지애가 우수하다. 어프로치에서 핀에 조금 더 가까이 붙이는 능력, 그래서 그 만큼 버디 수가 많다는 의미이다.

평균 버디수

순위	이 름	버디 수 (버디/라운드)
T21	신지애	3.87 (236/61)
T30	미셸 위	3.56 (217/61)

버디수를 보면, 같은 라운드 횟수 (61)에서 신지애가 29개나 더 많이 버디를 했다. 어프로치 능력이나 퍼팅의 실력에서 앞선다는 의미이다.

벙커 세이브율

순위	이 름	세이브율 (성공/시도)
2	신지애	61.4 % (35/57)
64	미셸 위	39.6 % (21/53)

벙커에 빠져도 핀에 붙여 파로 막아내는 능력도 신지애가 뛰어나다. 숏 게임 부분에서 전반적으로 앞선다.

평균 점수

순위	이 름	점수 (경기 수)
5	신지애	70.25 (18)
18	미셸 위	71.34 (19)

점수 면에서 신지애가 항상 좋은 점수를 내고 있다. 짧은 드라이버 거리에도 불구하고 퍼팅과 숏 게임으로 상대를 압도하고 있다.

10 일관성 있는 골프를 추구한다.

1 장타의 유혹에서 벗어나자.

장타의 유혹에서 벗어나야 한다. 장타를 치지 말라는 뜻이 아니라 조금이라도 멀리 보내야 한다는 강박 관념에 메이지 말자는 것이다. 특히 상대와의 보이지 않는 비거리 경쟁은 자멸로 가는 지름길이다. 비거리와 방향성은 서로 거꾸로 달린다. 비거리의 욕심은 방향성의 상실로 이어진다.

일단 공은 페어(Fair)한 웨이(Way)에서 샷을 해야 함은 만고의 진리이다. 벙커보다 러프보다 페어웨이 잔디에서의 샷이 가장 치기 쉽기 때문이다. 비싼 그린 피 내고 러프만 밟다 게임 끝난다면 억울하지 않겠는가. 티 샷이든 세컨 샷이든 공은 무조건 페어웨이에 떨어지도록 해야 다음 공략이 쉬워지고 유리해 진다. 멀리 치면서 똑바로만 보낼 수 있다면 무슨 말이 필요하겠는가.

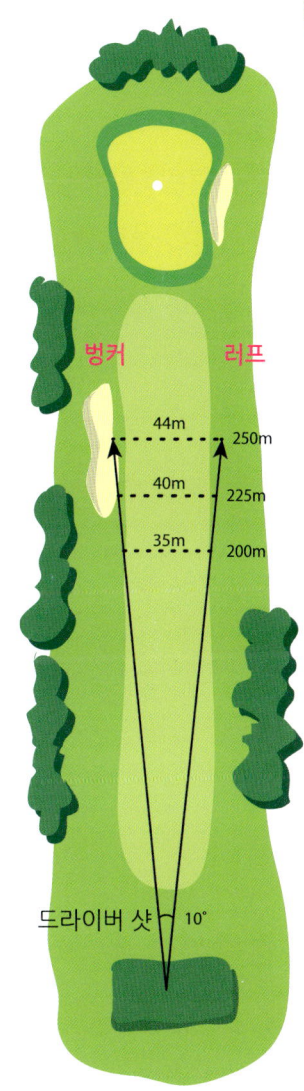

- 우리나라의 러프는 잔디가 부드럽고 그다지 깊지가 않아 힘들이지 않고 빠져 나올 수 있다. 다소 방향성에 문제가 있어도 티 샷을 조금이라도 많이 보내는 것이 온 그린에 유리할 수도 있지만, 러프서 친 공은 그린에서 많이 굴러가기 때문에 온 그린을 놓치기 쉽다.

- 드라이버가 LPGA의 최고 장타자인 미쉘 위는 최고 정확도의 심지애 보다 페어웨이 안착률은 낮지만 그린 적중률(GIR)은 높다. (107쪽 참조)

드라이버 샷에서 약 10°의 각이 벌어진다고 했을 때, 비거리 200m일 때는 페어웨이에 안착하지만 200m 이상에서는 러프나 벙커에 빠지기 쉽다.

2 3/4 스윙이면 충분하다.

철저하게 3/4 스윙(Three-quarter swing)을 고수한다. 심지어 하프 스윙도 괜찮다. 정확한 임팩트와 방향성을 위해서이다. 비거리에서도 풀 스윙보다 생각만큼 큰 손해를 보는 것도 아니다. 풀 스윙으로 비거리는 날지 몰라도 훅이나 슬라이스, 뒤 땅, 탑핑 등 미스 샷의 확률이 훨씬 높아진다. 연습장에서는 항상 70~75%의 힘만으로 스윙 하는 연습을 한다. 특히 백 스윙 때, 손의 위치는 어깨 이상은 올리지 않는 샷 연습을 한다.

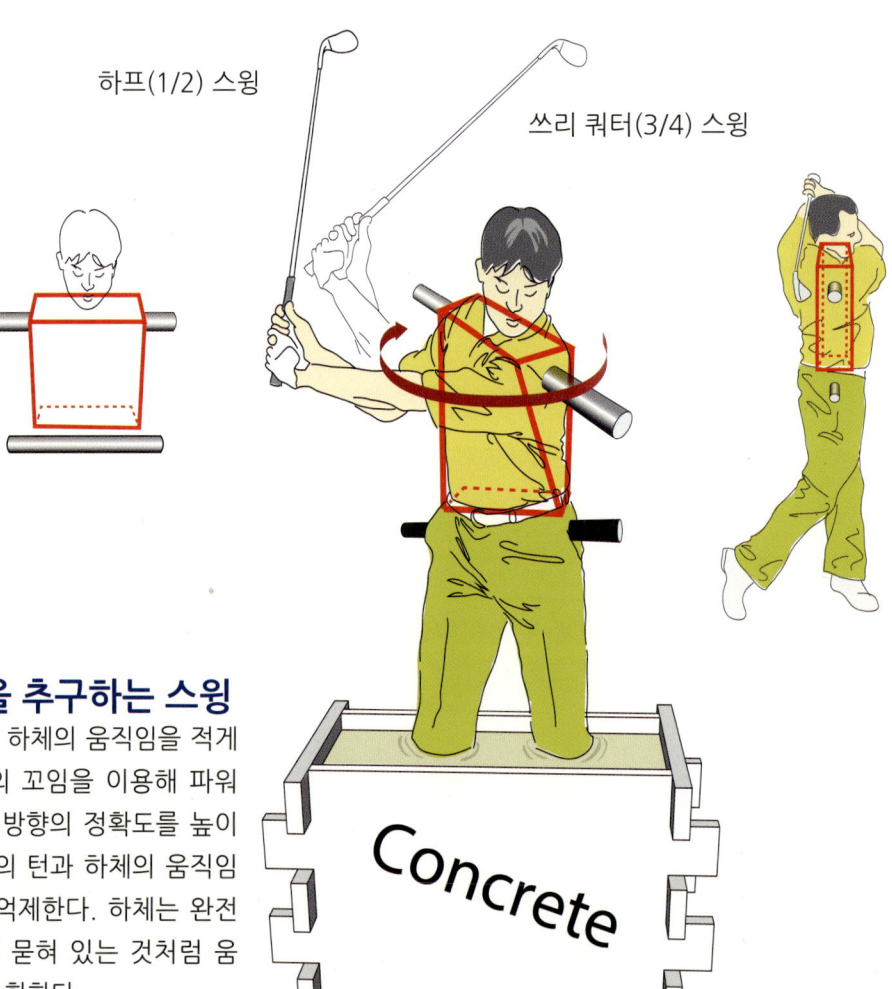

하프(1/2) 스윙

쓰리 쿼터(3/4) 스윙

정확성을 추구하는 스윙
백 스윙 시, 하체의 움직임을 적게 하고 허리의 꼬임을 이용해 파워를 만든다. 방향의 정확도를 높이기 위해 힙의 턴과 하체의 움직임은 가능한 억제한다. 하체는 완전 콘크리트에 묻혀 있는 것처럼 움직임을 최소화한다.

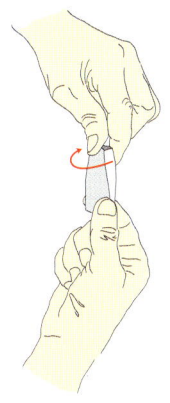

고무 지우개
아래를 잡고 위 부분을 비틀어 꼬면 지우개 내부에는 원위치로 되돌아가려는 반발력이 생긴다. 하지만 아래, 위 부분을 같은 방향으로 같이 돌리면 고무의 반발력은 0이 된다.

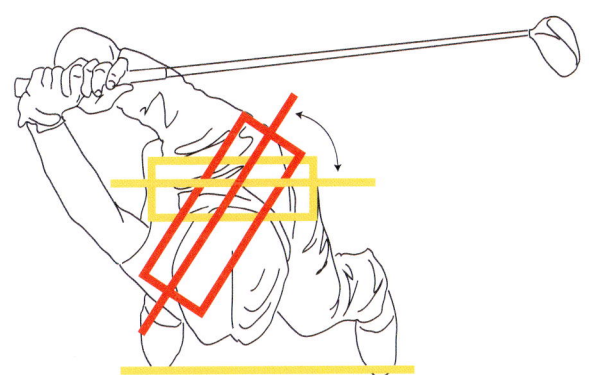

엑스 펙토 X-Factor
탑 스윙 시 허리 회전에 대한 어깨 회전 각도를 의미. 몸통의 꼬임으로 인한 에너지의 축적 정도를 표현. 힙의 회전은 제어하고 어깨 회전은 극대화하여 더 큰 몸통꼬임을 만든다.

몸통 회전의 이해
줄에 단 구슬을 판의 양끝에 달고 회전을 시켰을 때, 판이 축으로 회전을 하면 구슬은 뒤에 따라 온다. 회전을 멈추었을 때에는 구슬은 관성에 의해 앞쪽 방향으로 날아 간다.

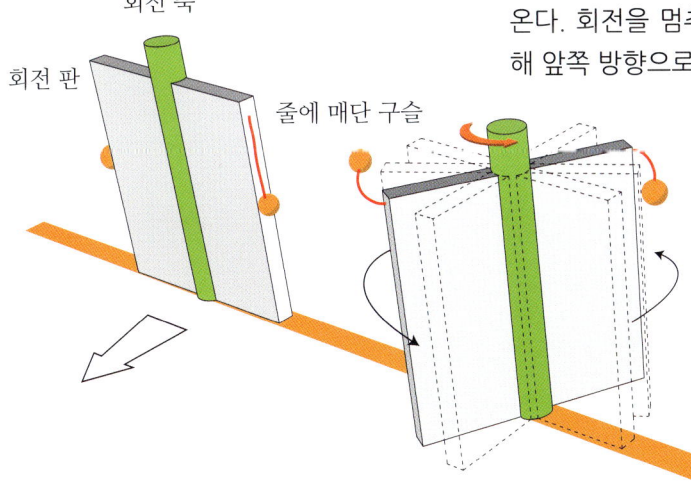

클럽을 잡는 것은 손이지만 양 팔이 스윙을 한다. 하지만 팔은 몸통에 의해 회전할 뿐이다. 팔이 주도하는 스윙이 아니라 몸통의 회전이 스윙을 유도한다. 위의 그림처럼 팔은 그냥 몸통에 끌려 따라 갈 뿐이다.

3. 숏 게임은 감(感)이 아닌 매뉴얼에 따라 한다.

100m 이내에서는 10m 간격으로 나눠 웨지 별(PW, GW, AW, SW)로 백 스윙의 크기를 정하고 연습장에서 여러 번 시도하여 자신의 거리를 정해 매뉴얼로 만들어 둔다. 굴리는 어프로치도 마찬가지로 클럽 별로 뜬 거리(carry)와 구른 거리(roll)의 비율을 매뉴얼로 정해 놓는다. 퍼팅은 백 스윙의 크기 별로 몇 걸음이 나가는지를 대략 알고 있어야 한다. 이 모든 내용을 매뉴얼로 만들어 항상 그에 따른 연습이 필요하다. 가장 자신 있는 웨지(주로 48°~56°)로 60m, 혹은 70m의 거리를 집중적으로 연습한다. 이 거리를 가장 자신 있게 보낼 수 있는 거리가 되도록 연습하고 이 거리를 100m 이내에서의 거리 조절에 기준으로 삼는다. 눈 감고도 60m, 70m를 보낼 수 있을 정도로 몸에 익혀 두자.

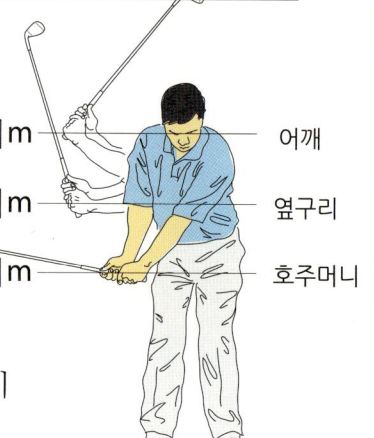

52° 웨지의 경우

프로 골퍼들은 많은 연습과 실전에서 얻은 감각이 있기 때문에 감(感)으로도 가능한 일이다. 하지만 라운드의 회수에 한계가 있는 아마추어로서는 감으로 거리를 맞추기에는 들쭉날쭉하여 너무 일관성이 떨어지는 방법이다. 느낌으로 하는 스윙은 몸의 근육이 기억하고 있어야 하지만 그 기억이 오래가지 못한다. 그리고 몸의 컨디션에 문제가 있을 때는 기억을 되살리기 더욱 곤란하게 된다.

반면에 백 스윙의 크기로 거리를 조절하면, 퍼팅이나 숏 어프로치 샷을 할 때 현장에서 직접 눈으로 확인하면서 크기를 조절하는 것이기 때문에 잊어버릴 염려도 없고 어떤 컨디션에서나 일정한 거리를 보낼 수 있는 아주 과학적이고 이치에도 맞는 좋은 방법이 될 수 있다. 특히 아마추어 골프에서는 아주 합리적인 방법이 된다.

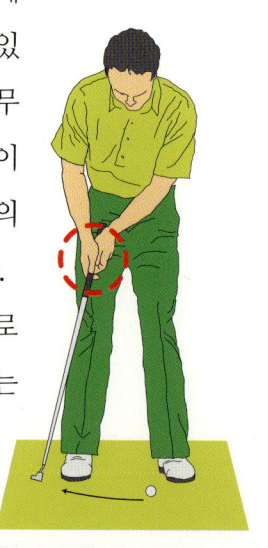

철저하게 백 스윙의 크기로 거리를 조절한다.

4 상대를 이기려 하지마라.

　상대와의 경쟁은 금물이다. 특히 드라이버 비거리 경쟁의 하찮은 자존심 싸움은 내기 골프를 하지 않을 때나 하기 바란다. 스코어에 아무 도움이 되지 않는다. 또한 나보다 신체적 조건이 못한 사람이 장타를 칠 때, 자신보다 한 수 아래인 사람이 더 좋은 성적을 내고 있을 때, 핸디캡으로 나눠 준 돈, 회수 하기도 바쁜데 오히려 그 쪽으로 더 줘야 할 때 등, 사실이지 당혹스럽다. 급하게 따라 잡으려는 순간, 자신의 페이스는 잃게 되고 호주머니는 점점 더 얇아진다. 상대가 버디를 하면 박수 쳐 주고 잘 친 샷은 크게 "굿 샷"이라 외쳐 준다. 또 상대가 O.B를 내면 속으로야 어떻든 같이 안타까워해 준다. 아무리 적이지만 굿 샷을 친 대가는 지불해 준다는 사고를 갖는다. 상대방의 플레이에 신경을 쓰다 보면 자신의 페이스를 유지하기가 힘들어 진다. 자신의 플레이에 집중해야 한다.

　자존심 상하는 일이지만 장타도 인정해 주고 굿 샷도 인정해 준다. 결국 이렇게 해야만 하는 이유는, 장타 인정보다 더 자존심 상하는 일은 돈을 잃는 것이기 때문이다. 개평으로 돌려받는 것은 더더욱 자존심 상하는 일이다. 일관성 있는 골프를 하기 위해서는 꼭 가져야 할 마음의 자세이다.

Wow~
사장님... 나이스 샷!

5 공략은 안전하게, 샷은 과감하게

1% 라도 안전한 쪽을 택하는 전략을 짠다. 경우에 따라 약간은 소극적인 공략도 괜찮다. 성공할 확률이 낮은데도 요행으로 혹시나 싶어 친 공은 역시나 나쁜 결과를 낳는다. 벙커가 있으면 피해가고 어렵다고 소문난 홀은 1타를 더 먹더라도 '파' 할 생각은 아예 버린다. 재미없는 플레이라고 할지 몰라도 **돈 잃는 것보다는 재미있는 일**이다.

하수일수록 피하고 도망가는 공략을 하지 않으려 한다. 냉정한 판단력과 자신을 억제할 수 있는 자제력이 모자라기 때문이다.

솔모로 C.C
체리 코스의 8번 홀, Par 4

레귤러 티잉 구역에서 420m나 되는 꽤 긴 파 4 홀이다. 이 홀은 아마추어 골퍼로서는 파를 하기가 거의 불가능 하다고 봐야 한다. 코스가 길기도 하지만 세컨 샷을 그린에 세울 수가 없다. 그린이 가로로 길게 되어 있다. 거리상 세컨 샷은 페어웨이 우드나 롱 아이언을 사용해야 되는데 그린에 떨어져도 그린의 세로 폭이 좁아 굴러 나가서 바로 뒤의 벙커에 빠져 버린다. 그린의 앞뒤좌우에 전부 벙커이다. 특히 그린 앞쪽의 벙커는 턱이 무려 7~8m의 높이로서 몬스터처럼 입을 벌리고 있다. 골프장 홈페이지의 코스 소개를 보면, 플래시로 만든 공략 지도에서조차 아예 3-on을 하도록 그려져 있다.

이 홀은 티 샷에서부터 철저하게 '보기'를 목표로 공략을 해야 한다. 60m 정도 남겨 놓고 자신있는 웨지로 어프로치 샷하여 공략하는 게 정석이다.

2 연습장에서

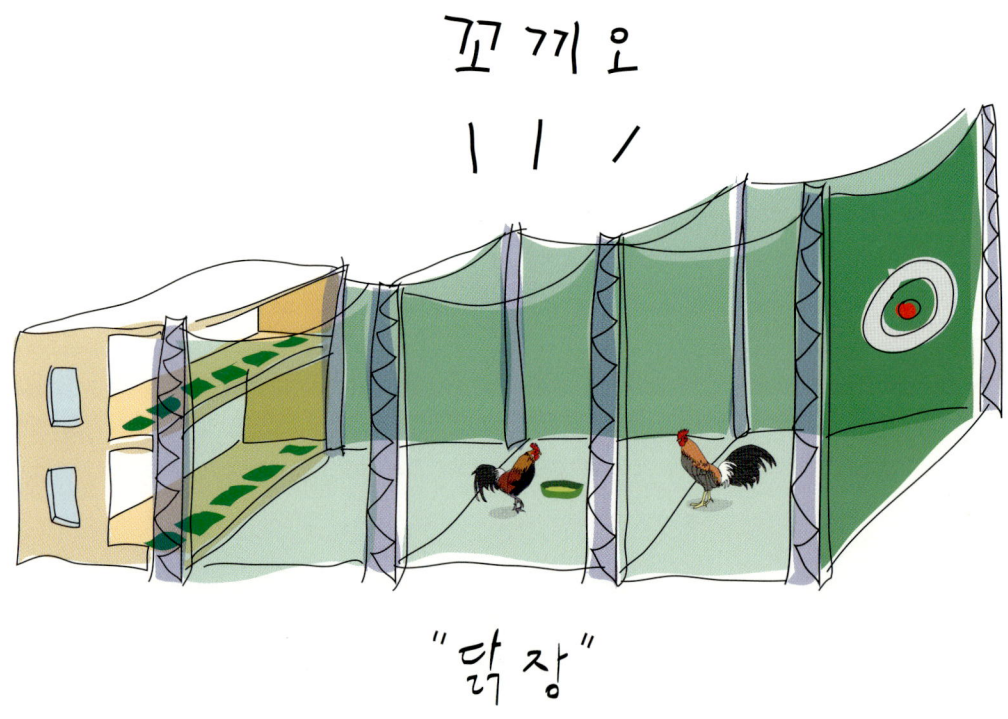

Chapter 2 연습장에서

연습장에서의 스윙을 필드로 고스란히 가져 갈 수 있어야 한다. 하지만 쉬운 일이 아니다. 연습할 때의 반만이라도 필드에서 맞아 준다면 성공인데...

그러기 위해서는 집중력이 요구된다. 필드에서는 연습할 때의 스윙을 최대한 복기하기 위해 정신을 집중시켜야 하고, 반면 연습장에서는 필드에서처럼 한 샷 한 샷 집중력을 모아 스윙을 하는 습관을 가져야 한다.

"나의 기술을 의심한 때는 있어도
나의 클럽을 의심한 적은 없다."

잭 니클라우스_프로 골퍼

1 연습장에서는

아마추어 골퍼와 프로 선수들과의 가장 큰 차이는 연습의 질과 연습량에 있다. 세계 최고의 선수들도 코치에게 레슨을 받고 매일 연습을 한다고 한다. 아마추어로서는 한계가 있겠지만 연습을 어떻게 하느냐에 따라 결과는 하늘과 땅 차이만큼이나 크게 나타난다.

● 연습을 더 신중하게

라운딩은 연습처럼, 연습장에서는 실전처럼. 공 하나 하나에 신중을 다하여 샷을 한다. 연습장에서는 본전 생각에 공 하나를 쉽게 생각하여 막 치게 되고 습관이 들면 실전에서도 생각 없이 스윙을 하게 된다. 공 하나 칠 때마다 필드에서 샷 한다고 생각하고 집중을 하여 연습하고 연습장의 공도 샷의 결과에 대한 책임을 져야 한다. 사실 필드에서보다 더 집중력이 요구된다.

● 빨리 빨리 치지 말자.

도심에 있는 대부분의 연습장은 시간과 공의 수를 병산 해서 계산하기 때문에 일정 시간이 지나면 끝나버린다. 아까운 시간에 공 하나 더 치려고 무작정 치게 된다. 생각할 여지도 없이 빨리 빨리 치는 사람이 많다. 아무리 시간이 아까워도 천천히 쳐야 한다. 무엇 때문에 공이 휘는지를 생각하고 수정해 가면서 샷을 한다. 무의식적으로 쳐서는 연습의 효과는 크지 않다. 그냥 몸만 풀고 있는 것이다.

● 그립은 풀고 다시 잡아라.

공을 칠 때 마다 그립을 풀고 다시 고쳐 잡고 치는 습관을 갖자. 보통 한번 잡은 그립은 좀처럼 풀지 않고 그냥 친다. 심지어 매트

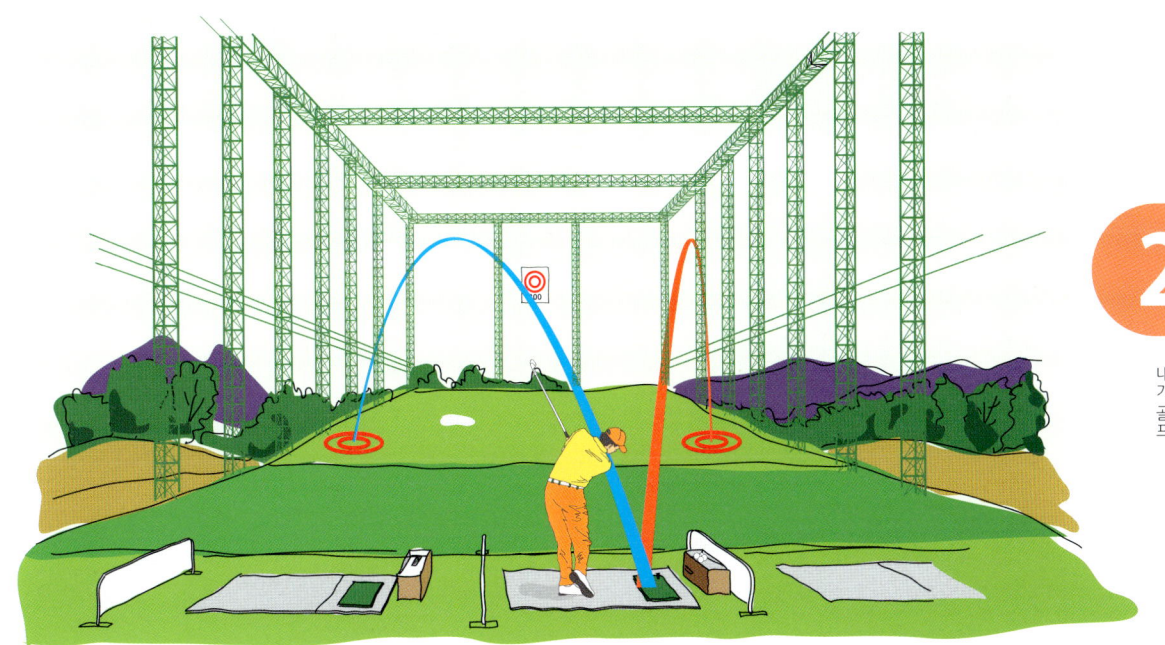

거리에 대한 연습보다는 자신만의 일정한 **거리 맞추기**와 **방향성**을 우선적으로 연습한다. 가운데 쪽으로만 치지 말고 방향을 좌, 우로 바꿔가면서 목표를 설정하고 원하는 방향으로 보낼 수 있는 연습을 한다.

에 공을 위치시킬 때도 그립을 풀지 않는다. 샷 하나 할 때 마다 그립을 풀고 다시 잡으면서 손에 익힌다. 그립의 중요함은 아무리 강조해도 모자란다. 샷을 할 때 마다 그립의 강도와 그립의 안정감에 역점을 두도록 한다.

● 비거리 연습보다는 정확성 연습을

드라이버든 아이언이든, 얼마만큼 날아 갔는가가 중요한 것이 아니라 매번 어디로 날아 가는가에 더 집중을 하여 연습을 한다. 방향성을 연습의 우선으로 삼는다. 아마추어 골퍼들은 일반적으로 거리에 대한 욕심이 있기 때문에 연습장에서는 큰 스윙을 하게 된다. 최대의 힘으로 스윙 하여 날아 간 거리를 자신의 비거리라고 잘못 알고 있다. 특히 아이언의 경우, 멀리 나간 비거리보다는 항상 일정한 거리를 보낼 수 있어야 그린 공략이 쉬워진다.

● 목표물을 설정하라.

공 하나를 칠 때 마다 매번 목표물과 방향을 설정하고 샷을 한다. 한 곳으로만 치지 말고 목표물을 자주 바꿔가며 친다. 자신의 어드레스에 대한 공의 방향을 점검하고 친다. 특히 어깨선의 방향과 공이 날아가는 방향을 유심히 관찰하여 일관된 방향성을 유지할 수 있게 한다. 타겟의 방향에 대해 자신의 어깨선, 발의 끝선을 어느 정도 틀어야 하는지, 어디를 향해 정렬시켜야 하는지를 샷을 할 때 마다 점검하고 조정하여 자신의 것으로 만든다.

● 풀 스윙을 하지 않는다.

연습장에서 힘 있는 대로 뻥뻥 치다가 필드에 나가면 힘을 빼려고 애를 쓴다. 필드에서 힘 빼고 부드럽게 쳐야 한다는 것쯤은 누구나 알고 있는 사실인데 연습장에서는 온 힘을 다 주어 치려고 한다. 특히 드라이버 샷은 거리를 내려고 무리하게 스윙 하려 한다. 연습장에서는 프로 같은 샷도 곧잘 나오고 내일 라운드에서 일 낼 것 같은 감이 온다. 하지만 필드에서는 연습 때의 100% 스윙이 나오는 법이 거의 없다. 필드의 상황은 많이 다르다. 연습장의 실력을 필드로 고스란히 가져가려면 연습도 항상 100%의 힘으로 스윙 하지 않는다. 70% 정도의 힘만으로 스윙 하는 습관을 들이고 실전에서도 70% 정도로만 치도록 한다.

● 혼자 가라.

연습은 혼자 해야 한다. 우선 커피 마시고 잡담할 시간도 아깝지만 연습에 집중이 되질 않는다. 상대의 잘잘못을 봐 준다고 하지만 비슷한 처지(?)인데... 서로에게 도움이 되지 않는다. 스윙에 대한 보고 들었든 많은 정보들을 실험해 보고 바꿔도 보고 하면서 자신만의 시간을 갖는다.

2

내기 골프

2 웨지 샷 연습하기

경력이 쌓일수록 숏 게임의 중요성을 느끼게 된다. 짧은 거리의 웨지 샷은 풀 스윙이 아닌 반 스윙이라서 더 어렵게 생각한다. 몸의 움직임이나 힘을 통제, 억제, 조절해야 하는, 즉 컨트롤 샷을 해야 하기 때문이다. 연습의 요령이 필요하다. 웨지 샷은 좋은 점수를 만드는데 최고의 무기가 될 것이다.

● 가장 자신 있는 거리를 만든다.

60yd(55m) 혹은 50yd(45m), 70yd(60m)를 기준으로 삼아서 이 거리를 집중적으로 연습한다. 60yd(55m)는 눈 감고도 보낼 수 있도록 한다. 무엇보다 60yd(55m)에 맞는 백 스윙의 크기를 정하여 언제든지 일정하게 보낼 수 있도록 자신만의 거리를 정한다. 백 스윙의 크기에 따라 정확한 거리를 일관되게 보낼 수 있어야 한다. 다른 사람과의 거리 비교는 무의미한 일이다. 웨지 샷은 '누가 더 멀리 보내는가'가 아니라 '누가 더 정확한 거리를 보내는가' 를 요구한다. 60yd(55m)를 가장 자신 있는 샷으로 만들자.

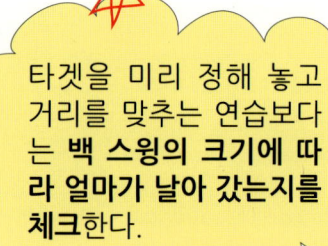

타겟을 미리 정해 놓고 거리를 맞추는 연습보다는 **백 스윙의 크기에 따라 얼마가 날아 갔는지를 체크**한다.

● 힘으로 스윙 하는 것이 아니다.

웨지 샷은 멀리 보내기 위한 샷이 아니기 때문에 힘으로 칠 필요가 없다. 힘을 주게 되면 여러가지 에러가 발생한다. 가장 흔한 뒤땅과 탑핑의 원인이다. 손의 힘은 클럽이 흔들리지 않을 정도의 힘만 주어 잡고 팔은 어깨에 걸쳐 있는 듯이 축 처진 상태로 클럽의 무게를 이용하는 부드러운 스윙이 요구된다.

● 거리 계산은 백 스윙의 크기로

철저하게 백 스윙의 크기로 거리를 조절하도록 한다. 가까운 거리는 약하게 치고 먼 거리는 세게 치는 식은 좋지 않다. 팔 힘의 강약이나 감각으로 거리를 조절하면 거리에 대한 일관성이 떨어진다. 백 스윙 시, 손의 위치가 얼마만큼 올라 갔을 때 얼마만큼 거리가 나가는가를 정확하게 알아야 한다. 여러 번 반복해서 평균적인 거리를 자신의 것으로 삼는다.

● 풀 스윙은 필요 없다.

웨지 사용의 주 목적은 필요한 거리만큼 정확하게 보내는 데 있지 비거리를 내기 위함이 아니다. 백스윙의 탑에서 클럽을 쥔 손의 위치가 어깨 이상 올라가는 큰 스윙은 하지 않는다. 만약 거리가 필요하다면 한 클럽 올려 잡도록 한다.

● 거리가 짧을수록 손의 힘은 더 뺀다.

손에 힘을 주면 부드러운 스윙이 되질 않아 미스 샷이 잘 난다. 짧은 거리 일수록 그립은 더 가볍게, 스윙은 더 천천히 한다. 손에 힘을 빼야 하지만 손목이 흔들려서는 절대 안 된다. 손목이 고정되지 않으면 거리 조절에도 문제가 있으며 뒤 땅과 탑핑이 쉽게 날 수 있다. 손에 힘을 빼는 요령은, 그립을 쥔 상태에서 **손에 힘을 꽉 준 후에 그대로 힘을 약간 빼 본다.** 바로 그 상태가 가정 적당하다.

3 웨지의 거리 조절 연습

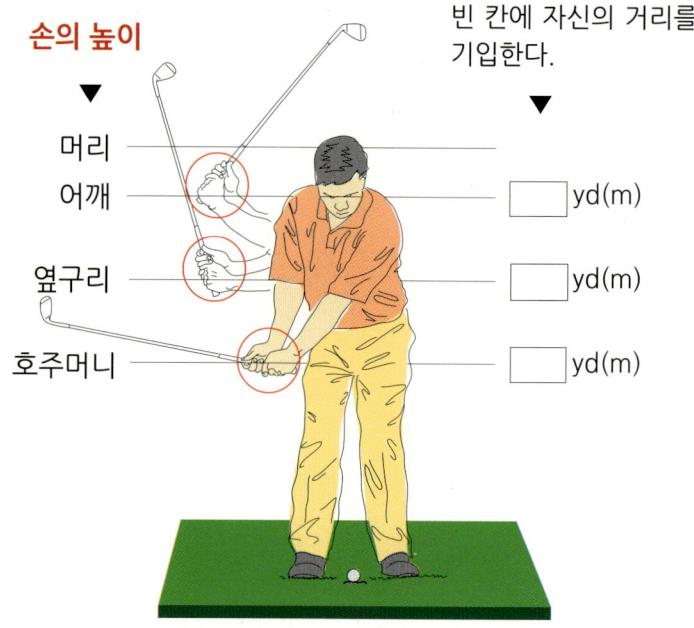

● 웨지 별로 거리 정하기

❶ 먼저 피칭 웨지로 샷을 한다. 백 스윙을 했을 때, 손의 위치(높이)를 기준으로 하여 어깨까지 올렸을 때, 옆구리까지 올렸을 때, 또 호주머니까지 올려서 스윙 했을 때의 공이 나간 거리를 각각 기억한다. 손의 위치는 자신에게 맞게 정하면 된다.

❷ 다음으로 갭 웨지, 그 다음에 샌드 웨지로 ❶과 똑같은 방법으로 다시 각각의 거리를 잰다.

❸ 웨지 별로 여러 번 시도해서 일정하게 나가는 거리를 자신의 거리로 정한다.

※ 백 스윙의 크기 별로 대략 10yd(10m) 정도의 차이가 난다.

2종의 웨지 X 3가지의 손 높이 = 6가지의 거리　(80/70/60/55/45/35 m)
→ 90/80/70/60/50/40 yd
→ 어깨/옆구리/호주머니
→ PW/GW

샌드 웨지를 추가하고 손의 높이도 머리까지 올리면 계산상으로는 무려 3 X 4 = 12가지 조합의 거리를 만들 수 있다. 그립을 잡는 길이를 조절하면 더욱 더 세밀한 조절이 가능해 진다.

갭 웨지(Gap wedge)의 구입

　아마추어 골퍼들이 가지고 있는 웨지를 보면 일반적으로 피칭 웨지와 샌드 웨지, 2가지를 보유하고 있다. 경력이 쌓이고 고수가 될 수록 피칭 웨지 하나만 가지고는 정교한 숏 게임을 하기에는 한계가 있다. 피칭 웨지의 로프트는 보통 44° 내외이고 샌드 웨지는 56° 쯤 된다. 두 클럽의 로프트 차이가 많이 나서 중간치의 정교한 거리 조절에 어려움이 따른다. 44° 와 56° 의 중간 값인 50° 의 갭 웨지를 구입 한다. 더욱 섬세한 숏 게임을 위해서 2개의 갭 웨지를 구입한다면 웨지의 로프트 차를 3등분하여 일정하게 4° 씩 증가한 48° 와 52° 의 웨지로 구입하는 게 좋다.

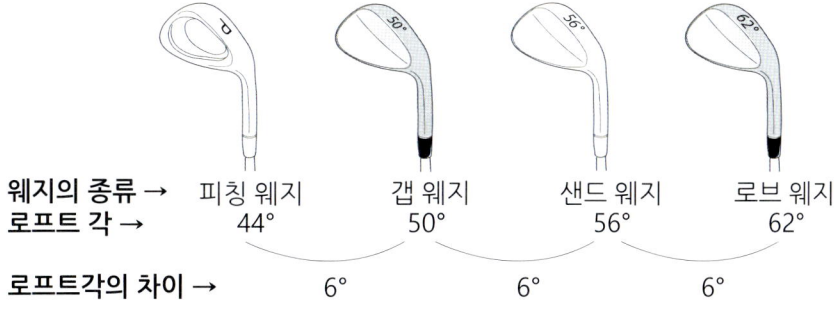

웨지의 종류 →	피칭 웨지	갭 웨지	샌드 웨지	로브 웨지
로프트 각 →	44°	50°	56°	62°
로프트각의 차이 →		6°	6°	6°

새로운 웨지를 구입 할 때, 로프트 각이 일정한 각도로 증가하도록 한다.

4 스코어를 줄이는 가장 빠른 연습 방법

골프 경력이 아무리 오래되어도 드라이버를 잘 치고 싶은 욕망은 어쩔 수 없다. 호쾌하게 휘둘러대는 장타자들의 드라이버 샷은 또 다른 구경거리를 제공해 주고 부러움의 대상이 된다. 그래서 연습장에서도 상대적으로 많은 시간을 투자한다. 하지만 죽자 사자 드라이버만 연습한다고 해서 스코어가 쉽게 나아지는 것은 아니다. 이제부터 연습의 방향을 조금 바꿔 보자. 드라이버 샷도 중요하지만 일단은 점수를 만들어야 한다. 드라이버 말고도 연습 할 클럽이 너무 많이 있기 때문이다.

**연습은 죽어라 하는데 점수가 잘 줄지 않는 사람.
단 기간에 점수를 줄이고 싶은 사람.
더 이상 내기에서 잃기 싫다는 사람.
→ 연습은 이렇게...**

● 계산상으로는.... 퍼터가 50% 차지

골프 코스는, 18개의 Par4 홀을 만들어 각 홀 당 2-On, 2-Putt을 표준으로 삼는다. 그리고 4개 홀을 Par3 홀로, 4개의 Par5 홀로 바꿔서 총 72타를 기본 점수로 하는 Par 72 코스가 된다. 물론 Par 71, Par 73 등의 코스도 존재한다. Par72 코스를 기준으로 해서 각 클럽 별로 사용한 회수를 산출한 그래프이다. **퍼터가 반을 차지**하는데 주목하자.

표준 점수 시, 클럽별 사용 비율

퍼터 = 50%

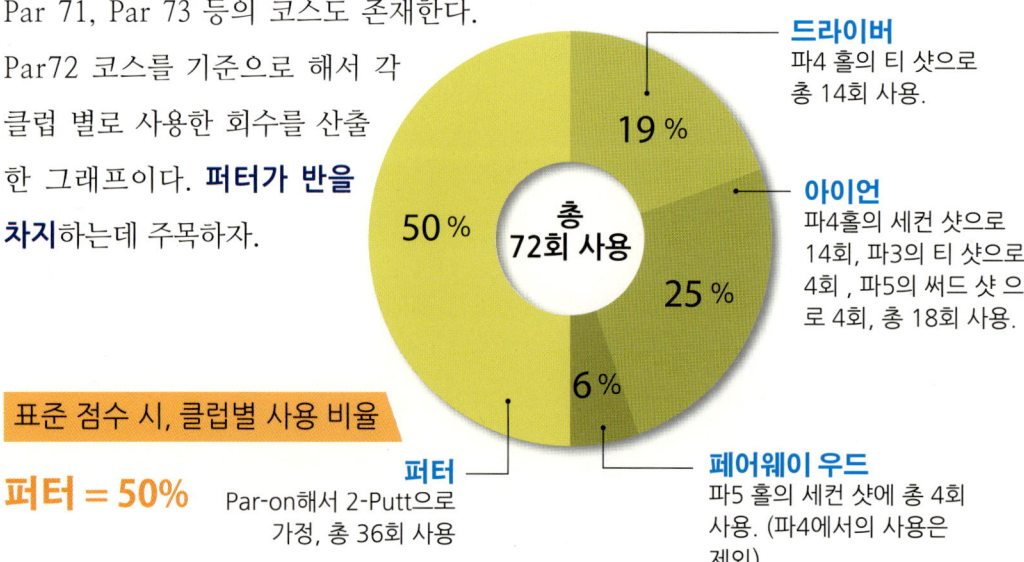

드라이버
파4 홀의 티 샷으로 총 14회 사용.

아이언
파4홀의 세컨 샷으로 14회, 파3의 티 샷으로 4회, 파5의 써드 샷으로 4회, 총 18회 사용.

페어웨이 우드
파5 홀의 세컨 샷에 총 4회 사용. (파4에서의 사용은 제외)

퍼터
Par-on해서 2-Putt으로 가정, 총 36회 사용

● 실전에서는…. 웨지+퍼터=60%

그런데 앞의 그래프 비율은 파 72를 이론상으로 계산한 수치일 뿐이다. 아마추어 골퍼들이 실제 라운드에서 사용하는 비율과는 사뭇 차이가 있다. 상급자 보다 중급, 초급의 플레이어 일수록 파 온을 놓치는 경우가 자주 발생하고 그린 주변에서의 짧은 어프로치 샷이 많아진다. 즉, **그린 적중률이 낮아지면서 웨지의 사용량이 늘어난다.** 그린 가까이에서의 웨지 샷은 점수와 직결 된다. 웨지는 풀 스윙하는 일반 아이언 샷과는 기술적으로 차이가 있기 때문에 웨지를 아이언에서 따로 분류했다.

이번에는 85타를 쳤을 때로 가정하여 클럽별 평균 사용 회수를 나타낸 그래프이다.

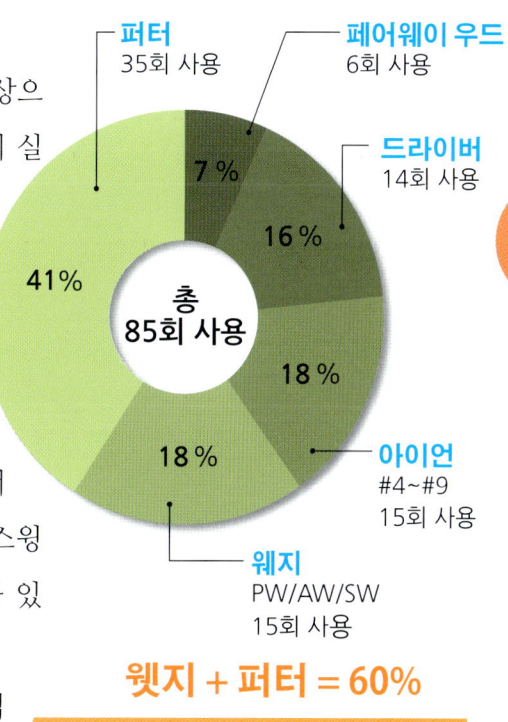

85타 시, 라운드당 클럽별 사용 비율

다소의 차이는 있으며 일반적인 경우의 사용 회수를 평균한 값.

숏 게임은…. 스코어를 줄이는 지름길.

85타를 치는 플레이어를 예로 들었다. 그런데 75타든 95타든, 퍼터와 웨지의 사용 회수는 다소 차이가 있겠지만 클럽 별로 사용한 비율은 비슷할 것이다. 여기서 눈 여겨 볼 부분이 있다. 소위 숏 게임이라 말하는 퍼팅과 짧은 어프로치의 웨지 샷을 합하면 전체 게임의 거의 60%에 달한다. 결론적으로 좋은 점수를 만드는 지름길은 숏 게임에 있다.

● 연습장에서는.... 드라이버+아이언≒85%

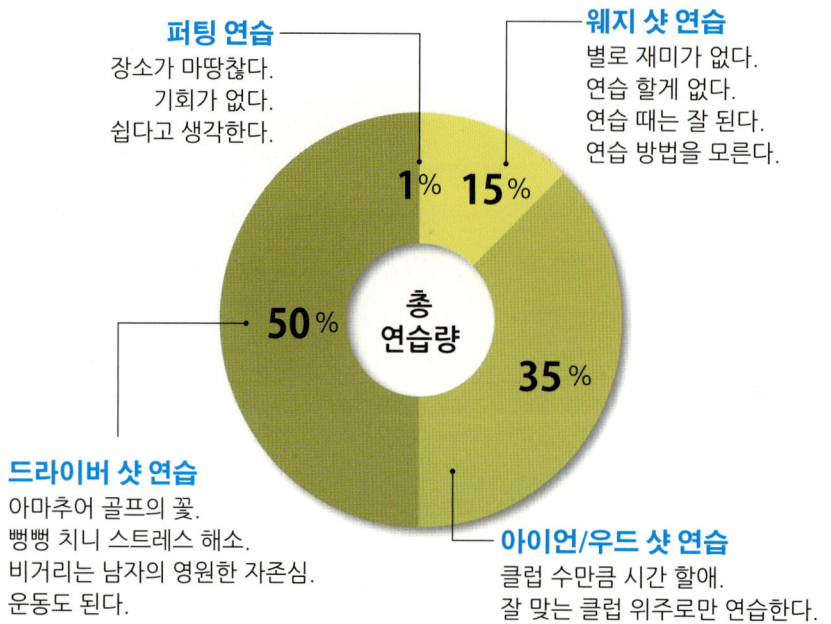

퍼팅 연습
장소가 마땅찮다.
기회가 없다.
쉽다고 생각한다.

웨지 샷 연습
별로 재미가 없다.
연습 할게 없다.
연습 때는 잘 된다.
연습 방법을 모른다.

드라이버 샷 연습
아마추어 골프의 꽃.
뻥뻥 치니 스트레스 해소.
비거리는 남자의 영원한 자존심.
운동도 된다.

아이언/우드 샷 연습
클럽 수만큼 시간 할애.
잘 맞는 클럽 위주로만 연습한다.

클럽별 실제 연습량 비율
드라이버 + 아이언 ≒ 85%

거창하게 그래프를 그려가며 설명하지 않아도 숏 게임이 중요하다는 것쯤은 웬만한 골퍼들도 다 알고 있는 사실이다. 그러나 인지하고 있을 뿐, 실천하고 노력하는 골퍼는 실제로 드물다. 이제 자신에게 반문해 보자. 60%나 차지하는 숏 게임의 향상을 위해 얼마큼 노력하고 있는가? 다른 골퍼에게도 물어 보라. "연습장에 가시면 웨지는 얼마나 연습하십니까?", "평소에 퍼팅 연습은 얼마만큼 하고 계십니까?" 대답은 뻔하다. 그래프에서 보다시피 드라이버나 아이언과 같은 파워 스윙에 너무 많은 시간을 할애하고 있다.

이러한 연습 방법에 문제가 있다. 너무 비능률적이고 효과적이지 못하다. 그래서 점수가 줄지 않았던 것일지도 모른다. 정말 중요한 문제다.

● 고수가 되기 위해서는...

연습은 죽어라 하는데 점수는 좀처럼 줄지 않는다고 한탄이다. 위의 결과로 보면 이상한 일도 아니다. 이제부터는 연습을 달리 해야 한다. 우선적으로 웨지 샷과 퍼팅에 더 많은 시간을 투자해야 한다는 결론이 나왔다. 점수를 줄이기 위한 가장 빠른 길이 될것이다. 클럽 종류별로 3가지로 구분해서 연습 시간을 각각 1/3씩 똑같이 할애한다.

퍼팅은 별도로 집이나 사무실에서 시간 나는 대로 수시로 한다. 퍼팅 연습 시간은 짧게 해도 되지만 가능한 매일 하는 편이 좋다. 긴 거리 연습은 필요 없고 1m의 짧은 거리만 해도 충분하다.

드라이버 / 페어웨이 우드 — 1/3
아이언 — 1/3
웨지 — 1/3
연습비율

클럽별 이상적인 연습 비율

드라이버 = 아이언 = 웨지 = 퍼터

결론

실제 라운드에서 가장 많이 사용하고 점수를 만드는데 결정적인 클럽이 **웨지와 퍼터** 이지만 정작 실제 연습장에서는 등한시 하고 있는 실정이다. 연습장에서는 웨지 샷을, 집에서는 퍼팅 연습 시간을 더욱 많이 가지도록 하고 보다 많은 시간을 투자 해야 한다.
점수를 줄일 수 있는 가장 빠른 길이기 때문이다.

5 어느 클럽이 더 중요할까?

골프에서 중요하지 않은 클럽은 없다. 단 한번을 사용하더라도 각각의 역할이 있기 때문이다. 자신의 성향과 관점에 따라 중요도가 다를 수 있다. 이러한 다양성이 있기 때문에 골프를 더 재미있게 만든다. 어느 클럽을 더 집중해서 연습해야 할지는 각자의 판단에 맡겨 본다.

● 드라이버가 중요한 이유는...

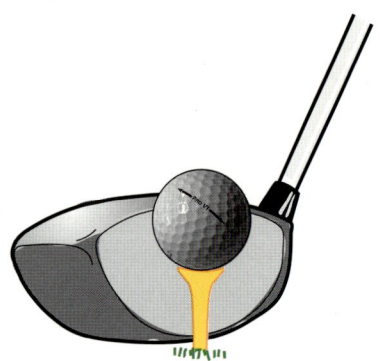

골프는 구멍에 공을 집어 넣으면서 시작됐다. 결국은 퍼팅이 골프의 최종 목적이다. **그런데**, 좋은 퍼팅을 하기 위해서는 일단 공이 그린에 온이 되야 한다. **그런데**, 온 그린을 위해서는 아이언 샷을 잘 쳐야 한다. **그런데**, 아이언의 굿 샷을 만들기 위해서는 공이 페어웨이에 있어야 한다. **그래서**, 티 샷 한 공은 무조건 페어웨이로 보내야 한다. **그래서**, 공을 페어웨이에 보내려면 드라이버를 잘 쳐야 한다.

그래서, 결국에는 드라이버가 중요하다는 얘기며 좋은 퍼팅을 위해서는 드라이버를 잘 쳐야 한다는 결론. 사실 드라이버 샷은 골프의 꽃이며 골퍼들의 영원한 자존심... 로망이다.

● 버디 찬스는 아이언에서 나온다.

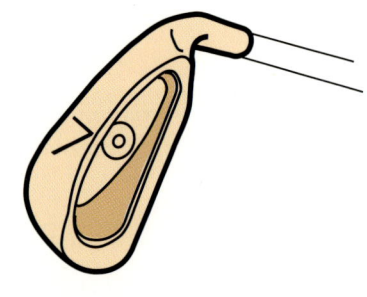

드라이버 샷은 약간의 실수가 있어도 다음 샷으로 살려 낼 수도 있기 때문에 융통성이 있다. 2-On, 2-Putt을 기본으로 했을 때, 일단 두 번 만에 그린에 올려야 버디 트라이, 즉 버디 시도의 기회를 갖게 된다. 어쨌든 버디는 핀을 향한 아이언 샷의 어프로치에서 발생된다.

특히 프로의 세계에서 버디를 하느냐, 못하느냐는 전적으로 세컨 샷의 아이언에 달려 있다 해도 과언이 아니다. 버디는 아이언 샷에서부터 시작된다.

● 점수는 웨지가 만든다.

아마추어는 아무리 고수라 하더라도 그린 적중률이 50~55% 정도이다. 투어 선수도 60~65%로 생각보다 높지만은 않다. 고수와 하수의 차이는 온 그린에 실패 했을 때, 그린 주변의 웨지 샷에서 확연하게 차이가 나타난다. 그린을 놓쳐도 파를 할 수 있는 파 세이브(스크램블링) 능력에서 결판이 난다. 세컨 샷에서 그린을 놓쳤다 하더라도 주로 그린 주변의 30~50yd(25~45m) 이내에 있다. 이 때 웨지 샷으로 핀에 붙여 파를 만들어야 한다. 파 리커버리(Recovery)에서 진정한 고수의 진가가 나타난다. 고수는 웨지로 먹고 산다.

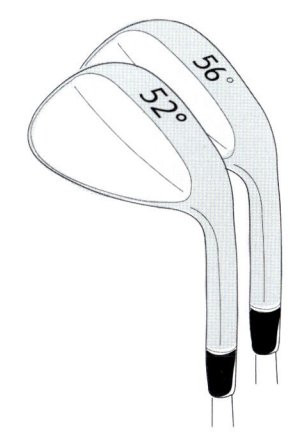

● 돈을 만드는 것은 결국 퍼터이다.

지금 내기 게임 중이고 배판인데 1m의 짧은 퍼팅을 남겨 두고 있다고 하자. 이 짧은 퍼팅을 놓친다면 개인적인 점수는 1점만 손해보지만 돈으로 계산한다면 다른 동반자 3명에게 각각 1점씩을 줘야 하므로 3점을 잃게 된다. 넣어서 받아야 할 점수를 받지 못하는 것도 잃는 것이다. 마지막 마무리가 잘 되질 않으면 드라이버 비거리 280yd(250m)도, 아이언 샷으로 만든 버디 찬스도 아무 소용 없다.

결국 골프는 홀에 집어 넣는 게임이기 때문에 퍼터가 스코어와 돈을 만든다는 사실을 명심해야 한다.

프로 세계에서도 챔피언을 만들어 주는 것은 결국 퍼터이다. 짧은 퍼팅 한번에 울고 웃는 극적인 상황이 벌어지곤 한다.

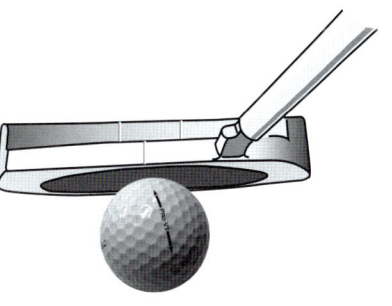

6 특별한 연습법 소개

구두 신고 드라이버 샷 하기

밑창이 민밋한 케쥬얼화나 구두를 신고 드라이버 샷을 해 보자. 약간이라도 무리한 힘을 주어 스윙 하게 되면 바닥이 미끄러워 중심이 무너진다. 하체가 불안해서 제대로 된 스윙이 되질 않는다. 힘을 뺀, 부드러운 스윙을 해야 몸의 중심을 잡고 드라이버를 휘두를 수 있다. 미끄러지지 않을 정도로 공을 치는 연습을 한다. 70%의 힘만으로 스윙 하는 연습에 아주 적합하다. 주의 할 점은, 두꺼운 양말을 신어야 발이 편하다. 구두를 신을 때는 보통 얇은 양말을 신게 되는데 심하면 발에 물집과 껍질이 벗겨지기도 한다.

평소에 즐겨 신었던 케쥬얼 화.
신발이 빨리 상하는 단점이 있다.

눈 감고 아이언 빈 스윙 하기

눈을 가리고 스윙을 하게 되면 절대 빠른 스윙이 나올 수 없다. 심리적으로 불안하여 큰 스윙이 되질 않는다. 헤드가 매트에 부드럽게 스칠 때까지 빈 스윙을 계속한다. 상하좌우로 몸의 흔들림이 최소화해야 매트 윗면을 스치는 스윙이 가능하다. 힘을 통제할 수 있는 아주 좋은 연습 방법이다.

7 뒤 땅

⚠ 연습장에서는 잘 맞는데 필드에 나오면 '뒤 땅'을 자주 친다는 사람들은 꼭 한번 체크해 보길 바란다.

연습장의 인조 매트

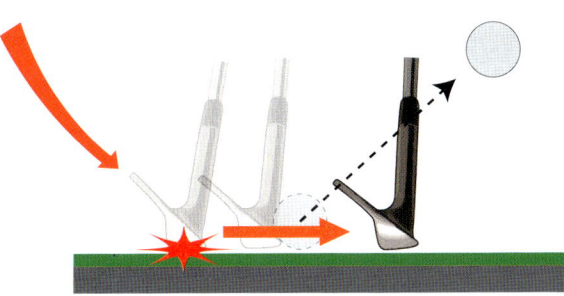

연습장의 인조 잔디 매트는 비닐 계통의 재질로서 클럽이 잘 미끄러져 나간다. 약간 뒤 부분의 바닥을 쳐서 클럽 면이 공에 정확히 맞지 않아도 공은 떠서 잘 날아간다. 연습하는 사람은 제대로 맞은 것처럼 느껴지고 계속해서 잘못된 연습을 되풀이 하게 된다. 의외로 이런 사람이 많다. 잘못된 연습이 필드에서도 나타나게 된다. 공을 먼저 맞혀야 한다. 헤드에 공을 정확하게 맞히는 연습이 되려면 하향 타격(Down blow)이 되어야 한다.

골프장의 천연 잔디

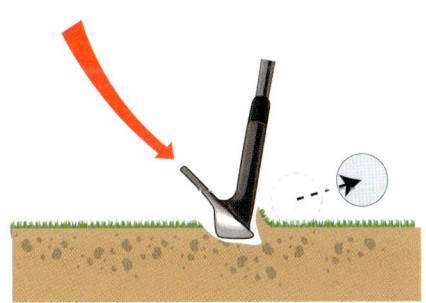

인조 매트에서의 잘못된 연습이 천연 잔디에서는 흔히 '뒤 땅을 깐다.'는 표현으로 나타난다. 필드의 잔디에서는 매트와 달리 조금만 공의 뒤쪽에 맞아도 공은 앞으로 살 날아가지 않는다. 그리고 공을 정확하게 타격해야만 재 거리를 보낼 수 있어 공략에 유리하다.

스윙 아크의 최저점스윙 아크의 최저점

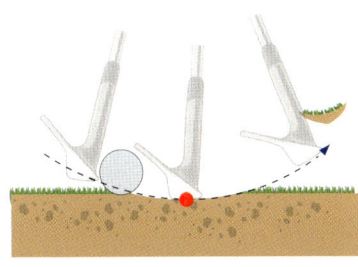

아이언 샷은 스윙 아크의 최저점이 공을 타격하고 난 후의 공 앞쪽에 있어야 한다. 헤드가 땅에 닿기 전에 공을 먼저 때리고 난 후에 잔디를 파 내어 디봇 자국이 생긴다. 공과 정확한 접촉이 되려면 이와 같이 다운 블로우(Down blow) 샷이 되어야 한다.

8 집에서의 퍼팅 연습

좁은 공간에서도 숏 퍼팅, 롱 퍼팅의 연습이 가능하다. 집에서의 퍼팅 연습은 1~1.5m 정도의 가까운 거리를 집중 연습한다. (오른쪽 페이지 참조)

가까운 거리 (1m 정도)의 연습

- 사용 않는 CD를 타겟용으로 바닥에 놓아 활용한다.
- 매번 CD의 가운데 구멍 또는 좌, 우측 등 방향을 겨냥한다.
- 항상 원하는 방향으로 보낼 수 있도록 연습 한다.
- 가까운 거리의 연습은 방향의 정확도 연습에 중점을 둔다.
- CD 위를 지나가도록 스트록한다.

먼 거리의 연습

- 공이 멀리 도망가지 못하도록 뒤쪽에 두꺼운 책으로 막아준다.
- 3가지의 백 스윙 별로 실제와 같은 크기로 백 스윙을 하여 스트록한다. (204쪽 **'더 이상 3-퍼팅은 없다.'** 참조)
  - 헤드가 오른쪽 발 끝에까지 왔을 때(6 걸음 정도)
  - 손의 위치가 오른쪽 허벅지까지 왔을 때(10 걸음 정도)
  - 손의 위치가 오른쪽 허벅지를 벗어났을 때(16 걸음 정도)
- 실제 그린에서처럼 1m 정도 전방에 통과할 가상의 지점을 정하듯이 가상 지점을 연습용의 CD를 이용한다.
- CD를 가상의 지점으로 설정하고 CD 위를 정확히 지나가도록 한다.
- 공을 직접 치지 않고 빈 스윙으로, 백 스윙의 크기에 집중하여 연습한다.

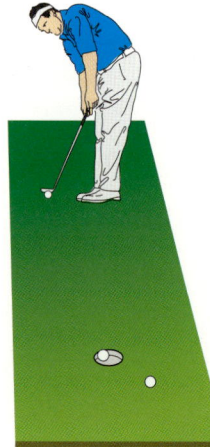

퍼팅 연습은 집이나 사무실에서 기회만 나면 한다.

집에서의 퍼팅 연습이 중요한 이유

퍼팅 연습은 시간을 내어 오래하는 것 보다는 짧은 시간이라도 자주 하는 편이 좋다. 장소와 시간 관계상 다른 샷 연습은 못해도 퍼팅 연습 언제든지 가능하다.

퍼팅 향상을 위해 구입한 장비도 자리만 차지 할 뿐, 그리고 3~4m 거리의 연습과 경사에 대한 연습은 별 의미가 없다. 무엇보다 짧은 거리라도 자신이 보내고자 하는 곳으로 정확하게 보낼 수 있는 연습이 필요하다. 집에서의 퍼팅 연습은 1~1.5m 거리면 충분하다. 집에서의 연습 효과는 퍼팅 기술의 향상뿐만 아니라 평소 몸에 베어있던 익숙함이 필드에서는 자신감으로 나타날 것이다.

커피 머그 컵을 바닥에 눕혀 놓고 컵 안으로 집어 넣기

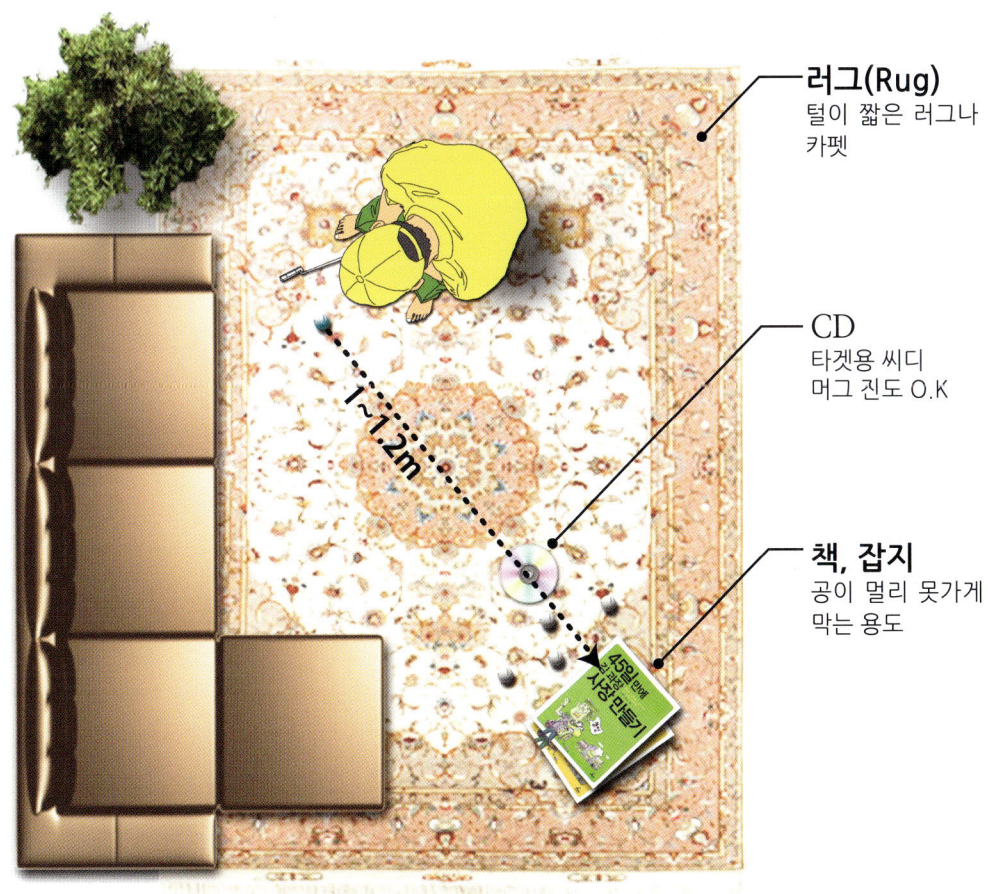

러그(Rug)
털이 짧은 러그나 카펫

CD
타겟용 씨디
머그 진도 O.K

책, 잡지
공이 멀리 못가게 막는 용도

9 골프장에서의 퍼팅 연습

골프장 마다 퍼팅 그린과 같은 연습 그린이 마련되어 있다. 라운드가 있는 날에는 평소보다 조금 일찍 골프장에 도착하여 퍼팅 연습을 하도록 하자. 그 골프장의 그린 특성도 파악하고 퍼팅 자세도 점검한다. 평소에는 잔디 그린에서 거의 연습할 수가 없기 때문에 실제 감각을 익히기에 좋은 기회이다. 비싼 그린 피를 지불하므로 충분히 연습하여 본전을 뽑도록 해야 하지 않겠는가?

방향성 연습

- 경사가 없는 평평한 곳을 택한다.
- 집에서 연습한 1~1.2m 정도의 거리에서 퍼팅을 한다.
- 셋업 자세의 점검-발끝 선과 어깨선의 방향, 공과의 거리, 헤드의 정렬, 눈의 위치 등을 점검
- 그립의 중요성-그립을 쥐는 힘의 정도를 점검.
- 시계 추의 스윙으로 백 스윙의 궤도가 직선이 되게 한다.
- 공이 원하는 방향으로 가는지를 여러 번 시도, 확인하여 방향을 잡는다.

발 끝 선이 정렬된 상태에서 공이 어느 방향으로 가는지 관찰한다. 정렬선 방향으로 어드레스를 조절한다.

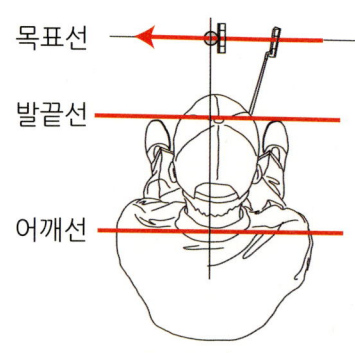

모든 방향은 평행되게 정렬한다. 퍼터 헤드를 흔들어 궤도가 가능한 평행이 되도록 노력한다.

거리감 연습

- 경사가 거의 없는 평평한 곳을 택한다.
- 백 스윙의 크기 별로 공이 나간 거리의 걸음 수를 샌다.
- 여러 번 시도하여 평균 걸음 수를 정한다.
- 오르막, 내리막의 정도에 따라 스탠스의 폭을 조절하며 백 스윙 크기 별로 연습한다.
- 큰 스윙 시 최대한 헤드의 스윗 스팟에 맞도록 집중한다.
- 시계 추의 진자운동을 상기하며 스윙을 한다.

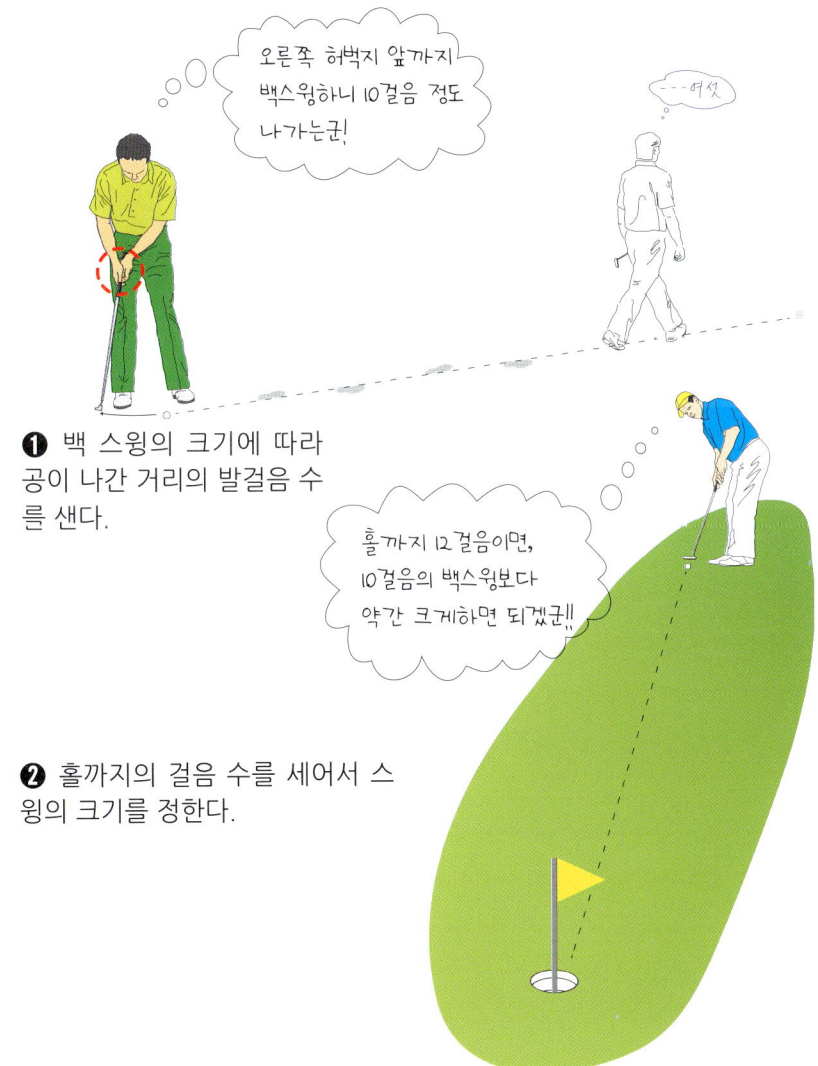

❶ 백 스윙의 크기에 따라 공이 나간 거리의 발걸음 수를 샌다.

❷ 홀까지의 걸음 수를 세어서 스윙의 크기를 정한다.

10 거리에 대한 나만의 매뉴얼 만들기

퍼팅이든 웨지 샷이든 **백 스윙의 크기**로 거리를 조절하는 것을 기본으로 한다. 주말 골퍼로서 일관성을 유지할 수 있는 가장 좋은 방법이다.

거리 별로 5가지로 나누어서 정한다.

❶ 5~20yd(5~20m) 사이의 퍼팅
❷ 20yd(20m) 이상의 퍼팅
❸ 그린 사이드 벙커 샷
❹ 40yd(35m) 이내의 어프로치 샷
❺ 100yd(90m) 이내의 어프로치 웻지 샷

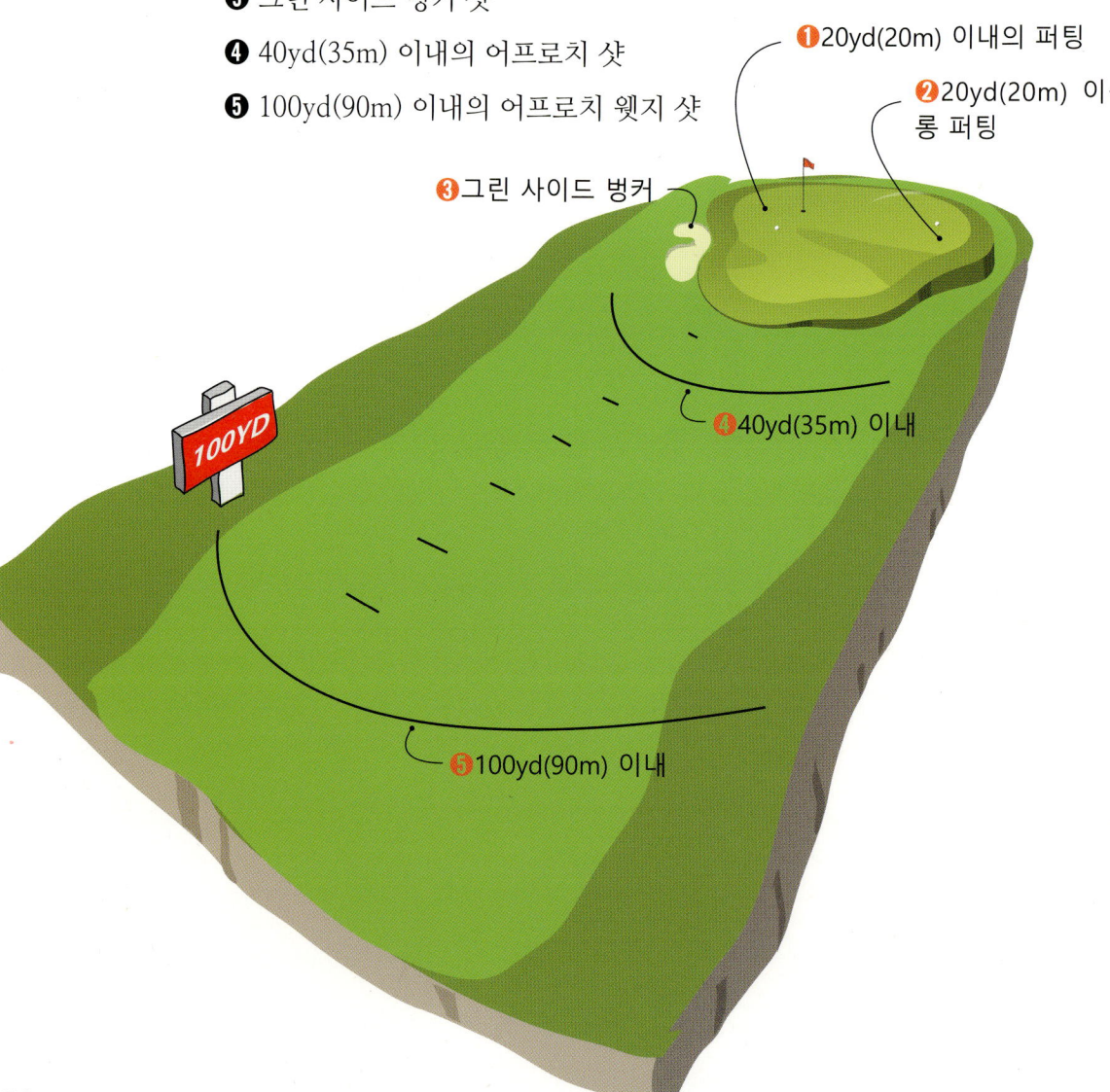

1. 20 걸음 이내의 퍼팅 _백스윙의 크기로 결정

- '긴 시계추의 흔들림'과 같은 스윙 – 앞뒤 크기 같게.
- 발 걸음 수에 따른 백 스윙의 크기 결정
- 경사에 따른 걸음 수의 증감은 스탠스의 폭으로 조절

*여기에 명시한 걸음 수는 절대적이지 않고 저자의 경우를 예시한 것일뿐.
*걸음수는 골프장의 상황과 각 개인에 따라 달라질 수도 있기 때문에 본인만의 원칙을 정하여 두면 된다.

6 걸음 - 퍼터 헤드가 오른발 끝에 왔을 때.

10 걸음 - 퍼터를 쥔 손이 오른쪽 허벅지까지 왔을 때.

18 걸음 - 손이 오른쪽 허벅지 바깥 쪽으로 약간 벗어 났을 때.

2. 30 걸음(약 18m) 이상의 롱 퍼팅

- 칩샷을 하는 자세를 취한다.
- 약간 오픈 스탠스.
- 손목의 스냅을 약하게 사용.

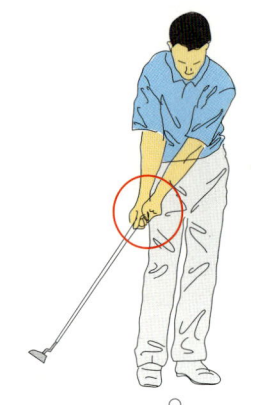

25 걸음 이상
손의 위치가 허벅지를 살짝 지난 지점

30 걸음 정도
손은 허벅지를 완전히 벗어나고 스냅으로 손목도 약간 사용한다.

3. 30m 이내의 그린 사이드 벙커 샷

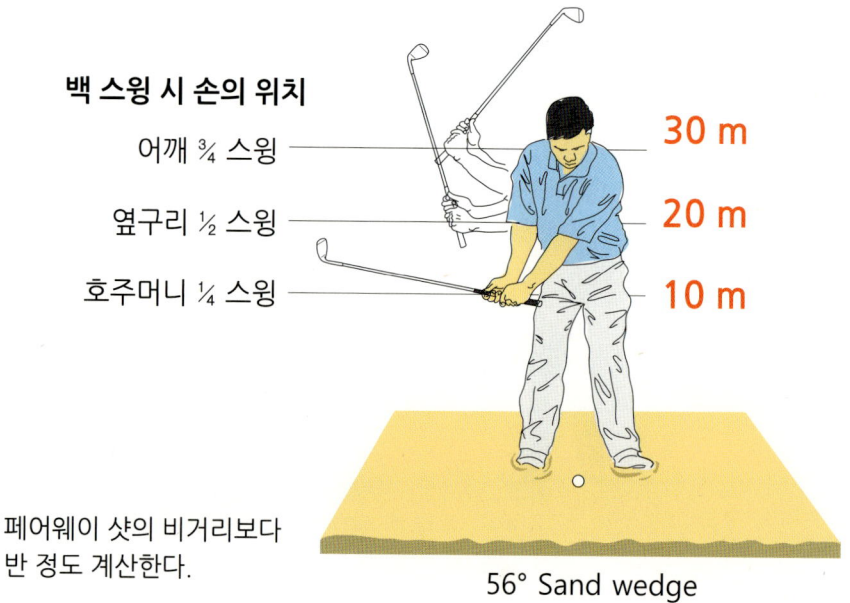

백 스윙 시 손의 위치
- 어깨 ¾ 스윙 ——— 30 m
- 옆구리 ½ 스윙 ——— 20 m
- 호주머니 ¼ 스윙 ——— 10 m

페어웨이 샷의 비거리보다 반 정도 계산한다.

56° Sand wedge

4. 50yd(45m) 이내의 어프로치 샷

- 손목 관절의 움직임이 없어야 한다.
- 양 발의 폭을 살짝 좁힌다.
- 공은 약간 오른발 쪽에 위치 시킨다.
- 양 겨드랑이를 몸에 붙이고 어깨 턴으로 스윙하듯 한다.
- 낮게 백 스윙 해서 낮게 피니쉬하는 스윙으로 한다.

굴리는 샷

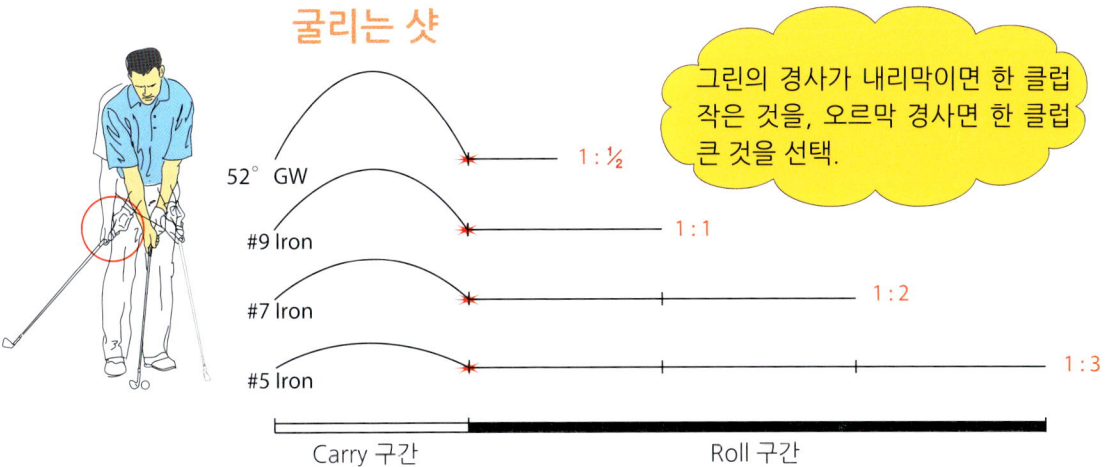

52° GW — 1 : ½
#9 Iron — 1 : 1
#7 Iron — 1 : 2
#5 Iron — 1 : 3

Carry 구간 / Roll 구간

그린의 경사가 내리막이면 한 클럽 작은 것을, 오르막 경사면 한 클럽 큰 것을 선택.

띄우는 샷

허리 띠 - **40 yd(35m)**

호주머니 - **30 yd(30m)**

허벅지 바깥쪽 - **20yd(20m)**

52° Wedge

5. 100yd(90m) 이내의 어프로치 샷

- 체중은 항상 왼발 쪽에 둔다.
- 공의 위치는 스탠스의 가운데에 둔다.
- 어떤 거리, 어떤 클럽이든 같은 스피드로 스윙 한다.
- 그립은 가볍게 쥔다.
- 하향 타격(다운 블로)의 샷이 되게 한다.
- 거리에 따라 그립의 길이도 조절한다.

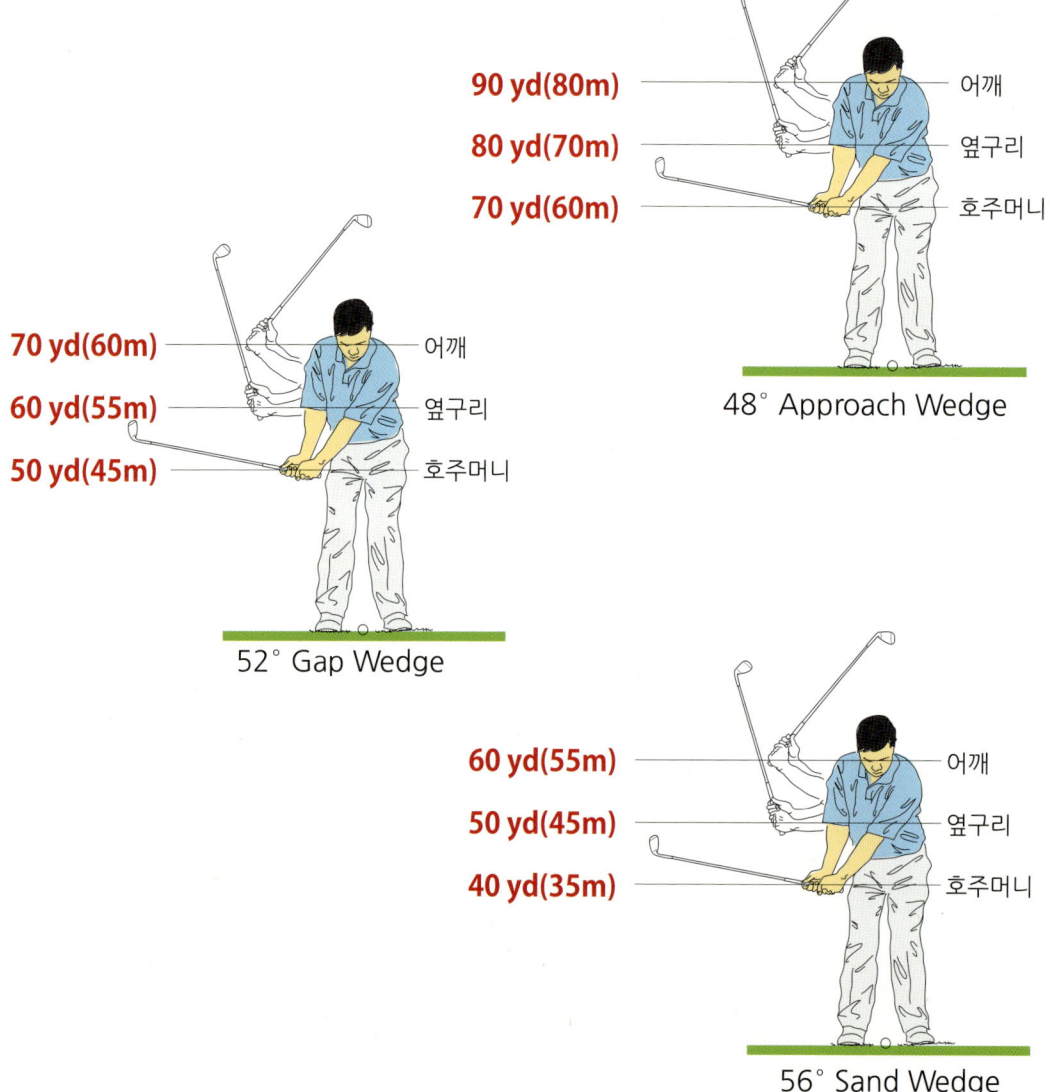

11 클럽. 멋으로 구입하지 말아야...

골프를 처음 시작할 때는 대부분 지인의 클럽을 물려받게 되는 경우가 많다. 초보를 벗어나 어느 정도 골프 스윙에 대한 이론과 실제를 알게 될 즈음이면 새로운 아이언 클럽으로 갈아타게 될 때가 온다. 다른 클럽과 달리 아이언 클럽을 장만하려고 할 때는 선택에 있어 신중을 기해야 한다. 다양하게 분류된 종류만큼이나 자신의 몸에 잘 맞는 클럽을 고르기가 쉽지 않다. 애인처럼 사랑하고 아끼는 거니까 디자인도 맘에 들어야 한다. 또 가격도 적절해야 한다. 자동차는 8기통과 4기통의 가격이 성능에 따라 차이가 나지만 골프채는 가격과 성능이 비례하는 것만은 아니다. 무엇보다 중요한 요소는 자신의 신체적 조건에 가장 잘 맞는 최적의 클럽을 고르는 것이다. 그리고 지금 현재의 골프 수준도 감안해야 할 것이다.

클럽의 선택은 객관적이고 냉정하게

클럽을 고를 때 주로 경력자의 조언을 듣게 된다. 연습장 레슨 코치라든지 판매 직원 아니면 고수의 친구 등과 같이 자신 보다 경력과 경험, 실력에서 한 수 위인 자의 말을 참고로 하게 된다. 바로 여기에 허점이 있다. 그 들은 장기적인 안목으로 실력이 지속적으로 향상될 때를 대비하여 한 급 높은 제품을 추천하는 경향이 있다. 또한 그 들의 지나간 초보 시절의 경험보다는 현재 실력자가 되고 난 후의 수준에 맞추어 언급을 하는 편이 많다.

누가 정했는지는 몰라도 클럽에도 급을 나눠 놨다. 초급자용, 중급자용, 상급자용으로, 혹은 초중급용, 중상급용 등으로 구분 아닌 구분을 하고 있다. 급이 올라 갈수록 클럽을 다루기가 힘들어 진다. 쉽게 말해 점점 치기 까다로운 단계의 클럽인 것이다.

결국은 먼 장래를 위해 상급의 클럽을 선택했다가 시행착오의 힘든 시간을 감내해야 하는 상황에 이르고서야 후회와 고민에 빠진다. 다시 바꿀 것인가? 아니면 손에 익숙해 질 때까지 그냥 칠 것인가?

그리고 본인들의 판단 근거에도 문제점이 있다. 자신의 골프 수준을 과소평가할 필요는 없겠지만, 이 정도 급의 클럽은 써 줘야 좀 치는 사람 축에 든다고 생각하는 이도 많다. 그런 경우, 대부분 2~3 개월 내에 다시 바꾸는 경우가 허다하다. '허세' 보다는 '실리'로 선택해야 한다. 간단하게 말해서 치기 쉬운 것이 좋은 클럽이다.

상, 중, 하? 치기 쉬운 채가 좋은 것이다.

골프채를 초, 중, 상의 급으로 나누는 자체가 이상한 일이다. 초급용 클럽이라면 초보자를 위해 치기 쉽게, 다루기 쉽게 만들었다는 뜻인데 아마추어로서 고수라고 굳이 어려운 상급 클럽을 사용할 이유가 있는지는 의문이다. 물론 타구감, 컨트롤 샷 등이 용이하다고들 하지만 그 정도의 구질을 구사하는 아마추어는 몇 되지 않을 것이다. 자신의 헤드 스피드나 파워에 따라 적절한 클럽을 사용해야 최고의 결과를 보겠지만 최근 들어 투어 프로선수들도 치기 어려운 최상급자용의 블레이드 스타일을 기피한다고 한다. 롱 아이언 대신 다루기 쉬운 하이브리드 클럽을 사용하듯이 쉽게 점수를 만들 수 있는 쪽으로 가는 편이 가장 현명하다. 프로 선수들 조차도 치기 쉬운 클럽을 사용해서 쉽게 가는 추세이다.

직업적인 프로 선수들은 감각을 중요시 여긴다고 한다. 손으로 전달되는 손맛을 자주 언급한다. 딱딱한 그린에 공을 세우기 위해서는 스핀이 잘 걸리는 단조 형식의 헤드를 선호하고 거리를 위해 파워를 중요시 여기므로 딱딱한 샤프트를 쓴다. 하지만 아마추어에게는 어려운 조건들이다. 프로들은 아마추어들이 따라 갈 수 없을 만큼의 엄청난 연습량으로 자신의 것으로 만든다. 프로 선수를 따라 클럽을 선택하는 것은 바람직하지 않다. 아마추어 골퍼들에게는 상급이니 초급이니 그다지 의미가 없다. 경력이 오래 됐다고 해서 상급자용을 고른다면 2중, 3중으로 손해를 볼 것이고 자신의 것으로 만드는데 너무 긴 연습시간이 걸린다. 치기 쉬운 클럽이 가장 좋은 것이다.

시타 후의 선택이 최선

그럼 어떻게 고를 것인가? 먼저 클럽을 만드는 방식과 재료에 대한 상식적인 기본을 알아보고 난 후에, 무조건 직접 쳐 봐야 한다. 한 두 번이 아니라 몇 번을 반복해서 그리고 여러 종류를 바꿔가며 쳐 봐야 한다. 골프 샵에는 제조사별로 시타용(주로 7번 아이언)이 비치되어 있다. 연습장 부근의 샵에서 빌려 칠 수가 있을 것이다. 2~3개씩을 빌려 번갈아 가며 샷을 해 보고 다음날은 다른 제품들을 쳐 본다. 여러 클럽을 치다 보면 모델마다 약간의 차이점을 느끼게 된다. 샷을 하다가 가장 치기 쉽고 편한 느낌의 클럽이 나타나면 그 채로 다시 하루나 이틀을 더 시타 해 보고 결정한다. 애인을 찾는 일인데 이 정도의 수고는 감수해야 하지 않겠나.

자신에게 맞지 않는 클럽으로 플레이하고 있는 골퍼들이 의외로 많다. 간혹 라운드 중에 동반자의 클럽을 보면 비싸고 모양은 멋진데 다루기 어려운 클럽을 사용하고 있는 사람을 볼 수 있다. 특히, 드라이버 거리는 제법 나는데 아이언의 거리가 잘 나지 않는다는 사람들은 자신에게 맞지 않는 아이언 클럽을 사용하고 있다고 봐야 한다. 클럽은 절대 멋으로 선택할 것이 아니다.

12 아이언 클럽에 대해서
아이언 클럽 구입을 위한 기초 상식

- 헤드의 제조 방식
- 헤드의 형태
- 샤프트의 재질
- 샤프트의 강도

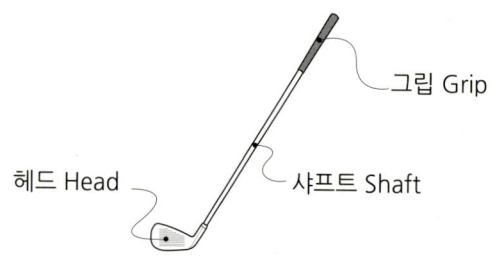

1. 헤드의 제조 방식

헤드의 재질과 만드는 방식에 따른 구분.

1. **단조(Forged)방식**: 연철을 달구어 두들겨서 연마를 하여 제작하는 방식.
   - 공과 헤드의 밀착력이 뛰어나 타구감이 좋다.
   - 공의 스핀양이 많아 공을 세우기 용이하다.
   - 컨트롤 샷의 구사가 용이하다.
   - 주조 헤드에 비해 고가이다.
   - 비거리가 감소한다.

2. **주조(Casting) 방식**: 형틀에 쇳물을 부어 몰드 형태대로 찍어 내는 방식.
   - 반발력이 좋아 쉽게 거리를 낼 수 있다.
   - 다양한 형틀의 모양으로 자유로운 디자인이 가능.
   - 타구감이 다소 딱딱하다.
   - 단조에 비해 스핀양이 적다.

2. 헤드의 형태

헤드 뒷면의 형태에 따른 구분.

1. 머슬 백(Muscle back) 형식: 클럽 뒷면이 두툼하게 꽉 차 있는 형태

- 다양한 컨트롤 샷 구사가 용이하다.
- 단조 헤더로 제작되어 타구감이 뛰어나다.
- 캐비티 백에 비해 무게가 무겁다.
- 정확히 맞지 않으면 비거리가 보장되지 않는다.
- 미스 샷에 대한 보완성이 떨어진다.

2. 캐비티 백(Cavity back) 형식: 뒷면을 파 낸 형태.

- 스윗 스팟의 범위가 넓다.
- 헤드 중앙을 약간 벗어나도 비거리와 방향성이 유지된다.
- 뛰어난 안정감이 최대 상점이나.
- 초보자에서 상급자까지 폭넓게 사용 가능하다.
- 예리한 컨트롤 샷의 구사가 힘들다.

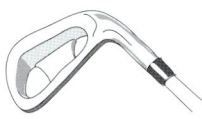  

Undercut type
캐비티 백의 변형된 형태로서 요즘 많이 출시되고 있는 형식.

3. 샤프트의 재질

1. 스틸 샤프트 (Steel Shaft)
- 재료의 결정이 일정하여 샷의 일관성을 높여 준다.
- 비틀림(토크)이 적어 방향성에서 유리하다.
- 거리의 조절이나 다양한 구질의 샷을 하는 데에 유리하다.
- 미스 샷과 굿 샷의 차이를 확연하게 느낄 수 있다.
- 무겁고 탄성이 적어 미스 샷에 대해 충격이 전달된다.
- 무거워서 여성 골퍼들에게는 무리가 따른다.
- 웬만큼 파워가 없으면 그라파이트 보다 다루기 힘들다.

2. 그라파이트 (Graphite)
- 가볍고 탄성이 좋아서 거리 내는데 유리하다.
- 클럽 무게를 줄여 스윙 스피드 향상에 도움.
- 스틸 샤프트 보다 다소 비싸다.
- 제조사에 따라 성능의 차이가 많이 난다.

4. 샤프트의 강도 (Flexibility)

　샤프트의 휘청거리는 정도를 말한다. 샤프트의 강도는 스윙 스피트와 밀접한 관계가 있다. 강도의 정도에 따라 구분하고 있지만 제조국마다 약간의 차이가 있다. 다음의 3가지를 가장 많이 사용한다.

L : 레이디(Lady) : 스윙 스피드가 대체적으로 약한 여성용.
R : 레귤러(Regular) : 일반 아마추어 남성용.
S : 스티프(Stiff) : 강한 남성용. F(Firm)으로도 표시.

　스윙 스피드가 느린 사람이 딱딱한 스티프(S)를 사용하면 비거리도 저하되고 공의 방향성에도 문제가 생긴다. 빠른 스윙을 한다고 해서 스윙 스피드가 높은 것은 아니다. 스윙만 빨리 할 뿐이지 정작 공을 치는 임팩트 순간의 헤드 스피드가 떨어지는 사람도 많다. 고수의 스윙을 보면 느린 스윙을 하면서도 헤드 스피드가 높게 나오는 경우가 많다. 무엇보다 자신의 스윙 스타일을 잘 판단하여 강도를 정해야 한다.

초보에서 상급자까지 편하게 칠 수 있는 클럽 사양

주조 헤드는 반발력이 우수해 거리가 잘 난다. **케비티 백** 방식은 스윗 스팟의 범위가 넓어서 헤드의 중앙을 약간 벗어나 맞아도 방향성과 비거리에 별 영향을 미치지 않는다. 미스 샷에 대한 보완성이 좋다. 적당히 맞아도 잘 나간다는 뜻이다. **레귤러 플렉스**의 샤프트는 적당히 휘청거려 부드러운 스윙을 유도할 수 있고 **그라파이트** 샤프트는 가벼워서 다루기 쉽고 스윙 스피드 향상에도 도움이 되어 거리와 방향, 둘 다 얻을 수 있게 해 준다. (위에 언급한 사양은 극히 개인적인 의견이며 필자의 현재 사용하고 있는 클럽의 사양이기도 하다.)

그런데 웨지(Wedge)는 사정이 다르다. 힘으로 샷을 하는 클럽이 아니기 때문에 약간 무거울수록 안정감이 있어 좋다. 웨지 클럽은 주로 스틸 샤프트를 사용하고 헤드도 다소 스핀이 잘 걸리는 단조(Forged)의 머슬백 헤드를 많이 사용한다. 14개의 클럽 중에서 짧은 웨지 클럽이 가장 무겁다.

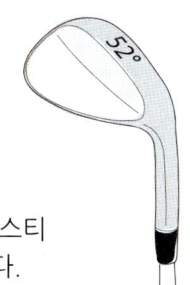
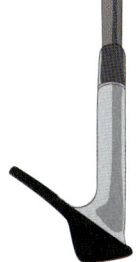

52° 갭 웨지
주로 단조의 머슬백 헤드에 스티프한 스틸 샤프트를 사용한다.

3 Chapter 공략 노트

1 필드에서의 공략

1 티 샷의 페어웨이 공략

오른쪽에 연못이 있다면 티 박스의 오른쪽에서 티 샷하는 게 유리하다.

티잉 구역에서의 위치 선정

　일반적으로 드라이버 샷은 페어웨이의 중앙을 겨냥한다. 하지만 페어웨이의 가운데 방향이 항상 안전하다고는 할 수 없다. 위 그림에서 연못을 피한다고 티 박스의 왼편에서 중앙을 겨냥하게 되면 오른쪽으로 날아갈 공산이 크다. 약간의 슬라이스성 구질이면 더욱 위험해 진다. 티 박스의 오른편에서 페어웨이 중앙을 겨냥하면 오른쪽의 페널티 구역을 피하기 쉬워진다. 실수할 확률을 줄일 수 있다.

곤지암 C.C

Lake 코스 1번 홀 파 5   548yd(493m)

오른쪽 페이지의 그림은 곤지암 C.C의 레이크코스 1번 홀이다. 파5 홀로서 길지 않은 평범한 코스이다. 하지만 코스의 오른편에 깊고 억센 풀숲으로 되어 있어 한번 빠지면 헤어나기 힘든 위험 지역이다. 이 곳만 공략적으로 피해가면 무난한 홀이다.

그런데 이 위험 지역에 생각보다 잘 들어간다. 그 이유를 보면, 세컨 샷을 한 위치에 따라 위험 지역에 들어 갈 확률이 크게 차이가 나기 때문이다. 우선, 페어웨이의 오른편에서 세컨 샷을 할 경우, 2nd I.P(페어웨이 중앙)를 겨냥하게 되면 왼쪽 방향으로 바라보게 되고 자연스럽게 위험 지역을 피할 수 있게 된다. 같은 원리로 오른쪽에서 세컨 샷을 하기 위해서는 티 박스의 왼쪽에 서서 티 샷을 하는 게 오른쪽으로 보내기에 유리하다.

반면, 세컨 샷을 왼편에서 페어웨이 중앙을 겨냥하게 되면 자연적으로 오른쪽 방향으로 보게 된다. 당연히 위험 지역으로 날아 갈 확률이 높아진다. 그래서 티 박스의 오른편에서 티 샷을 하면 페어웨이 왼편으로 보내기 쉬워진다.

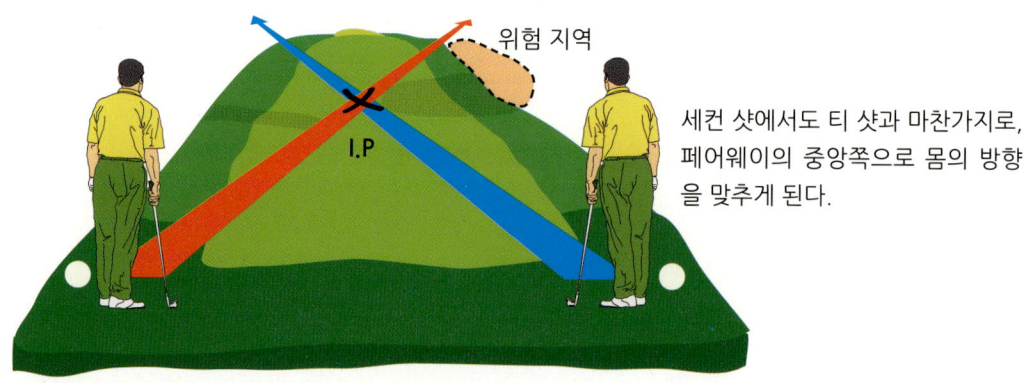

세컨 샷에서도 티 샷과 마찬가지로, 페어웨이의 중앙쪽으로 몸의 방향을 맞추게 된다.

티 샷의 공략 팁

페어웨이의 왼쪽을 피하고 싶으면 티 박스의 왼쪽에서,
페어웨이의 오른쪽을 피하고 싶다면 티 박스의 오른쪽에서 티 샷 하기

위험 지역을 피하기 위한 공략

✕ I.P

⬭ 위험 지역

● 이 지역으로 들어가면 공을 찾기 어렵고 (로스트 볼) 찾아도 쳐 내기 힘든 지역.

● 페어웨이의 오른쪽에서 세컨 샷을 하면 왼편을 겨냥하게 되어 위험 지역을 쉽게 피해갈 수 있다.

● 공이 페어웨이의 왼쪽 편에 있을 경우, 세컨 샷은 페어웨이의 중앙을 겨냥하게 된다. 그러면 오른쪽의 위험 지역으로 들어가기 쉽다.

● 세컨 샷을 안전한 곳으로 보내기 위해서 티 샷의 공은 페어웨이의 오른쪽으로 보내는 게 유리하다. 그러기 위해서는 티 박스의 왼쪽에서 티 샷을 하면 유리하다.

2 100yd(90m) 이상의 세컨 샷 공략

아이언 샷으로 그린 공략 하기

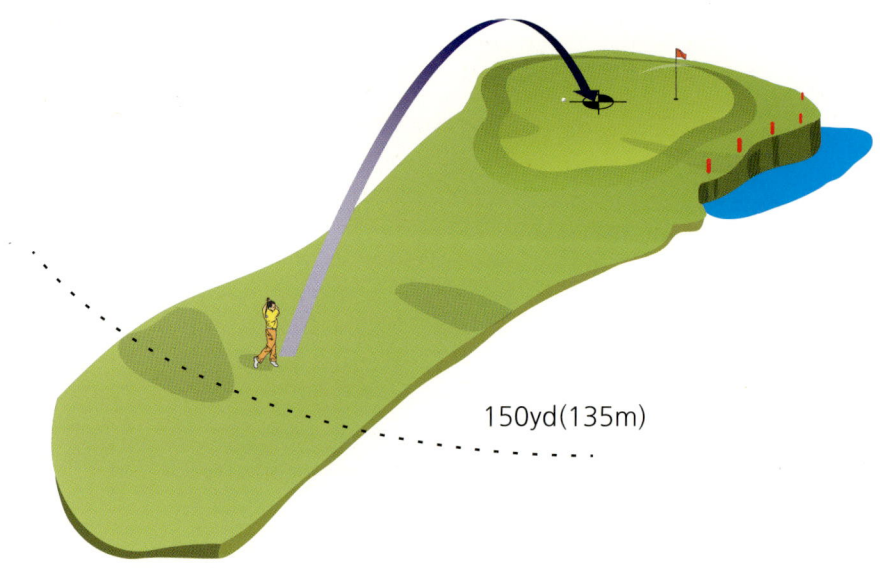

150yd(135m)

　그린 공략에 있어서 핀의 위치는 그다지 중요하지 않다. 100yd(90m) 이상의 거리에서는 무조건 그린의 중앙을 겨냥해야하기 때문이다. 무작정 핀만 겨냥해서는 안 된다.
　세컨 샷 공략의 최선은 그린에 올리는 것이고 차선책은 페널티 구역을 피해 최대한 그린 근처에 보내는 것이다. 어려운 코스는 숏 게임으로 승부한다는 자세로 공략한다. 매 홀마다 함정(Trap)을 먼저 찾는다. 먼 거리임에도 불구하고 조금이라도 깃대에 가깝게 붙이려는 욕심이 함정에 빠지는 지름길이 된다.

1. 핀의 위치

깃발의 위치는 결코 쉬운 곳에 두지 않는다. 깃발 가까이엔 항상 함정(페널티 구역)이 도사리고 있다. 핀의 위치에 따라서 코스의 난이도에도 큰 영향을 미친다. 하지만 아무리 어려운 위치에 꽂아 두어도 공략의 길은 있게 마련이다.

- 그린 주변에 벙커가 있을 때는 핀의 위치도 항상 벙커 쪽 가까이에 둔다. 벙커에 빠지게 하려고 유도하는 것이다.

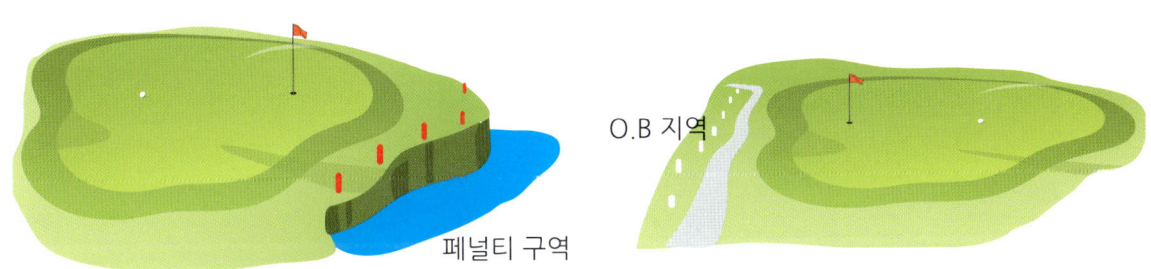

- 페널티 구역의 방향에 핀을 두어 단순하게 플레이하는 골퍼들을 유혹하고 있다.

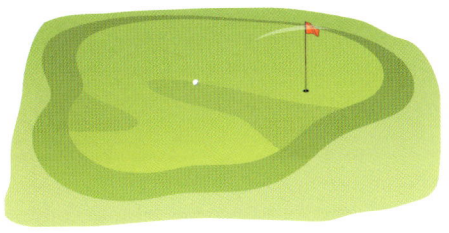

- 그린 주변에 특별한 함정이 없다면 그린을 어렵게 만들고 굴곡이 심한 쪽에 핀을 꽂을 것이다.

- 특별히 어렵게 만든 그린은 좋은 점수를 허락하지 않겠다는 의미이기 때문에 무리한 공략은 피해야 한다.

2. 가장 안전한 그린 공약

공략 팁: 핀의 위치는 상관없다.
그린은 무조건 중앙으로 공약한다.

매번 자로 잰 듯이 정확하게 칠 수 있다면 특별히 공약이란 것이 필요 없을 것이다. 그러나 공은 똑바로 날아가려 하지 않는다. **오차의 범위를 인정해야 한다.** 프로 선수들 조차도 항상 바로 보낼 수는 없다. 이러한 타구 방향의 좌우 오차 범위의 한계를 극복하려면 핀의 위치와 상관없이 그린의 중앙을 겨냥해야 보다 안전하고 현명한 공약이 될 수 있다.

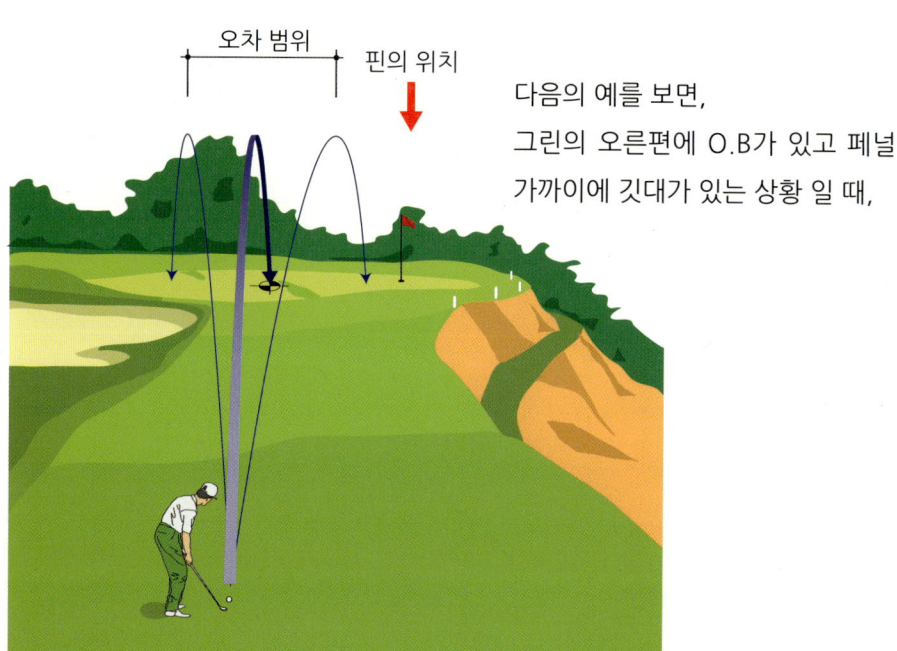

다음의 예를 보면,
그린의 오른편에 O.B가 있고 페널티 구역 쪽 가까이에 깃대가 있는 상황 일 때,

그린 중앙을 겨냥 했을 경우
일반적으로 나오는 결과를 예상해 보면
- 우탄-핀에 가까이 붙어서 **버디** 찬스. 놓치면 **파**
- 좌탄-핀과 멀어졌지만 온 그린은 된다.
    2-putt이면 **파**, 3-putt이면 **보기**

핀을 겨냥 했을 경우
예상할 수 있는 점수
- 우탄-굴러 나가거나 직접 나가면 O.B로 **더블 보기**,
  안 나가면 그린 밖에서 어프로치 하여 최소한 **파 / 보기**.
- 좌탄-그린의 가운데에 온 그린되어
  1-putt이면 **버디**, 2-putt이면 **파**.

결론

그린 중앙을 겨냥 했을 때는 버디 찬스나 못해도 보기는 한다. 핀을 바로 겨냥했을 때는 최악으로 O.B가 나올 수도 있는 결과가 된다.

공이 원하는 대로 똑바로만 나간다면 더할 나위 없겠지만 **최악의 시나리오**는 피해서 공략한다. O.B가 나는 것은 나쁜 점수뿐 아니라 정신적인 충격도 함께 가져다 준다. 무조건 O.B는 피하는 쪽으로 공략을 해야 한다.

⭐ 핀이 어디에 있든 그린의 중앙으로 공략한다.

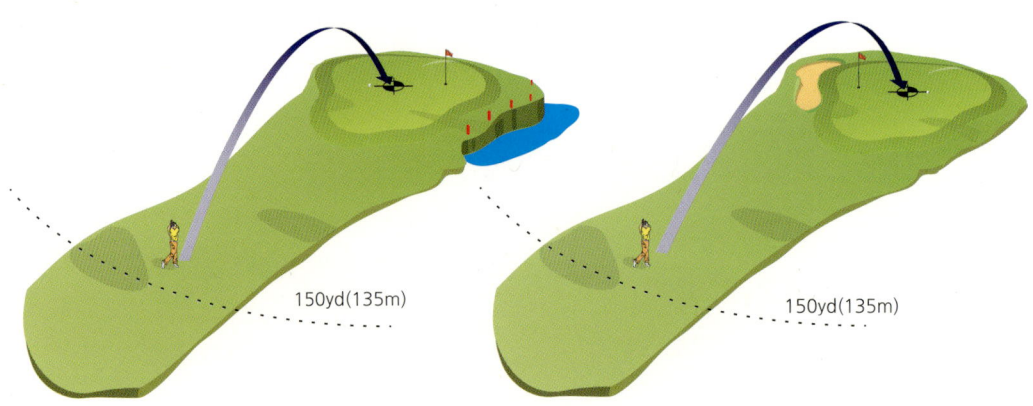

3. 안전한 공략

그린 앞에 벙커가 있을때, 핀이 그린의 뒤쪽에 있으면 20yd(20m) 이상 공간의 여유가 있어 그린으로 바로 공략해도 되겠다. 하지만 벙커 가까이의 앞 핀이라면, 온 그린에 실패했을 경우에는 벙커에 빠지게 된다. 그린을 놓쳤을 경우를 감안한다면, 벙커 샷 보다는 잔디에서의 칩샷이 훨씬 쉽게 핀에 붙일 수 있기 때문에 벙커를 피할 수 있는 방향으로 공략한다. 공략의 기본은 **안전 제일**이다.

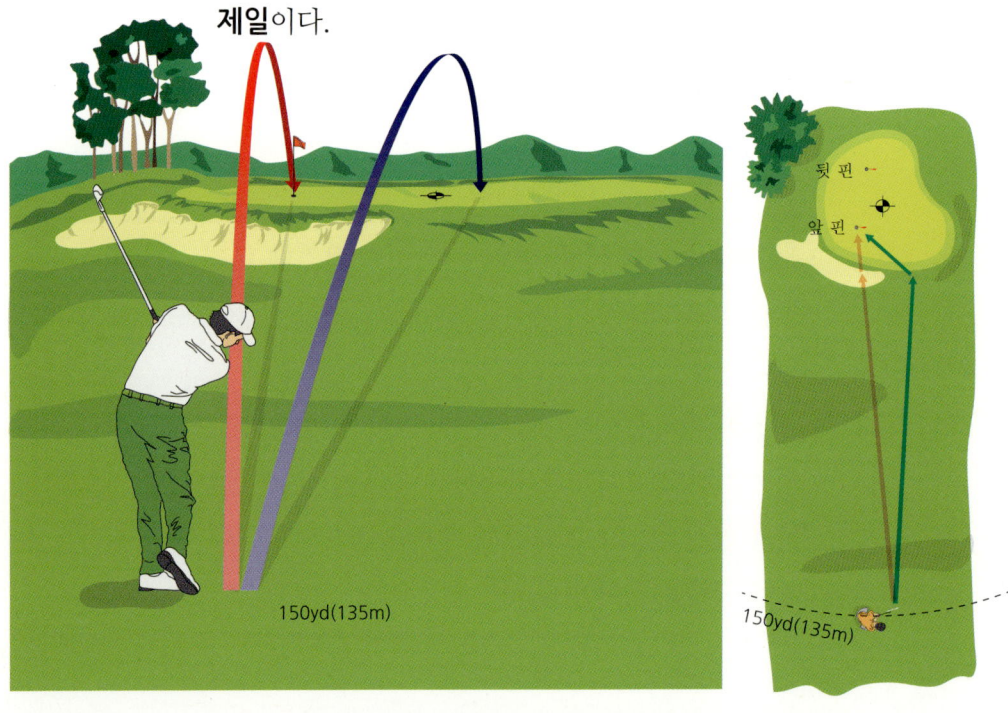

3 앞 핀과 뒤 핀의 공략 150yd(135m) 정도의 경우

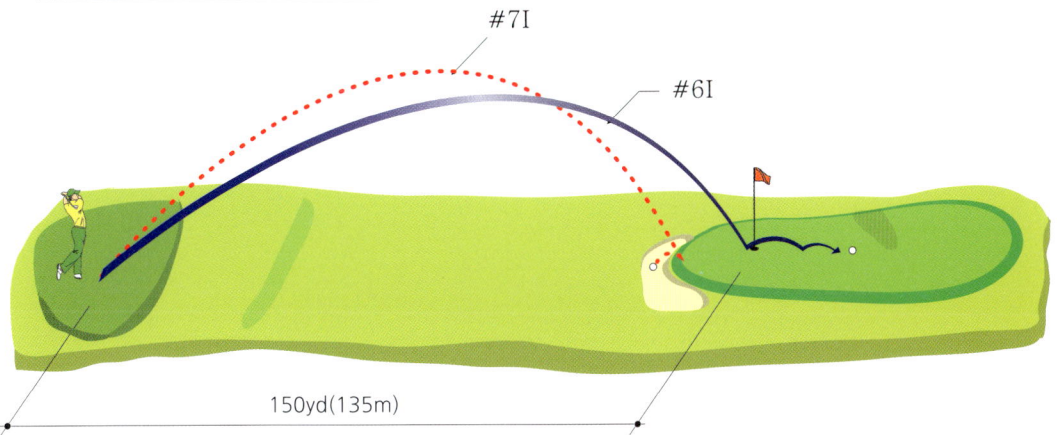

1. 핀까지의 거리가 150yd(135m)이고 앞 핀일 때

7번 아이언으로 150yd(135m)를 보낸다고 했을 때, 굴러간 거리까지 합하여 150yd(135m)이다. 5~10yd(5~10m) 정도 굴러 간다고 한다면 실제로 날아가 떨어진 지점은 140yd(125m) 정도가 되므로 벙커에 빠질 위험이 있다. 다소 길더라도 6번아이언을 선택하여 안전하게 그린에 온 되게 공략한다.

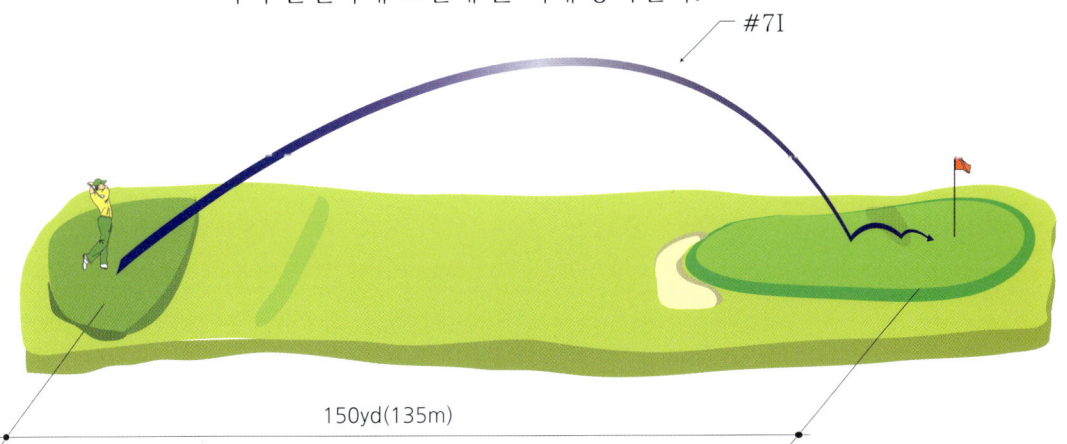

2. 핀까지의 거리가 150yd(135m)이고 뒤 핀일 때

7번 아이언으로 150yd(135m)를 보낸다고 했을 때, 그린에 떨어져 구르는 거리까지 감안한다 하더라도 뒤 핀이기 때문에 그린 앞의 벙커와는 별 관계가 없다. 그래서 7번 아이언으로 그린을 직접 공략한다.

3. 100yd(90m) 내외의 앞 핀 공략 하기

앞 핀일 때, 핀에 가깝게 붙이려는 샷을 하다 보면 대체로 짧아져서 그린을 놓치는 경우가 자주 있다. 앞 핀일 때는 항상 핀 뒤쪽을 타겟으로 하여 공략한다. 짧아서 그린 밖에서 어프로치 샷 하는 것 보다는 길어도 그린 안에서 퍼팅 하는 것이 훨씬 유리하기 때문이다.

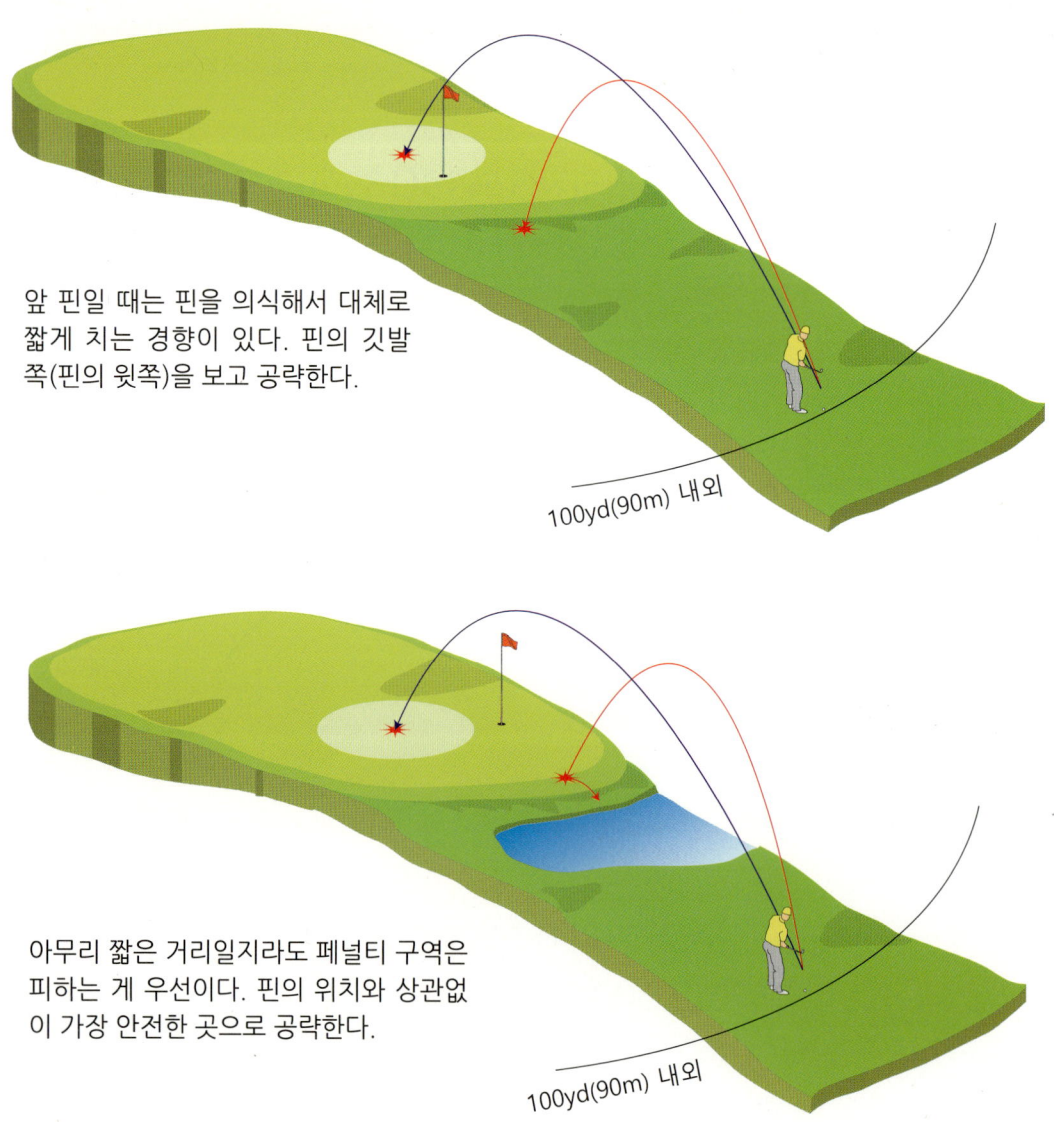

앞 핀일 때는 핀을 의식해서 대체로 짧게 치는 경향이 있다. 핀의 깃발 쪽(핀의 윗쪽)을 보고 공략한다.

아무리 짧은 거리일지라도 페널티 구역은 피하는 게 우선이다. 핀의 위치와 상관없이 가장 안전한 곳으로 공략한다.

4. 100yd(90m) 내외의 뒷 핀 공략 하기

핀까지의 거리와 핀의 방향대로만 정직하게 공략한다면 함정에 빠지기 쉽다. 핀 가까이에 함정을 두는 것이 기본이기 때문이다. 그린을 오버하면 벙커에 빠지거나 아니면 심한 내리막 라이가 되도록 어렵게 만든다. 역시 그린 가운데로 겨냥하는 게 가장 안전한 공략법이다. 그렇게 되었을 때는 대체로 오르막 퍼팅이 가능하여 보다 수월하게 공략할 수 있다.

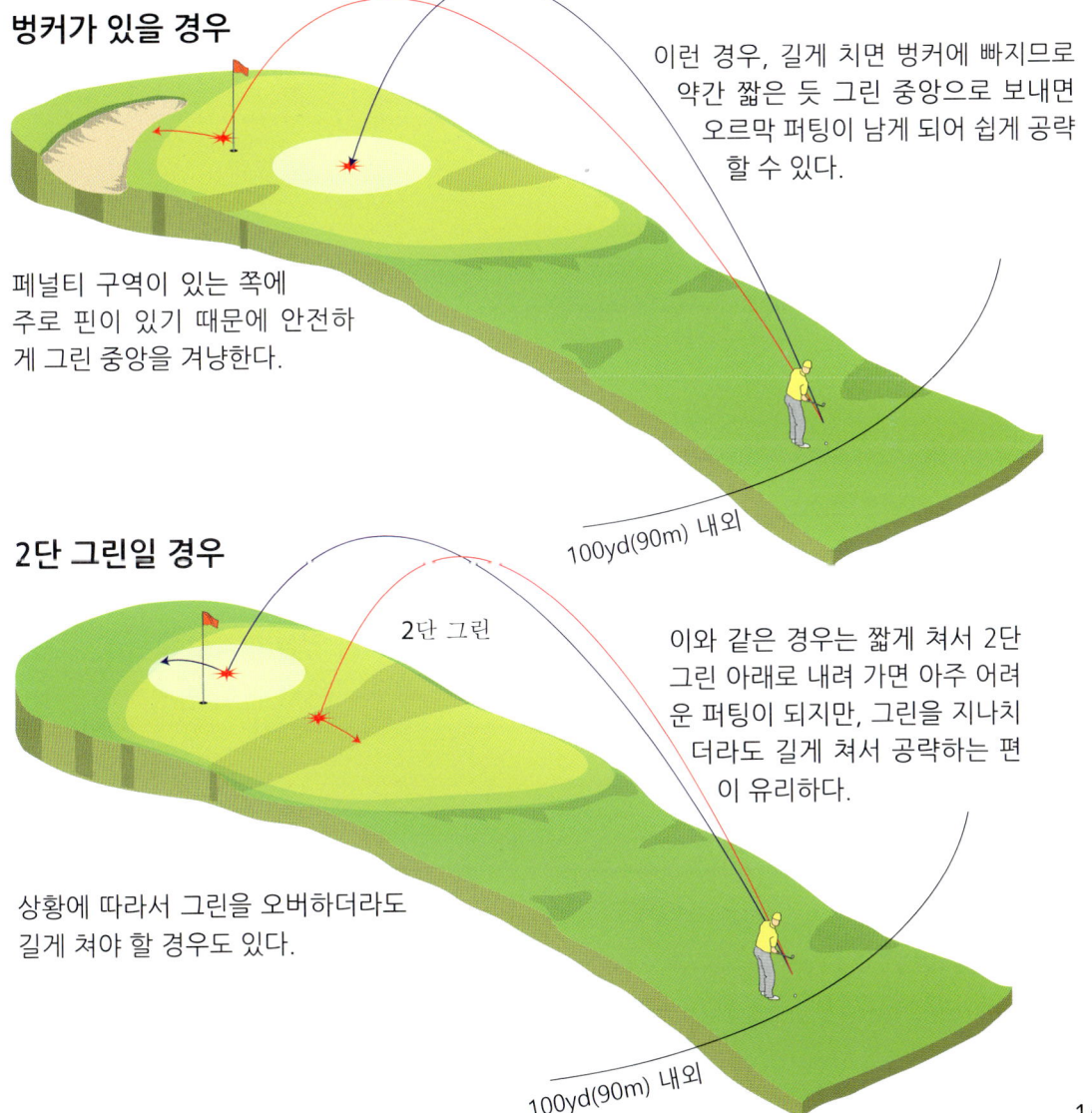

벙커가 있을 경우

이런 경우, 길게 치면 벙커에 빠지므로 약간 짧은 듯 그린 중앙으로 보내면 오르막 퍼팅이 남게 되어 쉽게 공략할 수 있다.

페널티 구역이 있는 쪽에 주로 핀이 있기 때문에 안전하게 그린 중앙을 겨냥한다.

2단 그린일 경우

2단 그린

이와 같은 경우는 짧게 쳐서 2단 그린 아래로 내려 가면 아주 어려운 퍼팅이 되지만, 그린을 지나치더라도 길게 쳐서 공략하는 편이 유리하다.

상황에 따라서 그린을 오버하더라도 길게 쳐야 할 경우도 있다.

4 경사지에서의 거리 계산

우리나라 지형의 특성상 대부분의 골프장은 산속에 있다. 코스에는 자연스럽게 경사지가 생기게 마련이고 경사 때문에 높낮이의 차이도 발생한다. 이런 경사나 고저차는 거리 계산에 많은 영향을 미친다.

완벽한 샷을 하고도 거리 계산의 잘못으로 길거나 짧아지는 경우가 없도록 해야한다.

공의 위치에 따른 거리 계산의 차이점

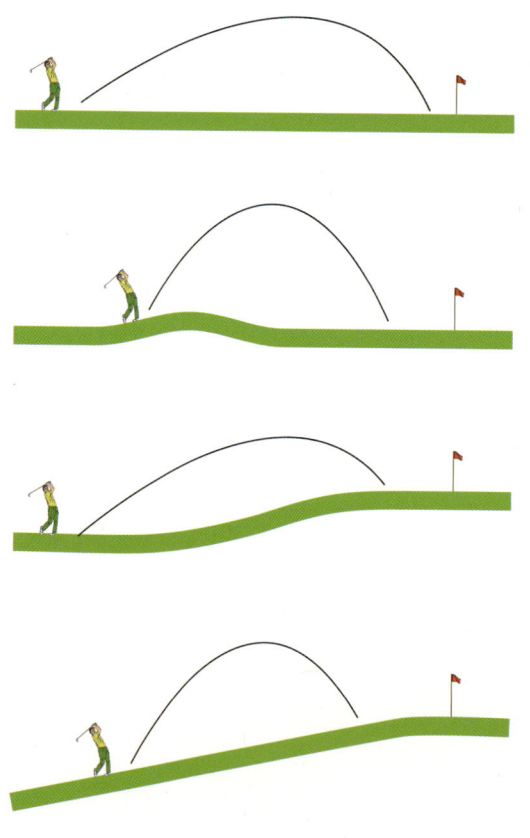

❶ 평지에 있는 공
클럽의 정상적 비거리

❷ 평지이지만 경사에 있는 공
경사에 따라 클럽의 로프트 각이 변해 공의 비거리가 달라진다.

❸ 고저 차가 있는 평지의 공
높낮이의 차이로 인해 핀까지의 거리가 달라진다.

❹ 고저 차가 있는 경사의 공
클럽 로프트 각의 변화와 고저 차에 따른 거리 변화에 따라 비거리에 더 심한 영향을 미친다.

경사에 따른 로프트 각의 변화

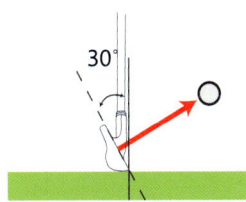

로프트(Loft)가 30°인 7번 아이언일 경우, 평지에서 150yd(135m)를 보낸다고 가정하자.

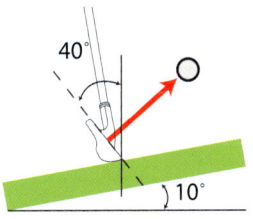

10°의 오르막 경사라면 로프트 각은 40°가 되고 공이 높이 떠서 짧게 떨어진다는 뜻이다.

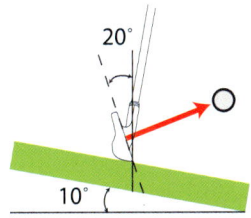

10°의 내리막 경사라면 로프트 각이 20°가 되어 공이 낮게 깔려 간다. 평소보다 더 굴러가므로 더 멀리 간다.

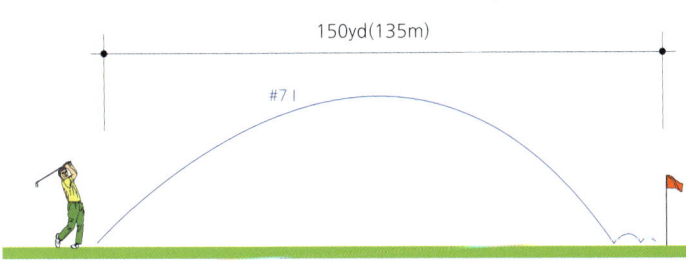

1. 평지의 공

평지에서 150 yd(135m)의 거리를 7번 아이언으로 선택할 경우.

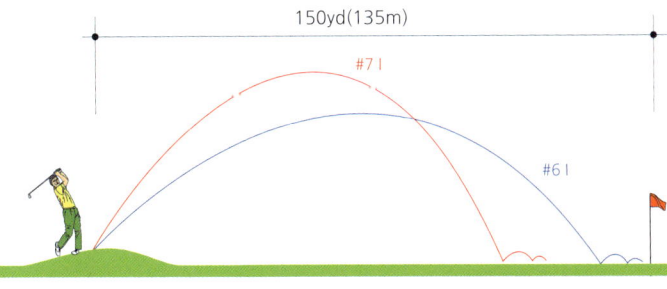

2. 경사지의 공

오르막 경사에서는 로프트 각이 눕혀지기 때문에 평지에서보다 탄도가 더 높이 뜬다. 비거리는 짧아지기 때문에 한 클럽 길게 선택한다.

내리막 경사에서는 로프트 각이 세워지므로 평지에서 보다 탄도가 낮다. 비거리도 길어지고 조금 더 굴러가게 된다. 한 클럽 짧게 잡는다.

3. 고저 차가 있는 평지의 공

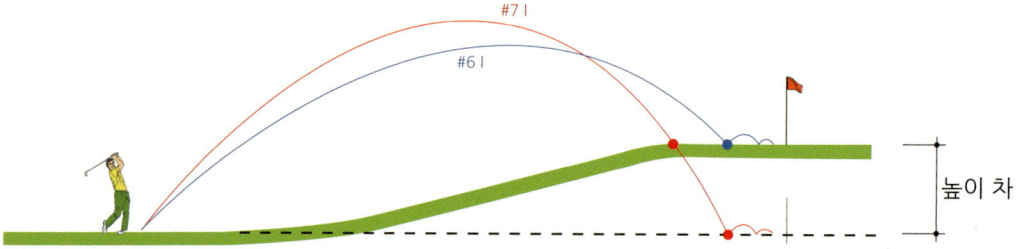

높은 지대의 그린은 높이 차만큼 공이 일찍 지면에 닿는다. 그 만큼 공의 비거리가 짧아진다는 의미이고 평지의 거리대로 클럽을 선택하면 짧아진다. 대략 고저 높이 차이 만큼 더한 값으로 거리를 계산한다. 핀까지의 거리 150yd(135m), 고저 차 10yd(10m)일 경우에 대략 160yd(145m)로 계산하여 한 클럽 길게 잡는다.

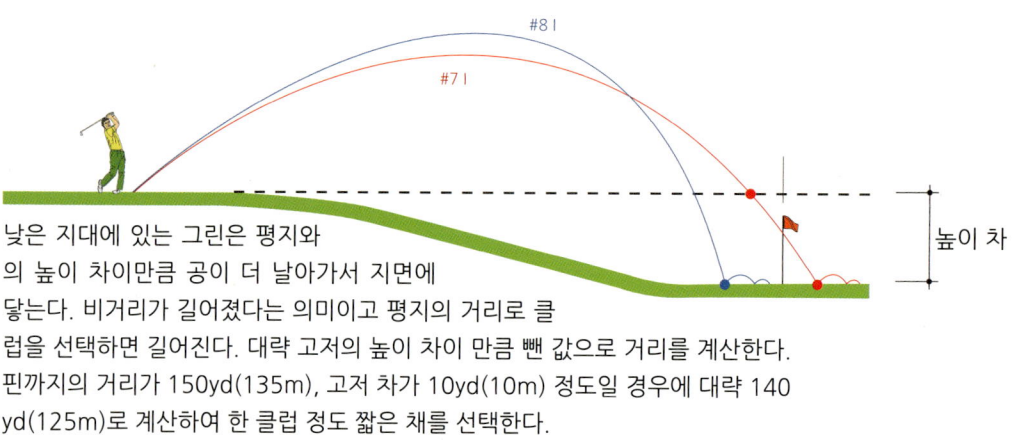

낮은 지대에 있는 그린은 평지와의 높이 차이만큼 공이 더 날아가서 지면에 닿는다. 비거리가 길어졌다는 의미이고 평지의 거리로 클럽을 선택하면 길어진다. 대략 고저의 높이 차이 만큼 뺀 값으로 거리를 계산한다. 핀까지의 거리가 150yd(135m), 고저 차가 10yd(10m) 정도일 경우에 대략 140yd(125m)로 계산하여 한 클럽 정도 짧은 채를 선택한다.

경사에 따른 거리의 변화

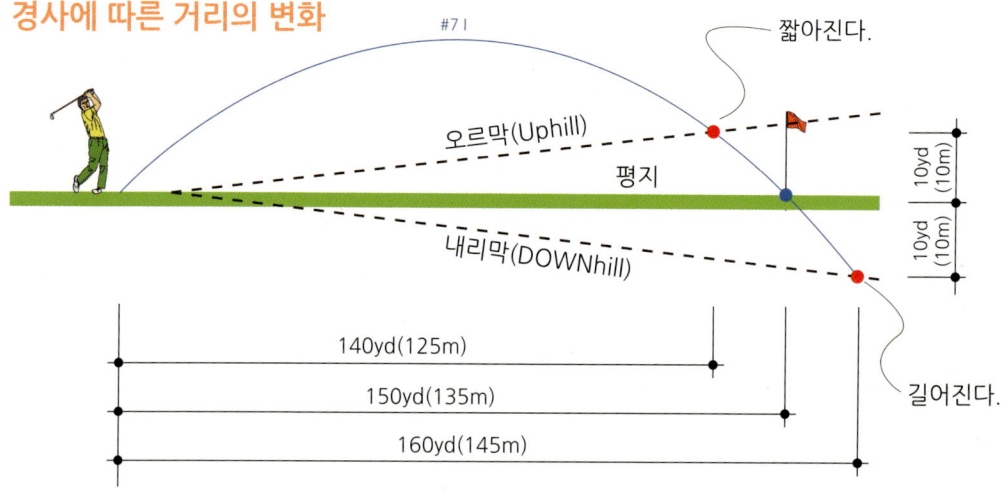

4. 고저 차가 있는 경사의 공

그린의 위치가 공 보다 높거나 낮으면서 동시에 공이 경사지에 있는 경우는 앞의 경우 보다 거리 차이의 변화가 더욱 심해진다. 높낮이 차이에 대한 거리의 변화와 경사지에서의 헤드 로프트 각의 변화에 따른 거리 계산을 2중으로 감안해야 한다.

주로 그린 가까이에서 이런 경우가 자주 발생한다.

오르막 경사지

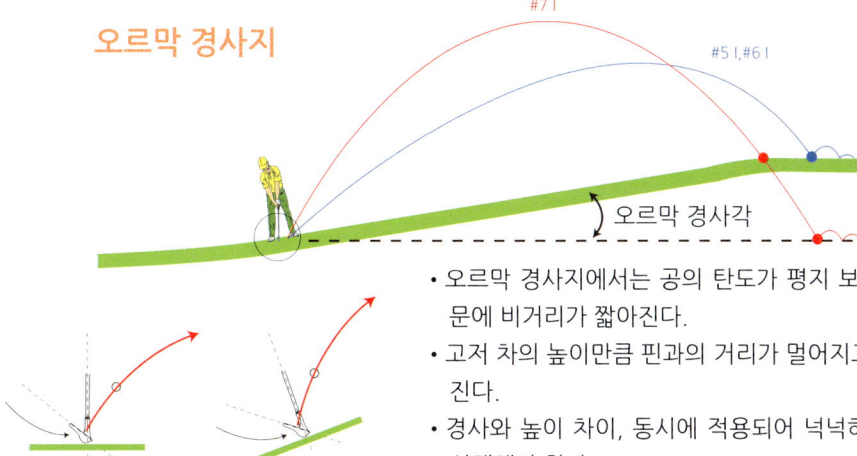

- 오르막 경사지에서는 공의 탄도가 평지 보다 높게 뜨기 때문에 비거리가 짧아진다.
- 고저 차의 높이만큼 핀과의 거리가 멀어지고 비거리는 짧아진다.
- 경사와 높이 차이, 동시에 적용되어 넉넉하게 길게 클럽을 선택해야 한다.

내리막 경사지

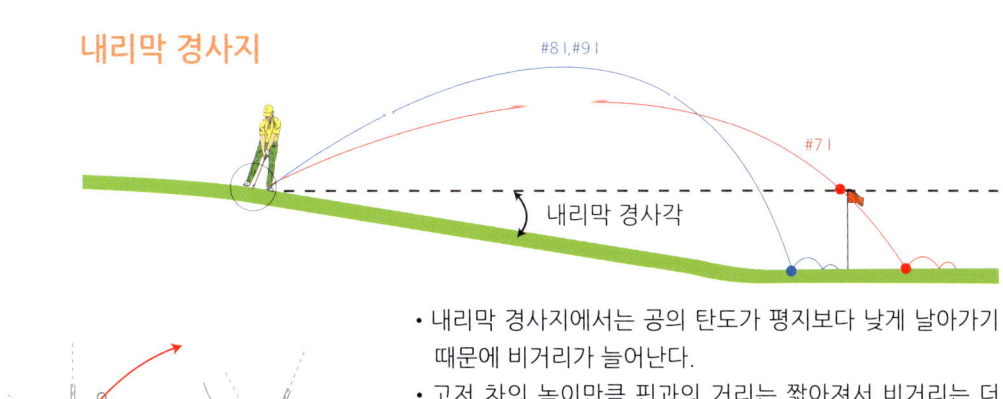

- 내리막 경사지에서는 공의 탄도가 평지보다 낮게 날아가기 때문에 비거리가 늘어난다.
- 고저 차의 높이만큼 핀과의 거리는 짧아져서 비거리는 더 길어진다.
- 경사와 높이 차이가 동시에 적용되므로 충분히 짧은 클럽을 선택한다.

5. 경사지에서는 셋업이 중요하다.

1. 좌우 방향의 경사

공이 경사지에 있을 때는 풀 스윙은 삼간다. 셋업 자세는 어깨 선을 최대한 경사지의 기울기에 맞추고 다운 스윙도 헤드가 경사면을 따라 지나가도록 한다. 비거리도 평지와 차이가 나므로 클럽 선택을 더욱 신중하게 해야 한다.

내리막 경사지

- 어깨 선이 최대한 경사지에 평행하도록 몸을 앞으로 기울여 자세를 취한다.
- 몸의 체중은 자연적으로 왼발 쪽에 실린다.
- 스윙 시 클럽이 공 뒤의 지면에 먼저 닿기 때문에 뒤 땅이 나기 쉽다.
- 공의 위치는 가운데나 오른발 쪽(경사의 높은 쪽)에 둔다.
- 공은 낮은 궤도로 날아가고 많이 굴러가기 때문에 한 클럽 짧게 선택한다.

스탠스를 약간 넓힌다.
- 스윙 시 다리의 균형을 잡고 안정적인 스탠스 유지를 위해.

오르막 경사지

- 셋업 시 어깨 선이 최대한 경사지와 평행되게 몸을 뒤로 살짝 기울인 자세를 만든다.
- 내리막 보다는 수월한 스윙을 할 수 있다.
- 공을 퍼 올리는 샷이 되기 쉽다.
- 평지에서 보다 공이 많이 떠서 날아간다.
- 비거리가 감소하기 때문에 로프트가 작은 클럽(긴 클럽)을 선택.
- 공의 위치는 가운데보다 왼쪽(경사의 높은 쪽)에 둔다.

스탠스를 약간 좁힌다.
- 스윙 할 때 하체를 보다 부드럽게 움직일 수 있도록.

2. 앞뒤 방향의 경사

주로 페어웨이를 많이 벗어났을 때에 발생하며 치기 까다로운 샷이 된다. 공의 구질이 좌, 우 방향으로 잘 휘어져 날아가므로 풀 스윙은 위험하다. 일단 거리 욕심은 버리고 다음 샷을 기대하며 안전한 곳으로 보내는 것이 중요하다.

발 위의 공
- 공이 평지보다 높은 만큼 그립을 약간 내려 잡는다.
- 스윙 시 몸의 균형 감을 유지하기 위해 체중을 발가락 쪽에 싣는다.
- 몸은 평소보다 약간 세운다.
- 공의 구질은 왼쪽으로 잘 감긴다.

훅성 구질이 되기 쉽다.

발 아래의 공
- 긴 클럽으로 작은 스윙이 바람직하다.
- 강한 스윙은 금물.
- 무릎을 평소보나 너 굽히고 공과 가까이 선다.
- 몸의 무게 중심이 앞으로 쏠리지 않게 발 뒤꿈치에 힘을 준다.
- 공의 구질이 오른편으로 잘 휘므로 감안하여 공략한다.

슬라이스성 구질이 되기 쉽다.

2   그린 주변에서의 핀 공략

1   공을 떨어뜨릴 지점을 찍어라.

어프로치 샷으로 굴릴 것인가, 띄울 것인가가 결정이 나면 가장 먼저 그린에 **공이 떨어질 지점을 정한다**. 그린의 경사와 굴러가는 정도를 파악하여 한 지점을 정한 후, 그 목표점에 떨어질 수 있도록 집중한다. 더 이상 핀을 쳐다볼 필요도 없다.

공략 순서

❶ 그린의 빠르기, 경사, 높낮이를 파악한다.
❷ 공이 떨어질 목표지점을 설정한다.
❸ 그 지점만을 응시한다.
❹ 거리에 대한 백 스윙의 크기를 정한다.

웨지로 띄우는 샷을 할 경우로 예를 들면, 피칭 웨지가 1:1 로 구른다고 보고 52° 갭 웨지를 선택하여 약간 더 먼 지점을 목표 지점으로 찍었다. 그 지점에만 집중하여 백 스윙의 크기로 거리를 맞춘다.

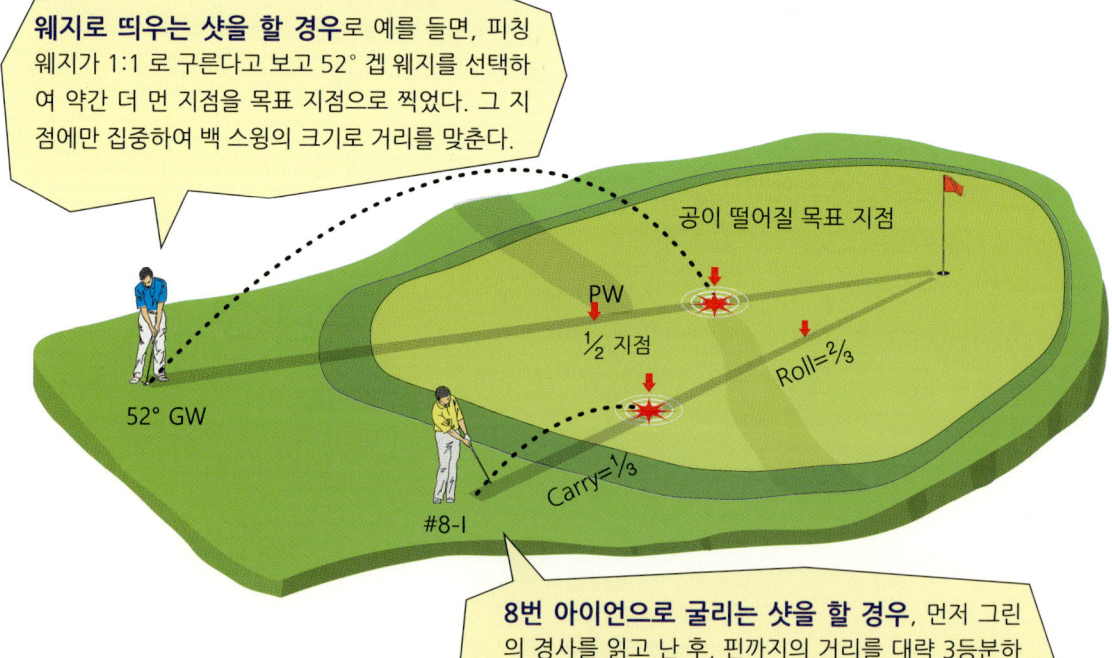

8번 아이언으로 굴리는 샷을 할 경우, 먼저 그린의 경사를 읽고 난 후, 핀까지의 거리를 대략 3등분하여 1/3 지점을 찍는다. 그리고 그 지점이 그린 엣지에서 얼마만큼 떨어진 지점인가를 정하고 그 목표점에만 공이 떨어지도록 집중한다. 오르막이면 7번, 내리막이면 9번 아이언 등으로 선택한다.

백 스윙의 크기에 집중한다.

아주 짧은 거리의 어프로치 샷은 거리 조절에 어려움이 따른다. 스윙의 기술적인 문제도 있지만 거리의 조절에 더 집중을 해야 한다. 연습한대로 백 스윙의 크기에만 집중한다. 거리 별로 백 스윙의 높이, 즉 정해둔 손의 높이만 지킨다면 어렵지 않게 일정한 거리를 보낼 수 있다. 무엇보다 자신감 있는 샷이 필요한데 꾸준한 연습만이 부담감을 벗을 수 있게 해 준다.

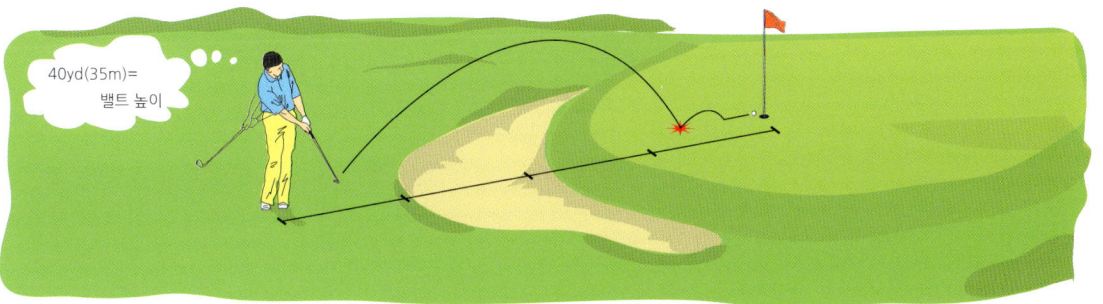

백 스윙의 크기에 대한 자신의 거리를 믿고 샷을 하면 부담감을 덜 수 있다.

2 오르막 퍼팅이 남도록 한다.

내리막 퍼팅 보다는 오르막 퍼팅이 훨씬 쉽기 때문이다. 퍼팅 라인 보듯이 핀 주위의 경사를 읽어야 한다. 보통 아마추어 골프들은 짧은 어프로치 샷을 할 때 대체로 경사를 과도하게 읽는 경우가 많다. 오히려 내리막 라이가 되어 어려운 퍼팅을 자초하기도 한다. 반면에 약간 모자라게 읽었을 경우에는 밑으로 흘러 내린다 해도 오르막 퍼팅이 되어 보다 수월하게 마무리를 할 수 있다.

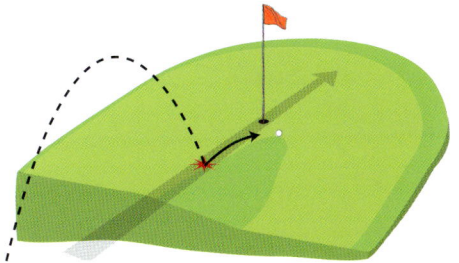

핀 방향으로 직접 겨냥하여 어프로치 하면 오르막 퍼팅이 된다.

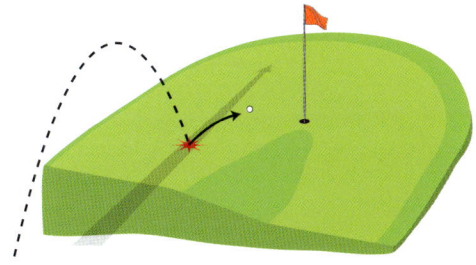

지나치게 경사를 감안하면 오히려 내리막 퍼팅이 되어 어려워진다.

● 굴러가는 거리가 길수록 많이 휜다.

굴리는 어프로치는 공의 굴러가는 거리가 길어서 그린의 경사를 따라 많이 휘어지므로 퍼팅처럼 경사를 충분히 읽어서 친다.

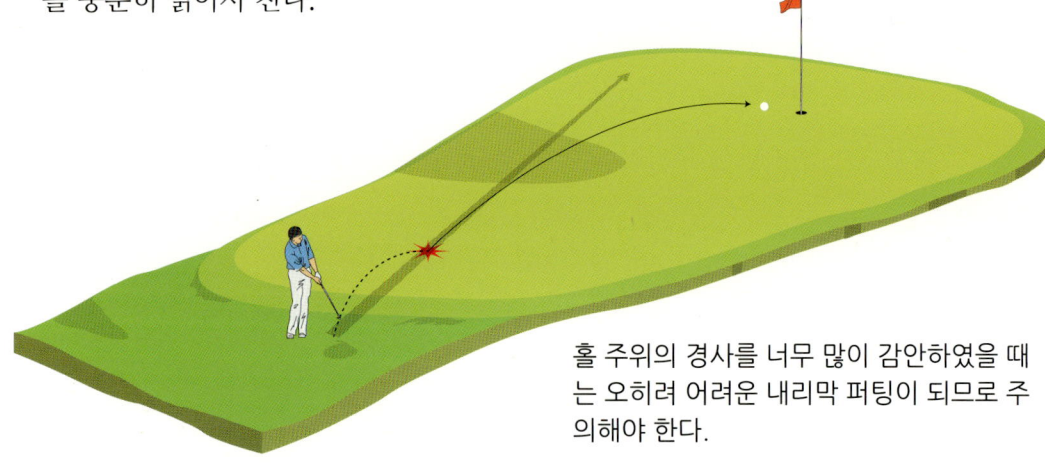

홀 주위의 경사를 너무 많이 감안하였을 때는 오히려 어려운 내리막 퍼팅이 되므로 주의해야 한다.

● 굴러 가는 거리가 짧으면 적게 휜다.

띄우는 어프로치는 구르는 거리가 짧아서 휘어지는 정도가 작기때문에 핀을 직접 겨냥해서 공략한다. 홀 가까이에서 자연스럽게 오르막 퍼팅이 된다.

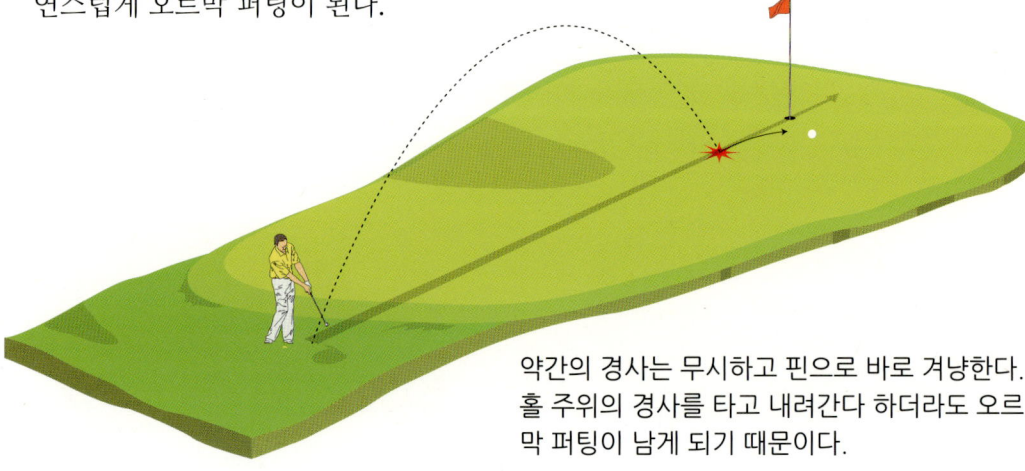

약간의 경사는 무시하고 핀으로 바로 겨냥한다. 홀 주위의 경사를 타고 내려간다 하더라도 오르막 퍼팅이 남게 되기 때문이다.

3 특별한 경우가 아니면 무조건 굴려서 붙인다.

공의 탄도가 낮을수록 예상한 방향으로 보내기 쉽다. 그린 주변에서는 특별한 경우를 제외하고는 낮고 많이 구르는 샷이 가장 유리하다. 띄우는 샷보다 기술적으로도 쉬워 탑핑이나 뒤 땅의 실수도 훨씬 줄일 수 있다. 『기본기 다지기』편에서 굴려야 하는 이유를 참조하기 바란다. (234쪽 참조)

핀까지 그린의 여유가 많고 굴곡이 심하지 않을 때는 낮게 굴리는 샷으로 어프로치하는 게 정확도가 높다.

핀 까지 그린의 공간이 넓다. (뒤 핀)

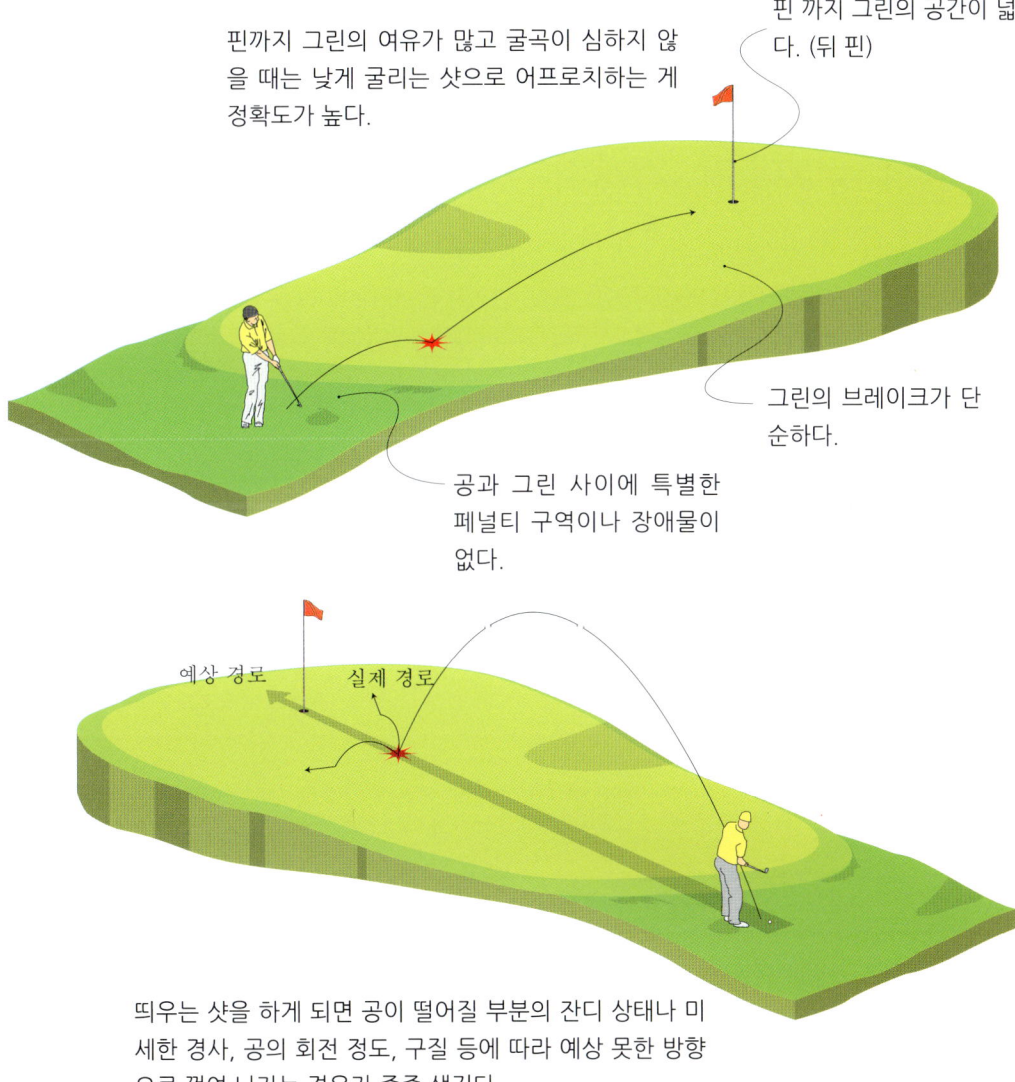

그린의 브레이크가 단순하다.

공과 그린 사이에 특별한 페널티 구역이나 장애물이 없다.

예상 경로 실제 경로

띄우는 샷을 하게 되면 공이 떨어질 부분의 잔디 상태나 미세한 경사, 공의 회전 정도, 구질 등에 따라 예상 못한 방향으로 꺾여 나가는 경우가 종종 생긴다.

2단, 3단으로 굴곡이 심하거나 어려운 그린은 띄우는 샷으로 공략하는 편이 수월하다.

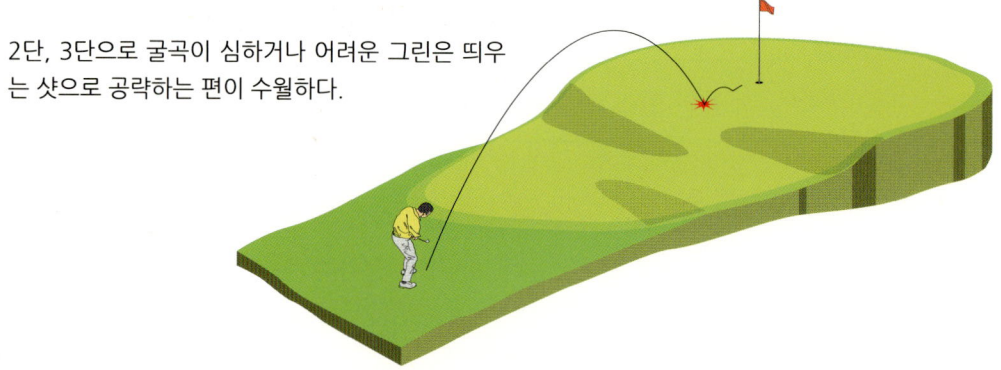

4 시간이 허락하는 한 그린을 살펴라.

핀에 가깝게 붙이는 단계이므로 퍼팅과 같이 그린 경사를 살펴서 공략한다. 50yd(45m) 내외의 거리라면 그린에 가까이 온 상태이기 때문에 그린의 경사와 굴곡을 살필 수 있다. 시간이 허용하는 한도 내에서 퍼팅처럼 그린을 잘 읽고 샷을 할 수 있도록 한다. 굴리든 띄우든 그린의 경사를 타고 핀 쪽으로 흘러가는 상상을 한다. 특히 동반자 공의 흐름을 유심하게 관찰하여 참고하도록 한다.

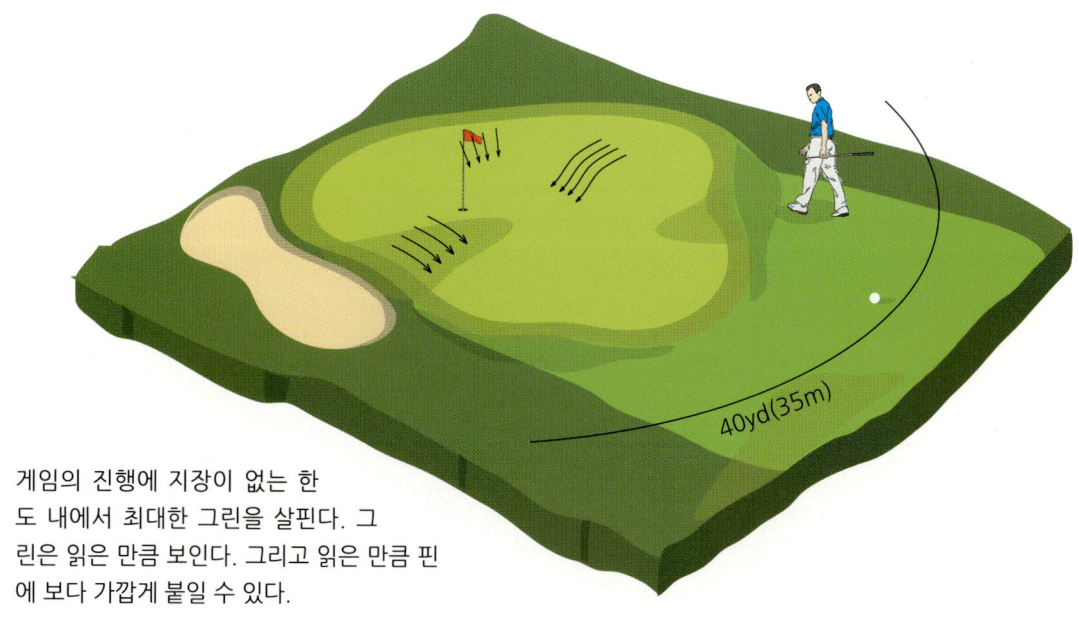

게임의 진행에 지장이 없는 한도 내에서 최대한 그린을 살핀다. 그린은 읽은 만큼 보인다. 그리고 읽은 만큼 핀에 보다 가깝게 붙일 수 있다.

직접 핀을 겨냥하되 욕심은 금물.

100 yd(90m) 이상의 거리에서는 안전한 공략을 위해서 그린 중앙을 겨냥한다고 강조 했지만 50 yd(45m) 이내에서는 그린을 읽고 핀을 직접 겨냥한다. 하지만 집어 넣겠다는 욕심보다는 핀에 가까이 붙여 O.K(컨시드)나 1-putt으로 마무리 하겠다는 의지가 더 좋은 결과를 가져다 줄 것이다.

파 온의 시도에서 그린을 놓쳤을 경우에 주로 그린 주변에서 플레이 하게 된다. 최대한 O.K 거리 정도 남기는 것을 목표로 한다.

5. 퍼터는 가장 다루기 쉬운 클럽이다.

퍼팅 그린 주변의 짧은 잔디에 있는 공은 퍼터를 사용하는 것이 가장 쉬운 어프로치 방법이다. 또한 실수를 막을 수 있는 안전한 공략이다. 이를 '텍사스 웨지 샷(Texas wedge shot)'이라 한다.

짧은 잔디에 있는 공
딱딱한 페어웨이나 프린지와 같이 잔디가 짧거나 맨땅처럼 아예 잔디가 없는 곳에 놓여 있는 경우는 퍼터나 아이언으로 굴리는 샷을 한다.

잔디에 반 이상 잠긴 공
러프와 같이 잔디가 길어 공이 반 이상 잠겨 있을 경우는 퍼터를 사용하지 않는다. 잔디 잎 때문에 정확하게 공을 접촉하기가 어렵다. 굴리는 샷도 바람직하지 않고 웨지로 띄우는 샷이 가장 이상적이다.

다양하게 퍼터를 활용한다.

- 그린 가까이에서는 무조건 웨지를 선택하지 말고 퍼터를 활용할 수 있는지도 감안한다.
- 프린지에 있는 공은 가능한 퍼터를 사용한다.
- 경사가 급한 내리막은 프린지 바깥에 있어도 퍼터를 사용한다.
- 잔디에 반 이상 묻혀 있을 때는 퍼터를 사용하지 않는다.
- 잔디의 결이 역방향일 때도 퍼터 사용을 자제한다.

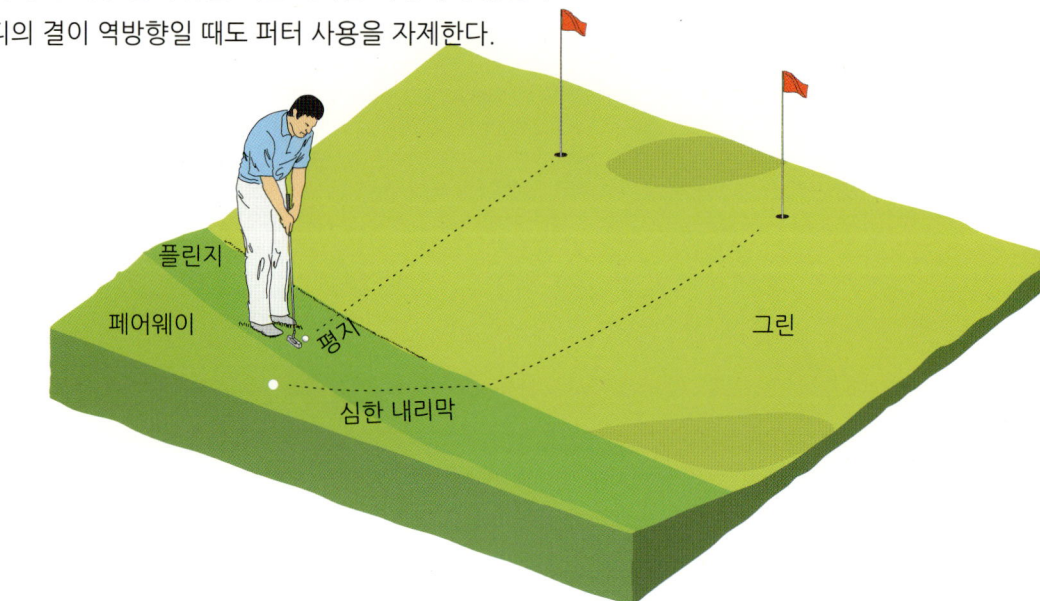

그린과 아주 가까우면 퍼팅 그립으로 잡는다.

- 그린 엣지에서 퍼터 사용이 어려운 상황일 때, 5~7번 아이언을 퍼터처럼 그립하고 퍼터처럼 스트록하여 굴린다.
- 퍼팅 그립으로 샤프트 부분까지 내려 잡으면 컨트롤하기 훨씬 수월해진다.
- 샤프트를 약간 세우면 공에 스핀이 적게 걸려 잘 구른다.
- 거리감과 실수에 대한 부담을 덜 수 있다.

6 경사지에서의 요령

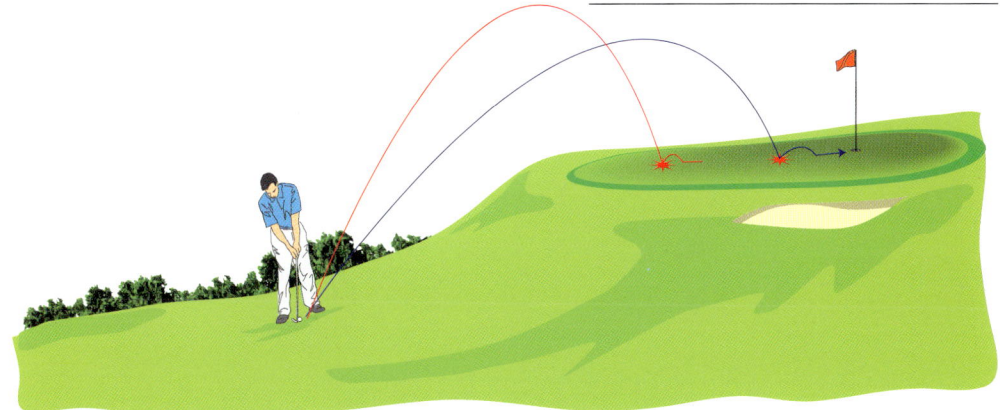

그린 주변의 오르막 경사에서는
- 평지에서 보다 공은 더 짧게 떨어진다.
- 눕혀진 헤드의 로프트 각에 의해 비거리는 짧아진다.
- 공의 탄도가 높아져 더 짧게 굴러간다.
➡ 평지 때 보다 거리가 짧아지는 요소들을 감안하여 계산된 거리보다 다소 길게 쳐야 한다.

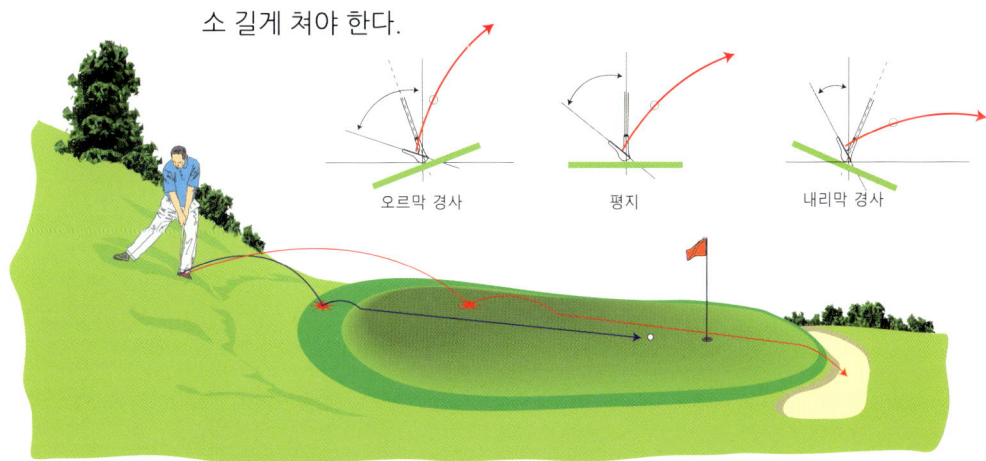

그린 주변의 내리막 경사에서는
- 평지에서 보다 공은 더 길게 떨어진다.
- 세워진 헤드의 경사각 때문에 비거리는 더 길어진다.
- 공의 탄도가 낮아져 더 많이 굴러간다.
➡ 길어지는 요소들이 많아 평지보다 짧게 쳐야 한다.
➡ 많이 구르는 것을 감안하여 짧게 떨어져 굴러 가게 한다.

7 굴릴 것인가? 띄울 것인가?

그린 주변에서 핀을 공략할 경우에는 우선적으로 굴릴 것인가, 띄울 것인가를 먼저 판단한다. 그린 굴곡의 상태, 공이 놓여 있는 상태 등을 감안하여 결정한다. 가능한 굴리는 샷을 원칙으로 한다. 굴리기가 더 실수를 줄일 수 있기 때문이다.

● 띄우는 샷

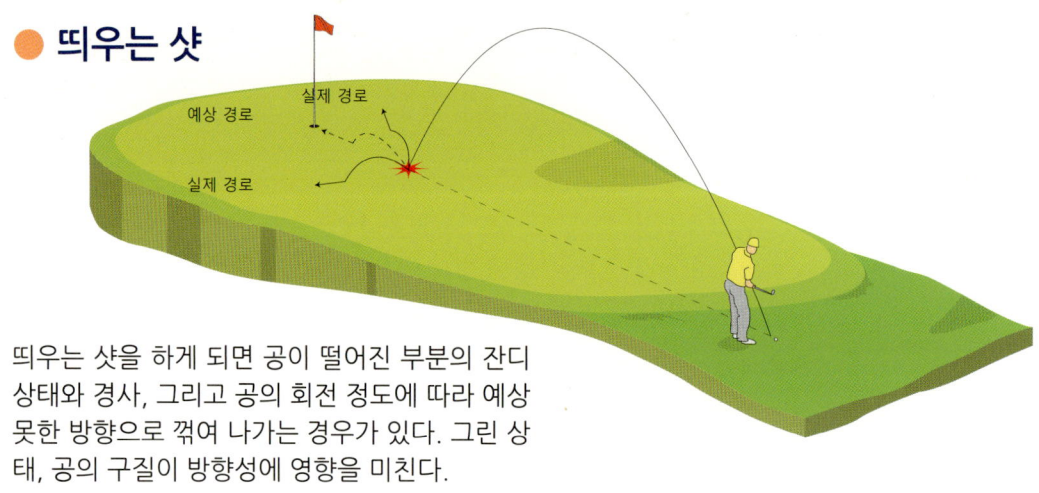

띄우는 샷을 하게 되면 공이 떨어진 부분의 잔디 상태와 경사, 그리고 공의 회전 정도에 따라 예상 못한 방향으로 꺾여 나가는 경우가 있다. 그린 상태, 공의 구질이 방향성에 영향을 미친다.

● 굴리는 샷

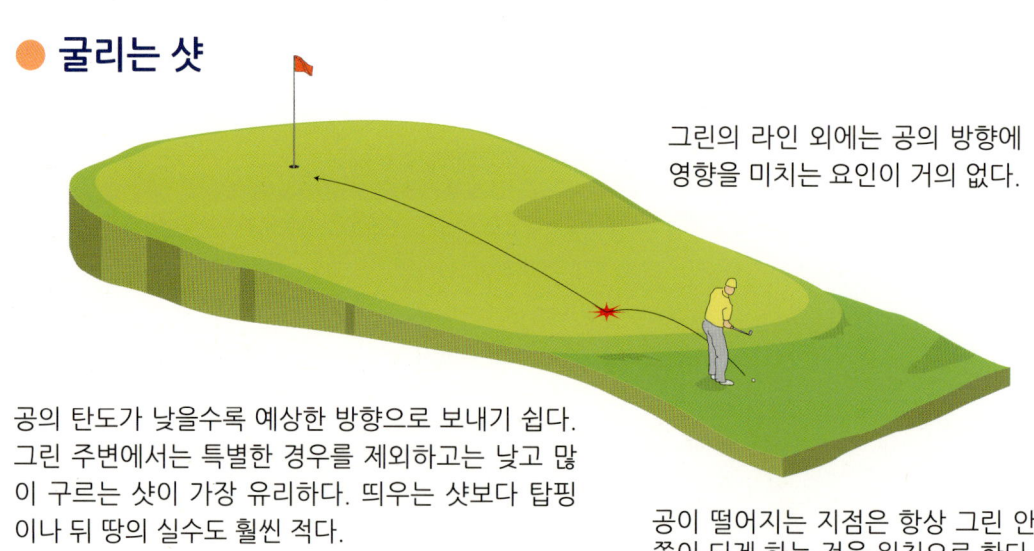

그린의 라인 외에는 공의 방향에 영향을 미치는 요인이 거의 없다.

공의 탄도가 낮을수록 예상한 방향으로 보내기 쉽다. 그린 주변에서는 특별한 경우를 제외하고는 낮고 많이 구르는 샷이 가장 유리하다. 띄우는 샷보다 탑핑이나 뒤 땅의 실수도 훨씬 적다.

공이 떨어지는 지점은 항상 그린 안쪽이 되게 하는 것을 원칙으로 한다.

1. 홀까지 그린의 여유가 얼만큼 있는가?

굴리는 샷
홀이 그린의 뒤쪽에 있어 공을 떨어터릴 그린의 공간이 넓다.

띄우는 샷
홀이 그린의 앞쪽에 있어 공이 떨어질 공간이 좁다.

2. 공이 그린과 얼마나 떨어져 있나?

굴리는 샷
공이 그린 에지와 가까이에 있다. 그린 엣지에서 대략 3yd(3m) 이내

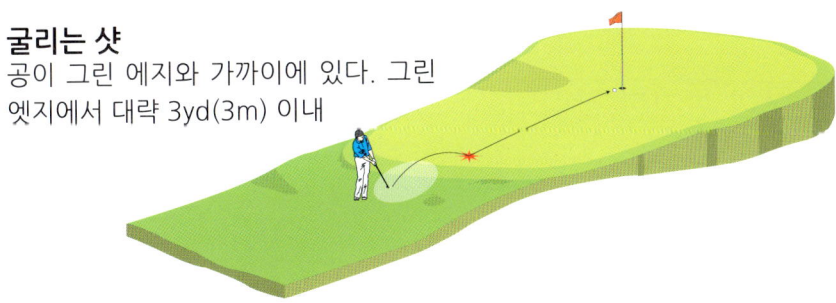

띄우는 샷
공의 위치가 그린 엣지에서 제법 떨어져 있다. 5~10yd(5~10m) 정도

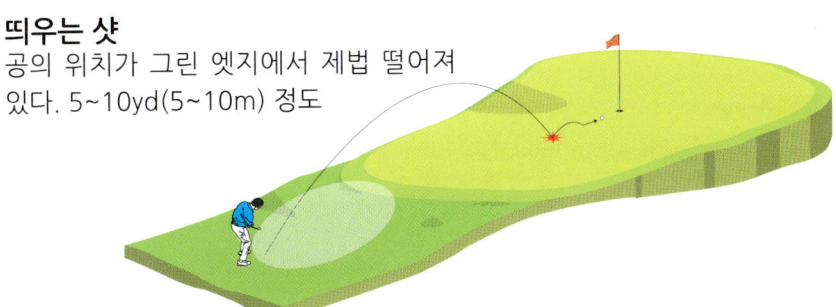

3. 그린의 굴곡(Undulation) 상태가 어떤가?

굴리는 샷
그린의 상태가 완만하고 평탄하여 공의 경로를 예상하기 쉽다.

띄우는 샷
그린의 언듈레이션(굴곡) 상태가 심해 그린 읽기가 어렵다.

4. 공이 위치한 잔디의 상태가 어떠한가?

굴리는 샷
잔디가 짧거나 맨땅일 때는 퍼터나 롱 아이언을 사용한다. 잔디가 아주 짧거나 딱딱한 땅에서의 웨지 사용은 뒤 땅이나 탑핑이 생길 우려가 많다.

띄우는 샷
러프처럼 잔디가 길어 공이 반 이상 잠겨 있을 때는 웨지와 같은 로프트가 큰 클럽을 사용한다.

감각적인 숏 게임을 위하여...

　그린 주변에서의 숏 게임은 샷의 기술적인 면도 중요하지만 어느 정도 개인의 감각적인 면도 요구된다. 손으로 공을 던져 홀에 가까이 붙이는 감각으로 상상력을 동원하여 샷을 하여 보자.

　라운드 전에 연습 그린에서 손으로 공을 여러 번 던져보는 것도 좋은 감각을 유지하는 방법이다. 높게도 던져 보고 낮게도 던져서 공이 구르는 속도와 굴러 가는 거리 등 그린의 상태를 파악할 수 있다.

3 퍼팅 그린에서의 공략

1 퍼팅 순서

❶ 전체를 살핀다.
그린으로 접근하면서부터 전체의 흐름을 파악하는 등, 그린 읽기에 들어 간다. 어디가 높고 낮은가를 본다.

> 제일 높은 곳, 제일 낮은 곳이 어딘가?

> 오르막?...내리막? 좌?...우? 경사와 라이를 보고...

❷ 경사를 확인한다.
볼 마크 후, 공의 후방에서 컵 쪽으로 살핀다.

> 1, 2, 3, 4... 걸음 수를 센다.

❸ 걸음 수를 샌다.
예상 라인을 따라 컵 쪽으로 가면서 걸음 수를 샌다. 동시에 경사의 정도와 그린의 상태 등을 같이 살핀다.

❹ **홀 뒤쪽에서 확인한다.**
이번엔 컵 쪽에서 공의 방향으로 보면서 반대편에서도 라이를 본다.

경사와 라인을 한번 더 확인

❺ **홀 주위를 살핀다.**
컵을 중심으로 반경 60cm 범위 안의 그린 상태를 체크 한다. 경사 방향, 잔디 상태, 스파이크 흔적 등을 가까이서 자세히 살핀다.

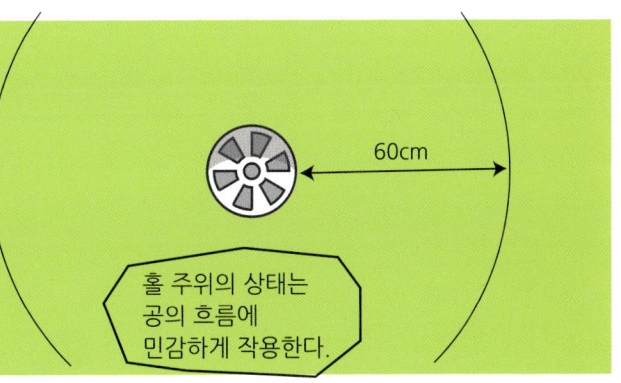

60cm

홀 주위의 상태는 공의 흐름에 민감하게 작용한다.

❻ **백 스윙의 크기를 결정한다.**
공 쪽으로 돌아 가면서 라인을 한번 더 살피고 가장 많이 휘는 지점을 확인한다. 경사의 정도에 따라 걸음 수를 더하고 빼기를 하여 백 스윙의 크기를 결정한다.

이 정도는 두 걸음 정도만 빼 주면 되겠군.

컵의 좌, 우측으로 얼마 만큼 볼 것인가를 결정.

❼ **가상의 홀을 지정한다.**
방향과 거리가 결정이 되었으면 가상의 목표지점을 설정하고 그 곳으로 공을 맞춰 놓는다.

❽ 빈 스윙 하기

가상의 목표 지점을 응시하면서 빈 스윙 (연습 스윙)을 2번 정도 한다. 실제 적용할 백 스윙의 크기로 한다.

거리감을 위한 백스윙의 크기를 확인.

❾ 어드레스 자세

퍼팅의 기본 테크닉에 따라 SET-UP 자세를 취한다.

"Tempo"

✪ 5 : 5 스윙

5:5 스윙은 기억하기 좋고 간결하다.
선수에 따라 비율을 달리하기도 한다.

❿ Fire!!

심호흡 한번 한 후, 자신의 결정을 믿고 거침없이 스트록한다.

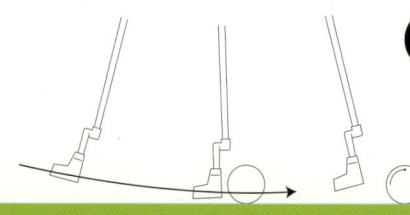

2 빈 스윙(연습 스윙)은 필히 한다.

1. 거리 감각을 위한 빈 스윙 하기
스윙의 크기가 거리를 결정한다.

- 실제 적용해야 할 백 스윙의 크기로 2~3번 정도 흔든다.
- 백 스윙 때의 헤드 위치, 손의 위치를 확인한다.
- 목표물을 응시하면서 스윙한다.
- 실수로 공을 건드리지 않게 충분히 떨어져서 한다.

점검 사항
⊗긴 시계 추 스윙
⊗백 스윙의 크기
⊗어깨 스윙(허리 스윙)
⊗손에 힘 빼기와 손목 고정

2. 방향 감각을 위한 빈 스윙 하기
백 스윙의 궤도가 방향을 결정한다.

- 목표 방향과 일직선이 되도록 2~3번 정도 백 스윙을 한다.
- 천천히, 공에 닿지 않도록 주의 한다.
- 양 발의 끝 선을 참고로 한다.

점검 사항
⊗백 스윙 방향
⊗스퀘어 스탠스

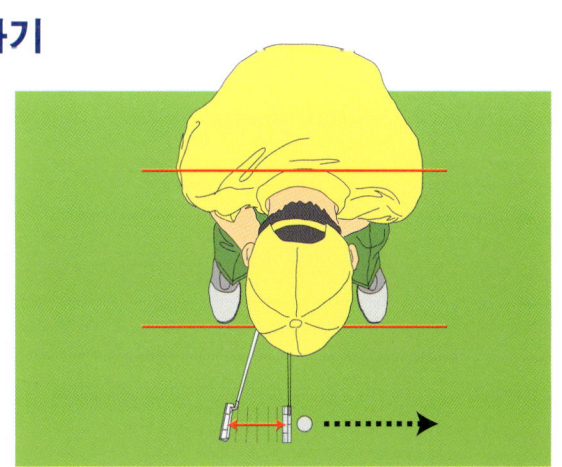

Short putting

셰익스피어는 "끝이 좋으면 다 좋다."고 했다. 골프의 끝은 결국 공을 구멍에 집어넣는 것이기에, 짧은 퍼팅이 250m를 날린 드라이브 샷 보다 더 중요한 이유가 바로 여기에 있다.

1m 정도의 짧은 퍼팅은 무조건 집어넣어야 한다는 심리적인 부담감이 있다. 프로 선수들마저도 어이없이 놓치곤 한다. 그들을 따라 갈 수 있는 유일한 샷이 숏 퍼팅이 아닐까?

숏 퍼팅은 사실 기술적인 문제 보다는 자신감만 충만해 있다면 쉽게 해결될 부분이다. 쉬운 문제는 아니지만 불안감을 씻고 자신감을 갖게 하는 훈련이 필요하다.

3 숏 퍼팅(Short putting)

1m 정도의 짧은 퍼팅은 무조건 집어 넣어야 한다는 심리적인 부담감이 있다. 숏 퍼팅은 기술적인 문제도 있지만 자신감 있는 스트록을 할 수 있어야 한다. 심리적인 문제라서 쉬운 일은 아니지만 실패에 대한 불안감을 없애야 한다. 지속적인 연습이 자신감을 갖게 하는 가장 빠른 길이다. 그리고 기술적으로는 방향성을 가장 중요시 해서 연습한다.

1. 짧은 퍼팅일수록 기본기가 중요.

짧은 퍼팅 일수록 안정감 있는 기본적인 셋업 자세가 중요하다.
- 방향 맞추기에 중점을 둔다. 모든 셋업 자세는 스퀘어로 해야 방향성이 좋다.
- 그립은 약간 짧게 잡는다. 스윗 스팟에 잘 맞히기 위함이다.
- 백 스윙은 너무 짧게 하지 않는다. 그러면 템포가 빨라 지고 손으로 하는 스윙이 되어 일관성이 떨어진다.
- 스트록 하기 전에 심호흡을 크게 한번 한다.

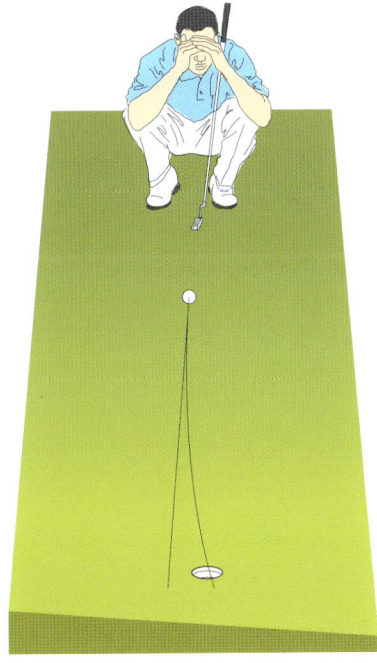

짧은 거리지만, 내리막에 좌우 경사가 있을 때는 아주 어려운 퍼팅이 된다. 약간의 감각과 용기가 필요하다.

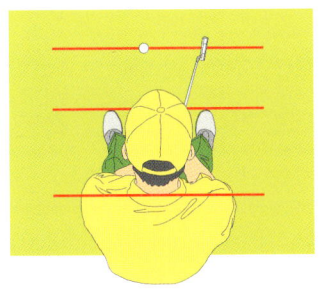

스퀘어 자세가 방향성에서 유리하다.

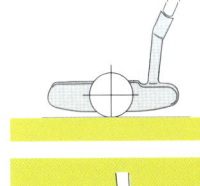
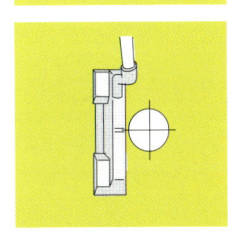

공을 최대한 스윗 스팟에 맞출 수 있게 집중한다.

어깨 턴에 의한 스윙

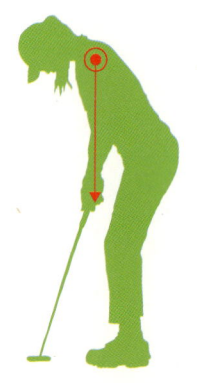
팔은 자연스럽게 어깨에 걸려 있는 편안한 자세.

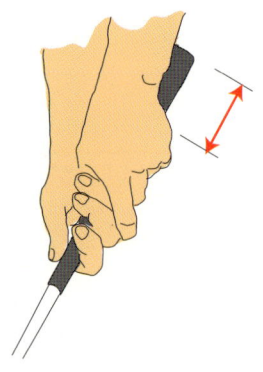
약간 내려 잡으면 보다 솔리드한 스트록이 된다.

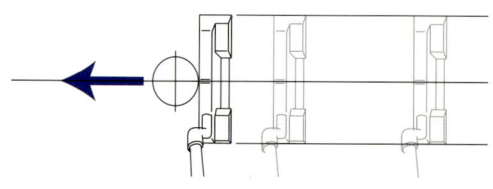
헤드의 움직임이 최대한 직선 운동이 될 수 있도록 스윙 한다.

2. 홀을 지나 갈 정도의 자신 있는 스트록.

홀을 중심으로 1~2m 내에서는 플레이어들의 발자국이 가장 많은 지역이기 때문에 공의 흐름에 영향을 주기도 한다. 이런 여러 가지 요인으로 인해 공을 약하게 쳤을 경우에는 흐름을 타서 홀 주변으로 휘어져 나간다. 항상 홀을 지나칠 정도의 힘으로 퍼팅을 하는 것은 홀 주위의 미세한 경사나 자국들을 무시하고 지나가게 하기 위함이다.

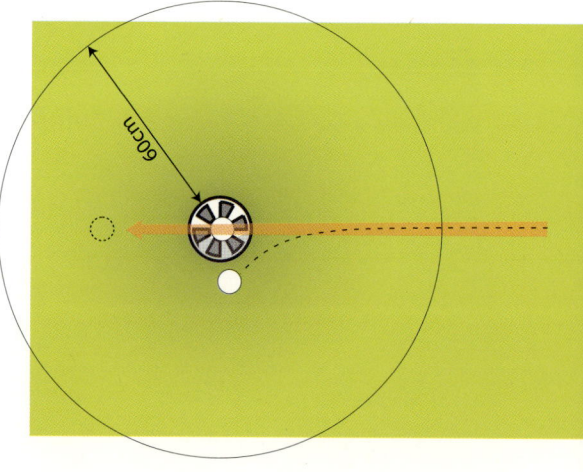

홀에 컵을 넣고 뺄 때에 미세한 경사가 생기는 경우도 있다. 이때 홀 주위가 살짝 올라와 있어 공의 흐름에 영향을 미친다. 홀을 지나칠 정도의 힘으로 쳐야 약한 경사를 타지 않고 원하는 방향으로 보낼 수 있다.

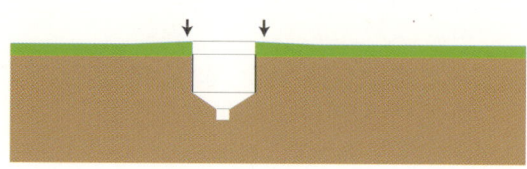

3. 공의 방향 지시 선을 홀과 맞춘다.

공에 프린트 되어 있는 방향 지시 선을 보내야 할 방향과 일치시킨다. 방향을 설정하는데 많은 도움이 된다.

제조사 마다 방향 지시 선으로 참조할 수 있게 작은 글씨로 프린트 되어 있다. 자신이 직접 선을 그려 넣어 사용하기도 한다.

"퍼팅을 잘하는 선수는 없다.
다만 그린을 잘 읽는 선수가 있을 뿐이다."
-Ben Crenshow

Long putting

먼 거리의 퍼팅은 홀에 집어넣을 목적 보다는 가까이 붙이는데 집중해야 한다. 방향성보다는 거리감이 우선 되어야 함은 기본이다. 매일 골프와 접하는 직업적인 골퍼들은 감(感, feel) 만으로도 멀리 있는 홀에 가까이 붙일 수 있는 능력이 훈련되어 있겠지만 필드를 자주 찾지 못하는 아마추어 골퍼들이 느낌만으로 퍼팅 하기에는 들쭉 날죽하여 거리 맞추기가 쉬운 일이 아니다.

그래서 『일관성 있는 퍼팅』을 할 수 있도록 해야 한다. 항상 일정하게 거리를 맞출 수 있는 합리적인 방법으로 자신만의 매뉴얼을 만들어 언제든지 적용할 수 있도록 한다. 모든 샷을 일관성(一貫性) 있게 친다는 것. 이것이 바로 주말 골퍼들이 바라는 이상향 아니겠는가?

4 롱 퍼팅(Long putting)

먼 거리의 퍼팅은 홀에 집어 넣을 목적 보다는 가까이 붙이는데 집중해야 한다. 무엇 보다 거리 맞추기가 중요하다. 오르막/내리막 경사에 따라 발걸음 수의 증감과 발걸음 수에 따른 백 스윙의 크기를 현명하게 결정하여야 한다.

1. 원칙에 얽매이지 않은 편안한 자세가 중요

- 거리 맞추기에 중점을 두고 최대한 핀에 가까이 붙이는 전략.
- 공이 휘는 지점을 찾고 가상의 홀을 설정한다.
- 상대적으로 백 스윙과 팔로우 스윙의 폭이 커지기 때문에 뒤 땅을 치는 경우가 생기지 않게 조심한다.
- 공의 위치는 스탠스의 약간 왼쪽에 있다. 멀리까지 잘 구를 수 있게 위로 살짝 올려 치는 느낌의 스트록을 한다.
- 롱 퍼팅 시 겨드랑이가 떨어지지 않게 Y자 형태를 끝까지 유지한다.
- 아주 먼 거리(25m 이상)의 퍼팅일 때는 약간의 손목을 사용하면 거리를 늘릴 수 있다. (과도한 손목사용은 금물)

긴 퍼팅으로 스윙이 크질 경우, 오픈 스탠스를 취하면 백 스윙이 보다 수월해 진다.

처음 셋업한 자세를 끝까지 유지한다.

2. 멀리까지 잘 굴러가는 스트록

공을 왼발 쪽에 두고 약간 올려 치듯 하면 처음부터 순방향으로 멀리 굴러 간다.

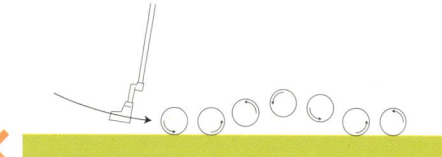

다운 블로(Down blow) 상태로 맞으면 처음에는 역방향으로 살짝 튀어 오르기때문에 방향성과 거리를 잃게 된다.

롱 퍼팅에서 공의 위치를 왼발 쪽에 두는 것은, 헤드가 위로 올라 가는 시점에서 스트록되어 공이 순방향으로 잘 굴러 가게 하기 위함이다.

3. 아주 긴 퍼팅은 전략적으로

두 부분으로 나누어 읽기

롱 퍼팅은 전체의 거리를 두 부분으로 나누어 읽으면 보다 쉽게 파악할 수 있다. 특히 굴곡이 심한 그린에서는 공의 꺾임 정도가 가장 심하게 변할 지점에서 가상의 홀을 정하여 두 부분으로 나누어 읽도록 한다.

목표점 설정하기

10m 이상, 긴 퍼팅은 볼링장의 레인에 있는 점처럼 2~3m 전방에 가상의 지점을 정한다. 그린 바닥의 자국이나 작은 지푸라기 같은 것을 겨냥하여 방향을 잡는다.

• 볼링 레인의 스팟(Spot)

볼링장의 레인(Lane)에는 점이 표시되어 있다. 공을 던질 때는 바닥의 점을 보고 던진다. 이처럼 롱 퍼팅도 마찬가지로 가까운 한 지점을 정하여 그 점에 집중하여 퍼팅 하도록 한다.

퍼팅은 이런 기분으로

- 1m 정도의 짧은 퍼팅은 **'볼이 휘어지기 전에 넣는다.'**는 기분으로
- 1.5~2m 정도의 퍼팅은 **'헤드의 스윗 스팟에만 맞힌다.'**는 기분으로
- 5m 정도의 퍼팅은 **'안 들어가도 O.K는 받는다.'**는 기분으로
- 10m 정도의 퍼팅은 **'손으로 굴려 붙인다.'**는 기분으로
- 25m 정도의 퍼팅은 **'퍼팅이 아니라 칩샷이다.'**라는 기분으로

5 퍼팅 라인 읽기

1. 오르막 퍼팅과 내리막 퍼팅

오르막 퍼팅

공에 가한 힘으로만 굴러가기 때문에 공의 라인이 일정하게 휘어진다. 경사 라인을 예상하기 쉬우며 내리막 보다는 쉬운 퍼팅이 된다. 강하게 칠 수록 직선에 가깝게 된다.

내리막 퍼팅

공에 가한 힘 보다는 자유 낙하 운동에 의해 공이 굴러서 내려가므로 경사나 잔디의 상태에 영향을 많이 받는다. 경사 라인의 휘는 모양도 일정하지가 않아 예상하기가 어렵다.

오르막에 훅 라이

같은 거리이지만 오르막은 힘있게 쳐야 하므로 많이 휘어지지 않는다. 또한 휘는 정도가 일정하기 때문에 라인의 예상이 용이하다.

내리막에 훅 라이

내리막의 경우, 힘 보다는 경사를 타고 내려가는 속도를 이용하기 때문에 휘어지는 폭이 크고 라인을 예상하기 어렵다.

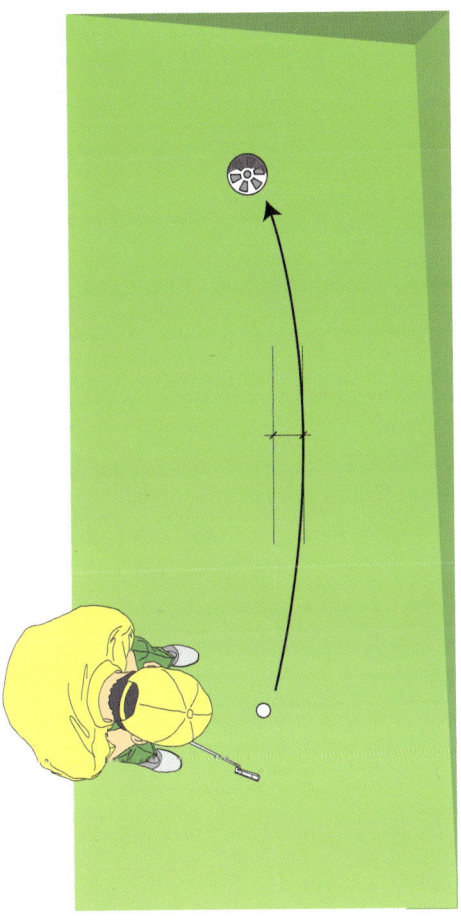

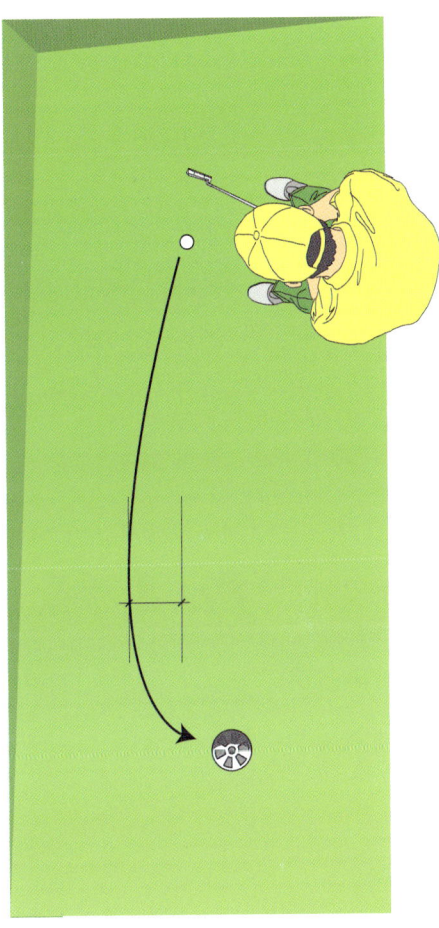

공에 가한 힘의 세기와 휘어지는 폭은 서로 반비례 관계이다. 세게 치면 작게 휘고 약하게 치면 많이 휜다. 작게 휠수록 직선에 가깝다는 뜻이고 직선일 수록 쉬운 퍼팅이 된다.

자유 낙하 운동으로 인해 공이 스스로 경사를 타고 굴러 간다. 미세한 경사에도 휘어져 간다. 잔디나 홀 주변의 상태에 따라 많은 영향을 받게 되고 라인을 예측하기가 쉽지 않아 어려운 퍼팅이 된다.

2. 그린 주변에서는 부지런 하라.

퍼팅을 할 때는 항상 모든 방향에서 라인을 체크하는 것을 기본으로 한다. 공이 온 그린 된 상태라면 빠른 속도로 그린 읽기에 들어가야 한다. 그린으로 다가가면서부터 그린을 읽기 시작한다.

핀 쪽으로 가면서 홀 주변의 상태를 훑어 보고 공 쪽으로 가면서 발걸음 수를 센다. 볼의 마크를 하고 상대방이 퍼팅 준비를 하는 동안 자신의 공 뒤쪽으로 가서 꼭 확인해야 한다. 동반자에 지장을 주지 않는 한도 내에서 신속하고 조용하게 그린 읽기에 집중해야 한다. 다양한 각도에서 라인을 살펴 보고 판단은 빠를 수록 좋다. 비록 동반자의 공이 자신과 다른 방향일지라도 공의 흐름에 주시한다. 스트록의 세기에 따라 공의 굴러가는 속도 등을 확인하며 유심히 관찰한다.

3. 보는 만큼 보인다.

오르막 경사에서 위쪽으로 보면 실제보다 더 완만해 보인다.

옆에서도 확인해야 정확한 경사를 읽을 수 있다.

내리막 경사에서 시선을 아래쪽으로 향하면 실제보다 더욱 급한 경사로 보인다.

경사지를 위쪽에서 내려 볼 때와 아래쪽에서 올려 볼 때, 서로 경사 정도가 다르게 느껴진다. 같은 경사각 일지라도 위에서 내려 볼 때의 경사가 더 급해 보이는 착시 현상이 있다. 몸을 낮출 수록 실제 경사를 정확하게 볼 수 있다. 홀의 반대편으로 가서도 필히 확인해야 하고 좌, 우 옆쪽 방향에서도 경사의 정도를 파악한다.

가까운 거리에서는 보는 시점을 낮게 할수록 더 정확하게 라이(lie)나 라인(line)을 읽을 수 있다. 반면 먼 거리는 서서 그린 전체를 파악하는 게 좋다.

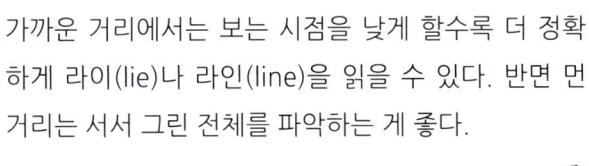

4. 어려운 내리막 퍼팅
붙일 것인가? 넣을 것인가? 를 먼저 정한다.

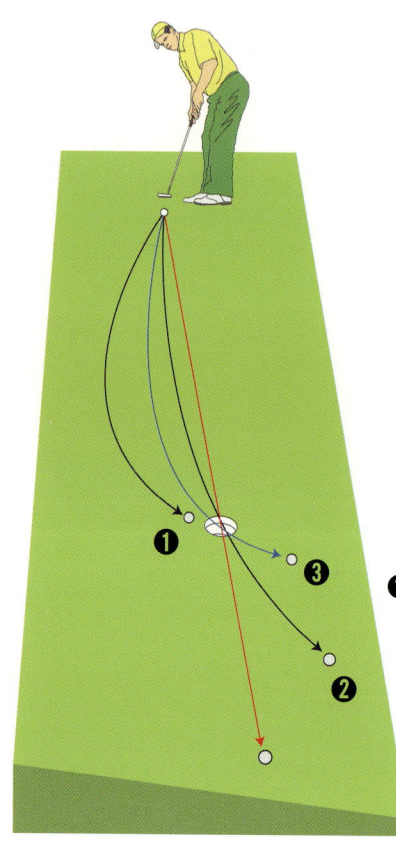

공에 가한 힘의 세기와 휘어지는 정도는 서로 반비례 관계에 있다. 세게 치면 작게 휘고 약하게 치면 많이 휜다. 작게 휠수록 직선에 가깝다는 뜻이고 직선에 가까울수록 쉬운 퍼팅이 되겠지만 홀을 놓쳤을 경우를 감안하여 무작정 강하게 칠 수는 없다. 홀을 약간 지나칠 정도로 쳐서 컨시드(O.K)를 받든지 아니면 오르막 퍼팅을 남게 하는 게 가장 이상적이다.

❶ 경사를 태우기 위해 약하게 친다. 많이 휘고 홀까지 도달하기 어렵다. 라인의 예상이 어렵고 짧으면 다시 내리막 퍼팅이 남는다.

❷ 세게 칠 수록 라인이 직선에 가까워져 정확한 라인을 읽을 수 있겠지만 내리막이어서 홀을 놓칠 경우 많이 지나간다.

❸ 홀을 약간 지나쳐도 짧은 오르막 퍼팅이 남도록 한다.

공은 항상 경사의 높은 쪽으로 보내서 홀의 옆쪽으로 경사를 타고 들어가게 하는 게 성공할 확률이 더 높다. 공이 홀로 가까이 갈수록 구르는 힘이 점점 약해져서 홀 근처에서는 급속하게 아래쪽으로 휘어지므로 위쪽이 유리하다.

홀보다 낮은 쪽을 **'아마추어 사이드'**, 높은 쪽을 **'프로 사이드'**라고 부른다. 홀을 놓치더라도 높은 쪽으로 빗나가도록 하는 게 성공 확률을 높이는 방법이다.

5. 공의 위치

경사가 심한 내리막 경사의 짧은 슬라이스 라인 퍼팅

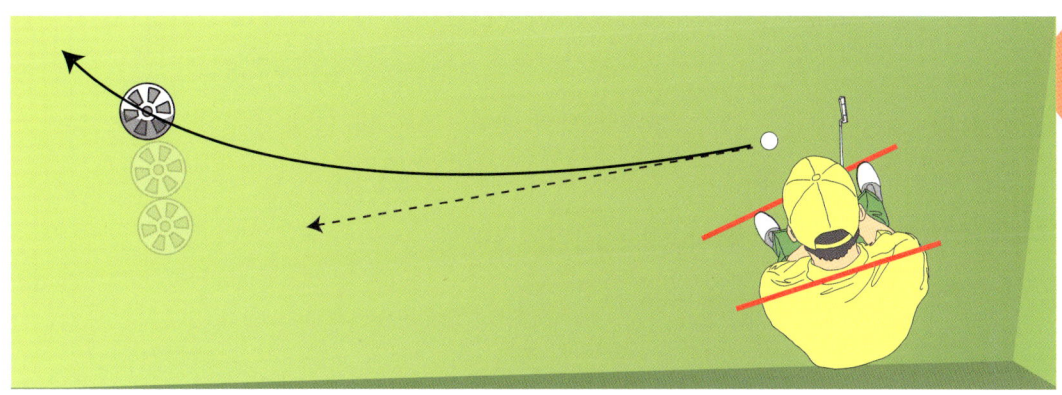

살짝 오픈 스탠스를 취하고 공의 위치를 약간 왼쪽에 둔다.

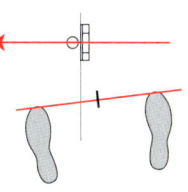

경사가 심한 내리막 경사의 짧은 훅 라인 퍼딩

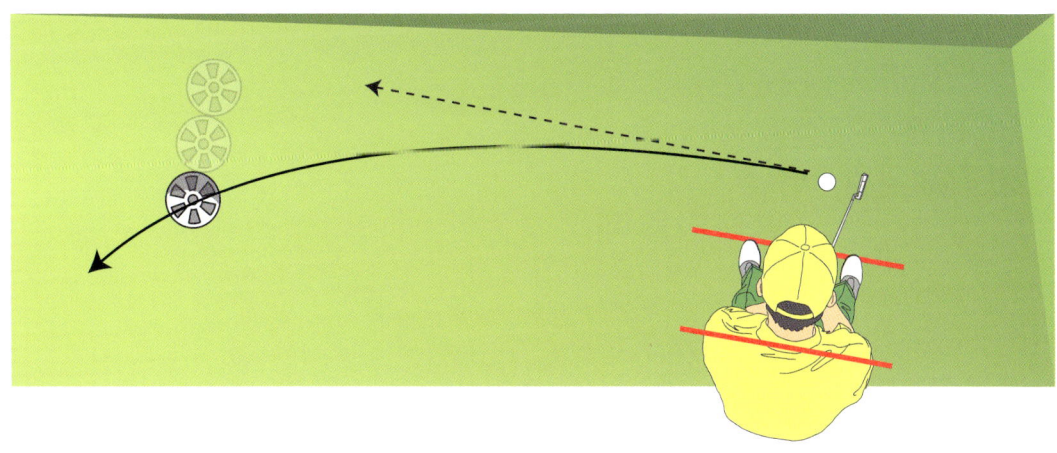

스퀘어 스탠스를 취하고 공의 위치는 오른쪽에 둔다.

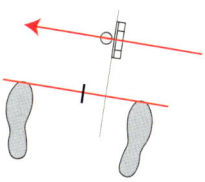

6 2단 그린 공략

2단 그린의 경사 위치가 홀 쪽에 가까이 있을 때와 공 쪽에 가까이 있는 경우에, 둘 다 같은 거리 일지라도 힘의 강도를 서로 다르게 조절하여 스트록해야 한다. 공은 홀 쪽으로 갈수록 힘이 점점 떨어지기 때문이다. 아래 그림에서 **1.**의 경우, 공은 힘 있게 경사를 올라가지만 **2.**의 경우는 공의 힘이 거의 떨어졌을 즈음 경사에 도달하게 된다. 같은 거리일지라도 **1.**의 경우 보다는 훨씬 강하게 쳐야 홀 가까이에 보낼 수 있다.

가상의 홀

1. 오르막의 2단 경사에 가까이 있을 때

평지보다 약간 세게 친다. (1~2 걸음 더하기) 퍼터의 힘으로 쉽게 올라 간다. 경사도 많이 볼 필요 없다.

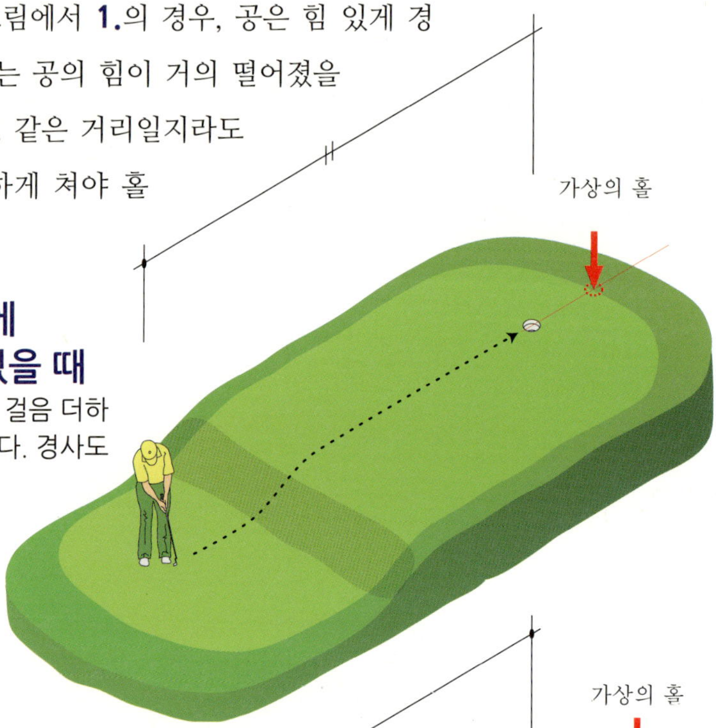

가상의 홀

2. 오르막의 2단 경사가 멀리 있을 때

공의 힘이 거의 떨어질 때쯤 경사에 도달하기 때문 위의 경우 보다 더 세게 쳐야 한다. (3~4걸음 더하기). 경사를 감안해야 한다.

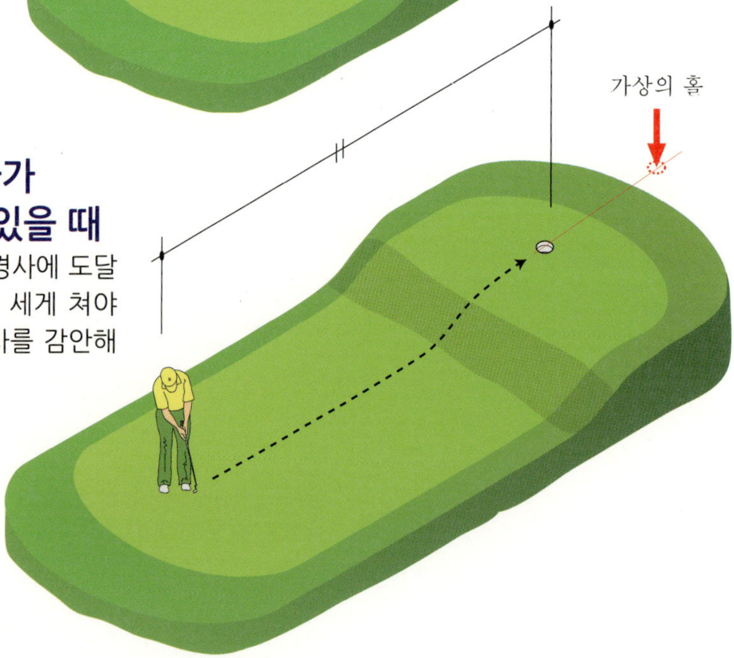

3. 내리막 2단 경사가 멀리 있을 때

가상의 홀을 경사 시작점에 설정하여 공이 경사를 타고 흐르게 끔 한다. 짧지 않도록 주의 한다.

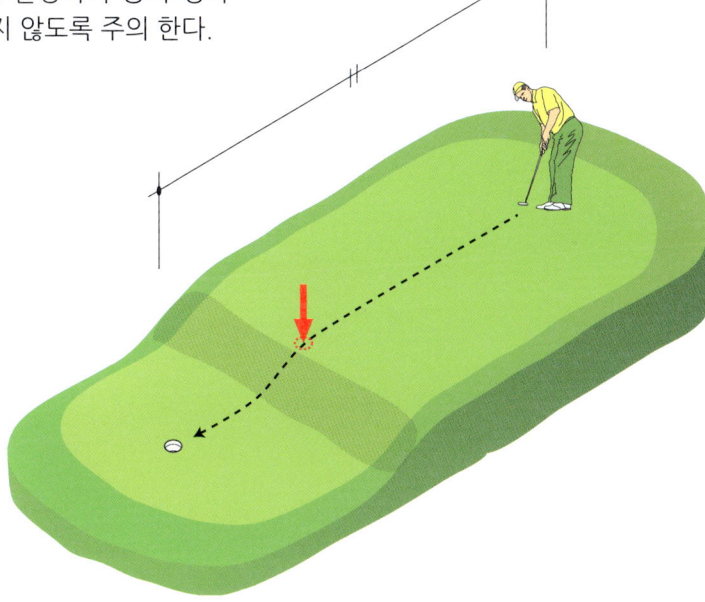

4. 내리막 2단 경사가 가까이 있을 때

경사의 정도에 따라 가속도를 감안한다. 가상의 홀을 정했다면 가상 홀까지는 평지로 보고 쳐야 한다.

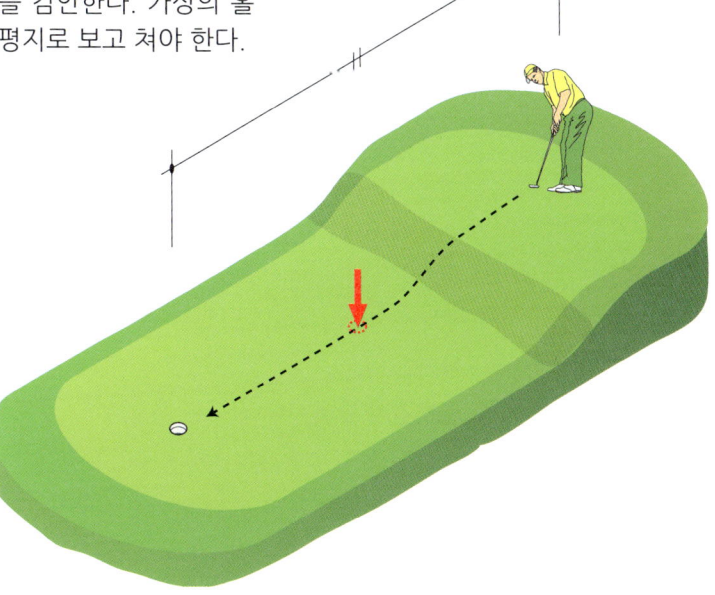

7 이중 경사(Double break _S 라인)

 홀 까지 경사가 2개 이상이 있어 S자 형태로 양쪽이 굽어 있는 라인 형태. 라인 읽기에 어려움이 따르는 까다로운 퍼팅이 되며 특히 주말 골퍼에게는 라인을 판단하기가 까다롭다. 필드에서, S 라인이어서 캐디에게 라인을 물으면 그냥 직선으로 보고 치라고 한다. 정확한 답은 아니겠지만 어느 정도 타당성이 있는 해답이다. 한쪽 방향으로 휘어 졌다가 다시 다른 방향으로 돌아 오니 결승점은 직선인 셈이다.

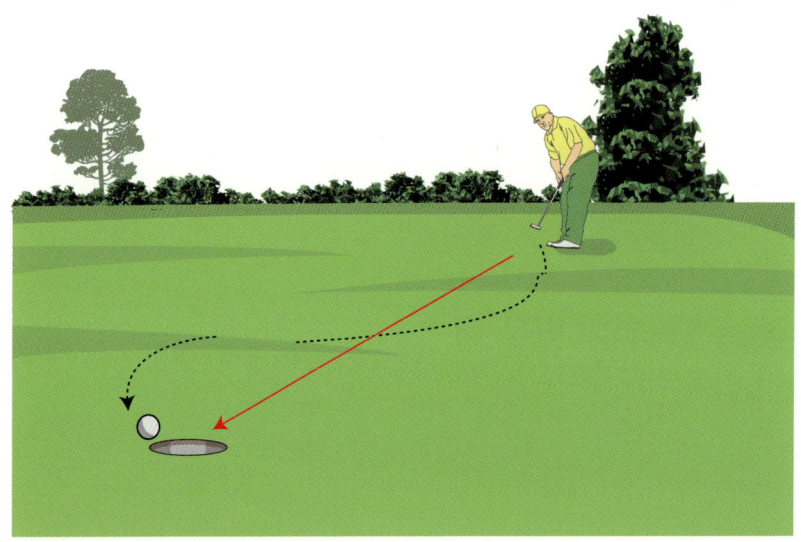

주안점
- 경사의 정도가 서로 다를 경우는 차이 나는 만큼 경사가 많은 쪽으로 겨냥하여 친다.
- 평지에서 두 개의 비슷한 경사가 동시에 있다면 홀로 똑바로 보고 친다.
- 특히 내리막 경사일 때는 홀 쪽에 있는 경사를 더 많이 봐야 한다.
- 라인 읽기뿐 아니라 거리 맞추기를 위한 힘 조절에도 신중해야 한다.

빼기 계산

다중의 경사가 있을 때는 큰 경사에서 작은 쪽을 뺀 경사로 계산한다. 예를 들어, 왼쪽이 5 크기의 경사이고 오른쪽이 3 크기의 경사라면 왼쪽에 2 정도의 경사가 있다고 계산한다.

홀 쪽 가까이에 있는 경사는 조금 더 계산을 해야 한다. 퍼팅을 한 공은 홀에 가까이 갈수록 힘이 떨어져서 경사를 많이 타기 때문이다. 특히 내리막에서는 홀 쪽에 가까운 경사에서 더 휘어진다.

여기서 말한 5, 3같은 수치는 단지 상황을 설명 하기 위하여 경사의 크기 정도를 비교, 설명하려고 나타낸 수치일 뿐이다.

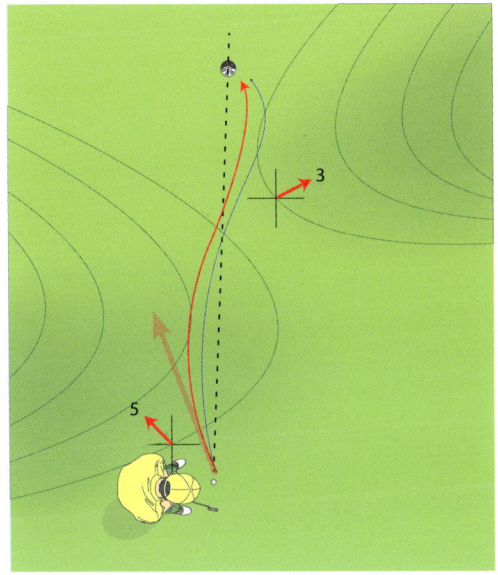

평지일 때
5에서 3을 빼면 2가 되므로 전체적으로 왼편에 2 정도의 크기만큼 경사가 있다고 본다.

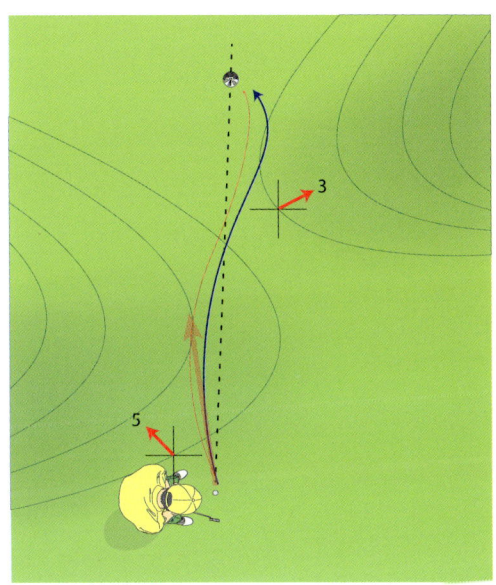

내리막 경사일 때
공은 홀 가까이에 있는 경사에서 더 휜다. 홀 근처의 경사에 1 정도를 더 감안해서 4정도의 경사로 보면, 평지보다 1만큼 오른쪽으로 겨냥해야 된다.

거리감이 더 중요

이중 경사가 있을 때, 너무 경사만을 계산하다보면 자칫 거리를 맞추지 못하는 경우가 종종 생긴다. S라인은 오르막과 내리막을 동시에 갖고 있는 경우가 많기 때문에 거리감 계산에 집중해야 한다. 경사도의 계산은 빨리하고 홀의 근처에만 보낼 계산으로 공을 치는 힘의 세기에 더 신중을 기해야 한다.

8 그린 위의 볼 자국을 확인한다.

퍼팅 그린에 안착한 공은 떨어지면서 자국을 만든다. 본인의 공 자국을 항상 확인하여 그린 상태를 파악하면서 공 자국을 수선하는 습관을 갖자.

- 공이 그린에 떨어져서 얼마나 굴렀는지를 파악해 둔다. (몇 번 아이언으로 쳐서 몇 yd, m 굴렀는지.)
- 볼 자국의 형태나 파인 깊이 정도를 보고 그린의 상태를 참고하여 그린의 딱딱한 정도를 파악한다.
- 딱딱한 그린은 '빠른 그린'을 의미하고 같은 경사라면 느린 그린보다 더 많이 휜다는 뜻이다.
- 자신이 낸 볼 자국의 수선(Repair)은 골퍼로서 당연히 해야 할 행위이다.

볼 마크(Ball mark)의 수선

2

내기 골프

"SAVE THE GREEN"

골프를 잘 친다고 해서 다 **멋있는 골퍼**가 되는 것은 아닙니다. 그린을 사랑하는 마음에서부터 시작됩니다.

9. 더 이상 3-퍼팅은 없다.

   3-퍼팅은 주로 긴 퍼팅이 남았을 때 나오지만 가끔은 가까운 거리에서도 나온다. 기분을 언짢게 만드는 3-퍼팅이다. 이 3-퍼팅을 몇 개만 줄여도 점수는 확 줄어들 것 같은데...

   3-퍼팅은 그린의 경사를 잘못 읽어도 생기겠지만 무엇보다 거리감을 맞추지 못해서 발생하는 경우가 더 많다. 프로 선수나 라운드 수가 잦은 골퍼들은 감(感)으로도 거리를 맞춘다. 거리의 감각을 높일 수 있는 방법은 자주 라운드를 갖고 경험으로 얻는 게 최선이겠지만 여건상 그럴 수 없는 경우, 다음에 제시하는 방법을 실행에 옮겨 보기 바란다. 또 약간씩 변형하여 자신에게 맞게 수정하여 활용한다면 3-퍼팅이 현저하게 줄어들 것임을 확신한다.

   3~4가지 스윙의 크기를 정해 놓고, 백 스윙의 크기에 따라 굴러간 거리의 걸음 수를 사전에 알고 있으면 된다. 자기 자신의 걸음 수를 사전에 알고 적용하는 방식이다. 또 오르막/내리막 경사, 빠른 그린/느린 그린에 따라 스탠스의 폭을 줄였다 늘렸다 하면서 백 스윙의 크기를 조절하는 방법이다. 필드를 자주 찾지 못하는 아마추어 골퍼들에게는 일관성 있는 방법이 될 것이므로 추천할 만하다.

1. 표준으로 삼을 백 스윙의 크기를 3가지로 정한다.

백 스윙을 했을 때에 손이나 헤드의 위치에 따라 스윙의 크기가 결정된다. 자신에 맞게 나름대로 신발이나 신체의 일부, 혹은 신발 끝에서 10cm, 30cm 지점 등으로도 정하여 자신의 것으로 만들자.

❶ 백스윙-I : 퍼터 헤드가 **오른발 앞**에 왔을 때.

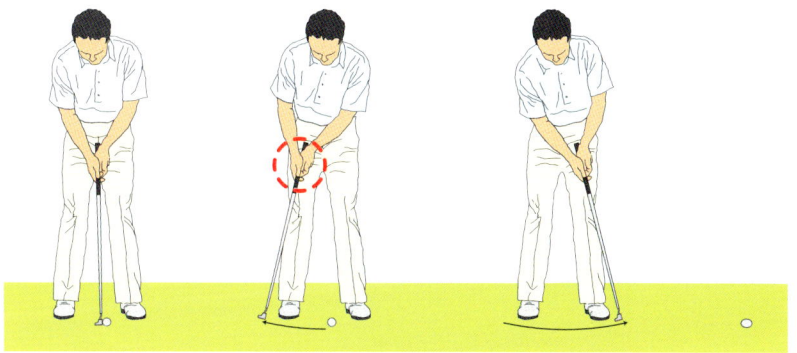

❷ 백스윙-II : 퍼터를 쥔 손이 **오른쪽 허벅지**까지 왔을 때.
(퍼터 헤드가 오른발에서 약 10~15cm 정도 떨어진 크기)

❸ 백스윙-III : 퍼터 쥔 손이 오른쪽 **허벅지 바깥 쪽**으로 약간 벗어 났을 때.
(퍼터 헤드가 오른발에서 약 30~40cm 정도 떨어진 크기)

2. 백 스윙의 크기에 따른 발걸음 수를 센다.

앞장에서 기준으로 정한 3가지의 백 스윙 크기로 공을 쳤을 때, 각각 굴러 간 거리를 자신의 보폭으로 몇 걸음인지를 센다. 이 때 보폭은 항상 일정한 크기로 해야 하며 보폭의 크기와는 상관 없이 걸음 수만 세면 된다. 라운드가 있는 날에 조금 일찍 코스에 도착하여 연습 그린의 평지를 택해 여러 번 실험해 보며 굴러 간 거리의 발걸음 수를 기억해 둔다.

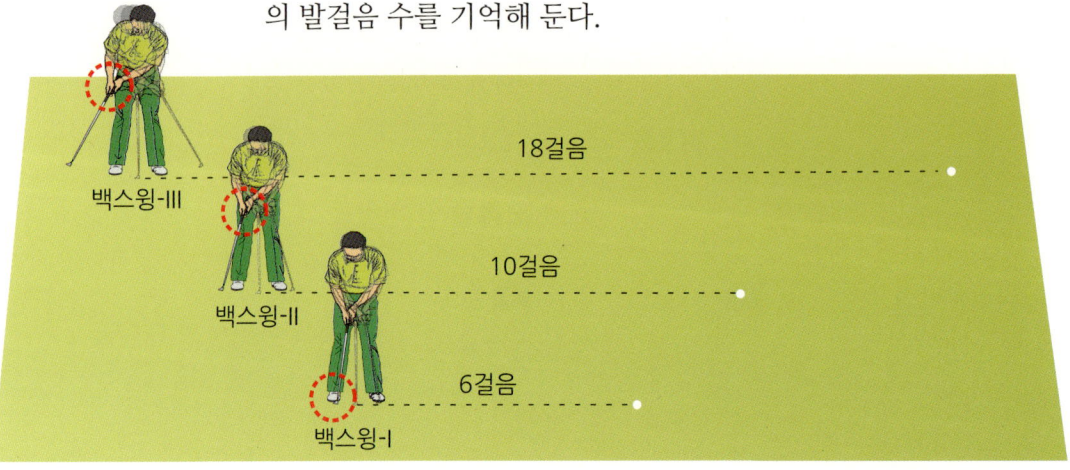

백스윙 크기에 따른 걸음 수의 예

백스윙 종류	백스윙의 크기	발걸음 수	굴러간 거리
백스윙-I	퍼터 헤드를 오른발까지 백스윙 했을 때	6 걸음 정도	약 3m
백스윙-II	퍼터를 쥔 손이 오른쪽 허벅지 앞까지 갔을 때	10 걸음 정도	약 6m
백스윙-III	퍼터를 쥔 손이 오른쪽 허벅지를 약간 지나도록 갔을 때	18 걸음 정도	약 10m

걸음수의 기준은 한 걸음의 폭을 약간 큰 걸음인 약 60cm 정도로 계산했다. 굴러간 거리는 골프장의 그린 상태에 따라 다르지만 여기서는 기흥 C.C의 연습 그린에서 평지 상태를 기준으로 했다. 각자 본인에게 맞는 걸음 수를 기준으로 만들도록 하자.

3. 실전에 적용 하기

실전에서는 기준으로 정한 3가지의 걸음 수 외의 경우도 있고 또 오르막, 내리막 경사도 있다. 이런 경우, 표준치를 가지고 적절하게 적용을 시켜야 한다.

• 8걸음과 같이 기준에 없는 중간치의 걸음 수에 대한 적용
• 내리막과 오르막 경사에 대한 적용

위의 두 경우, 오른 발을 조금씩 움직여 스탠스의 폭을 조절하고 그 폭에 따라 백 스윙의 크기로 거리를 맞춘다. 결국은 오른발이 백 스윙의 크기를 조절하는 **'가늠 자 (Ruler)'** 역할을 한다.

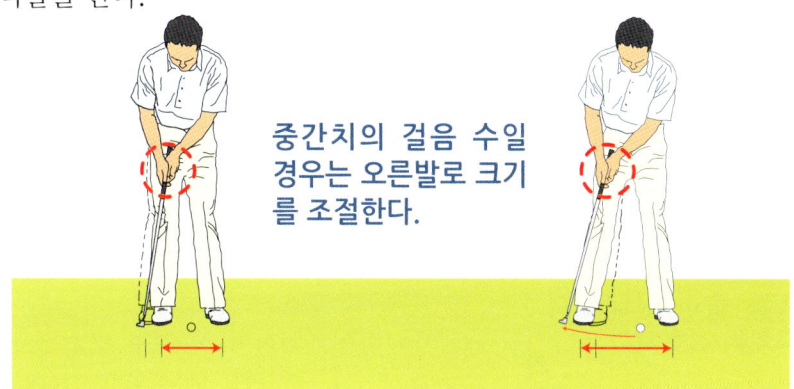

중간치의 걸음 수일 경우는 오른발로 크기를 조절한다.

9걸음 일 경우
기준의 백 스윙-II(10걸음)에서 스탠스 폭을 약간만 좁히고 백 스윙 때 손의 위치는 허벅지까지 오도록 한다.

12걸음일 경우
기준의 백 스윙-II(10걸음)보다 스탠스 폭을 약 10cm 정도 더 벌린 상태에서 손이 허벅지 앞까지 오면 백 스윙의 크기도 약간 더 커진다.

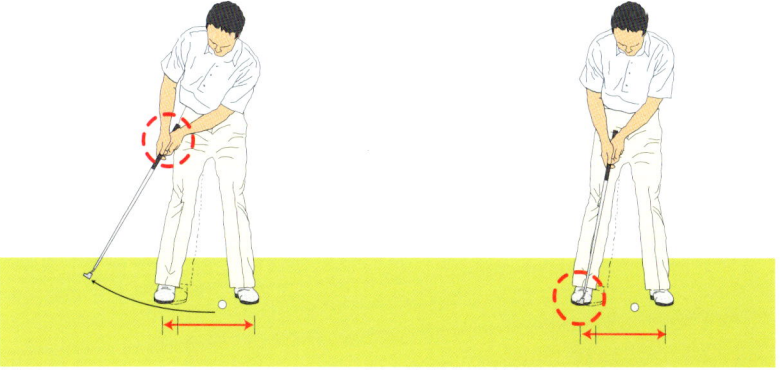

20~25 걸음 정도
백 스윙-III(18걸음)을 기준으로 해서 오른발을 10cm 정도 벌려 손이 허벅지를 벗어날 정도의 크기로 백 스윙 하여 더 큰 스윙을 만든다.

7 걸음 정도
백 스윙-I(6걸음)을 기준으로 오른발을 약간만 벌려 주면 된다.

4. 오르막/내리막 경사의 경우

오르막과 내리막의 경사가 있을 때는 경사의 정도에 따라 걸음 수를 더하거나 빼 주면 된다. 예를 들어, 오르막 경사에 10걸음 정도라고 하자. 오르막의 정도에 따라 1~2걸음을 더하여 11이나 12걸음으로 적용한다. 같은 방법으로 내리막이면 1~2걸음을 빼 주면 되겠다. **홀까지 10걸음 정도(백 스윙-II)의 거리일 경우**를 예로 들어 보자.

❶ 평지
10걸음이므로 백 스윙-II를 적용한다. 손이 오른쪽 허벅지까지 가도록 백 스윙 하여 스트록한다.

실제의 홀 10걸음

❷ 내리막 경사
- 스탠스를 좁힌 상태에서 손의 위치는 허벅지까지

내리막의 정도에 따라 1~2걸음을 빼 준다. 8걸음 정도의 홀이라고 생각한다. 백 스윙-II(10걸음) 상태에서 오른발을 약간 좁히고 손의 위치를 허벅지까지 가도록 백 스윙 한다.

실제 홀 10걸음
가상 홀 8걸음

❸ 오르막 경사
- 스탠스를 넓힌 상태에서 손의 위치는 허벅지까지

오르막의 정도에 따라 1~2걸음을 더해 준다. 12걸음의 홀이라고 생각한다. 백 스윙-II의 상태에서 오른발을 약간 벌리고 백 스윙을 한다.

실제 홀 10걸음
가상 홀 12걸음

10 "3-퍼팅은 없다." 총 정리 편

1. 오른쪽 발은 조준 자(Ruler, 尺)이다.

오른쪽 발과 다리가 거리를 조절하는 중요한 일을 한다. 적절한 백 스윙의 크기를 만들어 원하는 거리를 보내게 하는 역할을 한다. 스윙의 크기를 결정하는 것은 오른발의 위치이며 기준이 되는 척도이다.

빠른 그린이나 급한 내리막 경사에서는 거리 맞추기가 더욱 어렵다. 오른발을 사용하여 스탠스의 폭을 미세하게 조절만 잘하면 어려울 것도 없을 것이다.

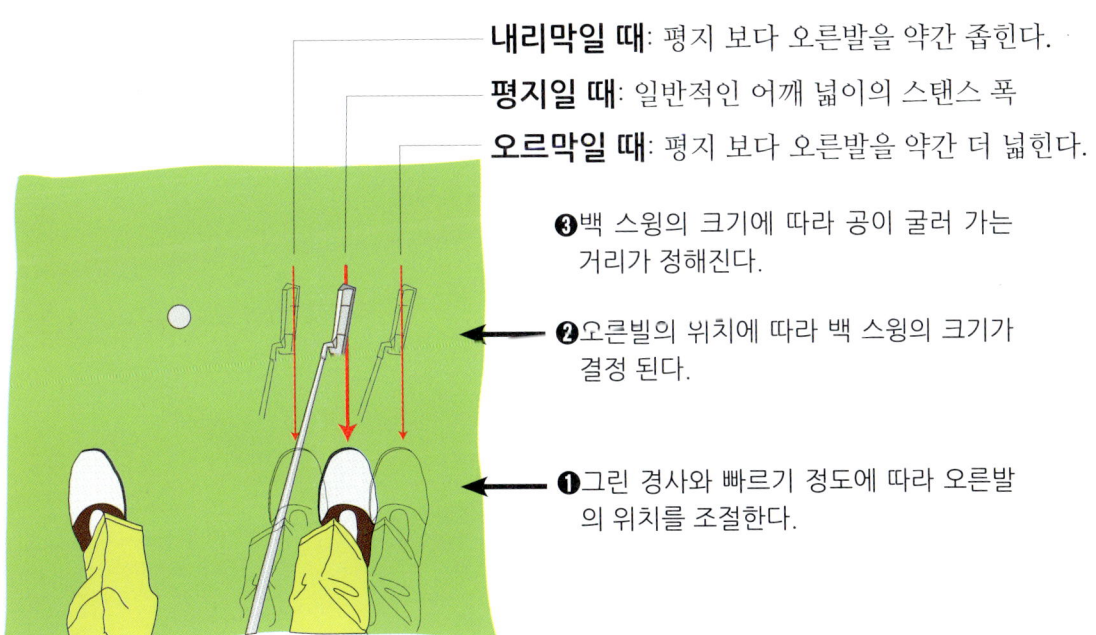

내리막일 때: 평지 보다 오른발을 약간 좁힌다.
평지일 때: 일반적인 어깨 넓이의 스탠스 폭
오르막일 때: 평지 보다 오른발을 약간 더 넓힌다.

❸ 백 스윙의 크기에 따라 공이 굴러 가는 거리가 정해진다.

❷ 오른발의 위치에 따라 백 스윙의 크기가 결정 된다.

❶ 그린 경사와 빠르기 정도에 따라 오른발의 위치를 조절한다.

2. 정확한 거리는 걸음 수가 결정한다.

그린의 상태가 오르막이든 내리막이든, 빠르든 느리든, 결국은 걸음 수가 정확하게 계산이 되어야 한다. 빠른 그린이면 1 걸음 빼 주고 느리면 1 걸음 더해주고, 내리막에 경사가 약하면 1 걸음 빼고 심하면 3걸음 빼고 하는 식이다. 걸음 수가 결정이 되면 표준의 백 스윙 3가지를 적용하여 스탠스를 좁히든지 넓히든지 한다. 결국 걸음 수의 결정이 중요하다.

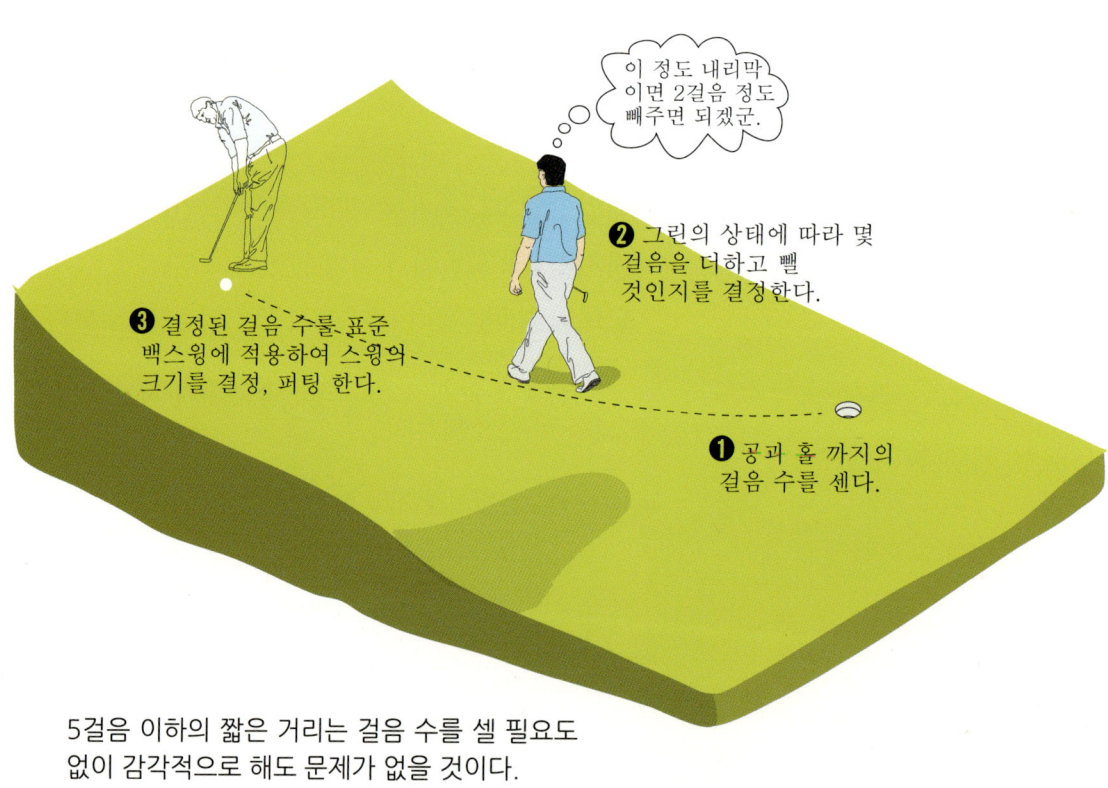

5걸음 이하의 짧은 거리는 걸음 수를 셀 필요도 없이 감각적으로 해도 문제가 없을 것이다.

3. '3-백스윙'이 성공하기 위한 전제 조건

❶ 공을 스트록할 때 항상 같은 세기의 강도로 쳐야 한다.

짧은 거리의 작은 스윙을 하든 먼 거리의 큰 스윙을 하든 **긴 시계추의 흔들림**처럼 스윙을 하고 공을 치는 강도는 항상 일정해야 한다. 그래야만 발걸음 수에 의한 거리 조절이 적용된다. 여기에서 언급하는 거리 조절은 힘의 세기가 아닌 백 스윙의 크기로만 한다. 먼 거리는 세게, 가까운 거리는 약하게 조절하는 방법은 일관성이 떨어지기 때문에 주말 골퍼들 에게는 바람직 하지 못하다.

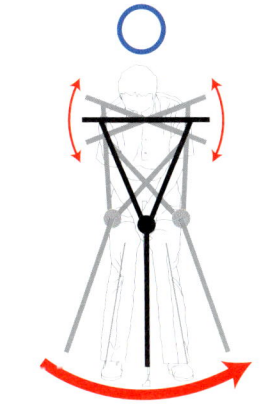
● 어깨를 이용한 스윙을 하면 시계 추와 같은 일관성 있는 스윙을 할 수 있다.

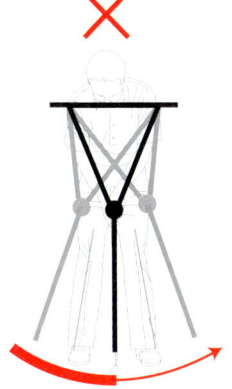
● 임팩트 직전에 속도를 줄이면 거리 조절이 어렵다.

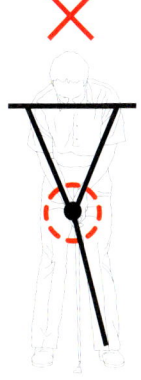
● 손목을 사용하면 일관된 스트록이 어렵다.

❷ 그린의 빠르기를 사전에 확인하라.

골프장 마다 그린의 빠르기 상태가 제각기 다르기 때문에 골프장 내에 있는 연습 그린에서 필히 공이 굴러 가는 거리를 측정해 봐야 한다. 예를 들어, 백 스윙-I 일 때 그린 상태에 따라 5걸음이 될 수도 있고 7걸음이 되는 골프장도 있을 것이기 때문이다. 시간 관계상 연습을 못해 확인을 하지 못한 상태라면 앞에 언급한 기준 걸음 수를 적용시키면 크게 벗어나지 않을 것이고 라운드를 하면서 그린의 상태를 파악하여 조금씩 걸음 수를 조절해 나가면 된다.

3 공략 노트 벙커에서의 공략

"빠지라고 만든 함정에는
　　빠지지 않는게 최선이다."

4 벙커에서의 공략

첫째, 벙커는 **함정**(Trap)이다. 함정은 피해가는 게 상책이다. 모래에서 공을 치는 것 보다는 잔디에서 공을 치는 게 훨씬 쉽지 않겠는가?

둘째, 벙커에 빠졌다면 무조건 **탈출**해야 한다. 빠져 나오는 게 우선이다. 핀에 붙이는 문제는 두 번째다. 일단은 그린에 올려 놓고 퍼터로 공략하는 게 더 쉽지 않겠는가?

셋째, 공을 치는 게 아니라 모래를 퍼 내는 샷이다. 샌드 웨지는 그렇게 만들어져 있으므로 글럽을 믿고 치면 된다. **뒤 땅**을 치는 것인데 얼마나 쉬운 일인가?

1. 벙커 샷의 거리 조절

벙커에서의 거리 조절은 결코 쉬운 일이 아니다. 가까운 거리일수록 더욱 까다롭다. 많은 실전을 통한 경험과 연습이 절대 필요하지만 아마추어로서는 한계가 있기에 더욱 어려운 부분이다.

1. 백 스윙의 크기에 따라 거리 조절을 한다.

- 핀과의 거리와 상관없이 일정한 힘의 세기로 스윙 한다.
- 항상 공의 5cm쯤 뒤인 지점을 겨냥하여 친다.
- 피니쉬때 손의 위치는 백 스윙한 만큼 올려 준다.

*여기에서 제시한 거리는 절대적인 수치가 아니다. 참고로 하여 자신의 거리를 만들어 두어야 한다.

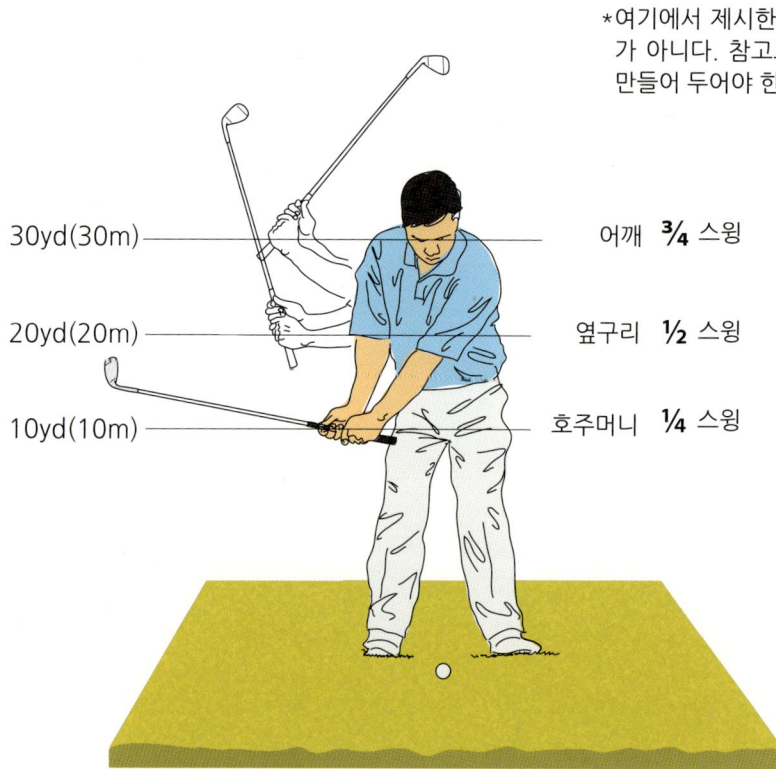

- 30yd(30m) — 어깨 ¾ 스윙
- 20yd(20m) — 옆구리 ½ 스윙
- 10yd(10m) — 호주머니 ¼ 스윙

잔디에서 쳤을 때의 거리보다 절반 정도로 계산한다. 즉, 페어웨이에서 샌드웨지로 60yd(55m)이면 벙커에서는 같은 백 스윙의 크기로 30yd(25m) 정도로 적용한다.

2. 클럽 페이스의 오픈하는 각도로 조절한다.

스퀘어 페이스
모래가 젖어 있거나 딱딱할 경우는 헤드를 세운다. 공은 높이 뜨지 않으며 많이 구른다.

오픈 페이스
모래가 부드럽고 아주 고울 때에는 헤드를 눕혀 오픈 시킨다. 모래가 폭발하듯 흩어지게 내리치는 샷을 한다.

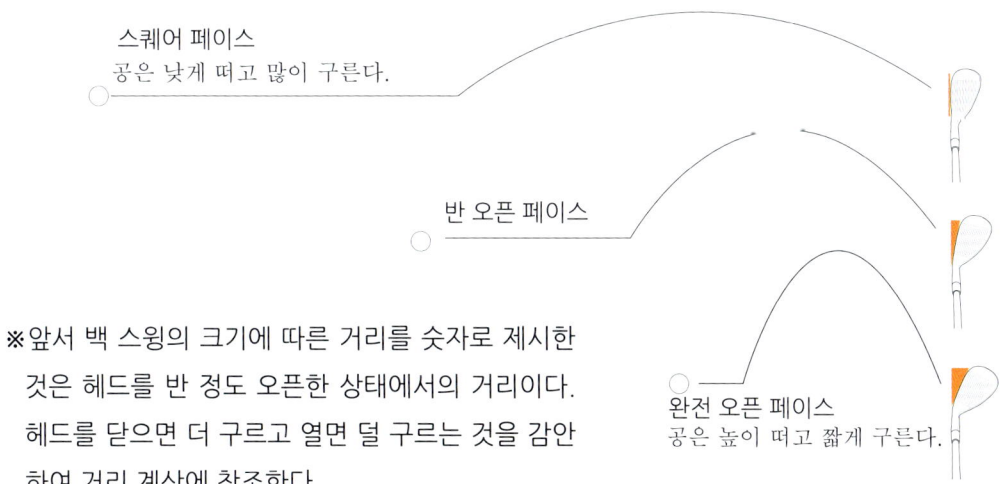

스퀘어 페이스
공은 낮게 뜨고 많이 구른다.

반 오픈 페이스

완전 오픈 페이스
공은 높이 뜨고 짧게 구른다.

※앞서 백 스윙의 크기에 따른 거리를 숫자로 제시한 것은 헤드를 반 정도 오픈한 상태에서의 거리이다. 헤드를 닫으면 더 구르고 열면 덜 구르는 것을 감안하여 거리 계산에 참조한다.

3. 클럽의 그립 길이를 조절한다.

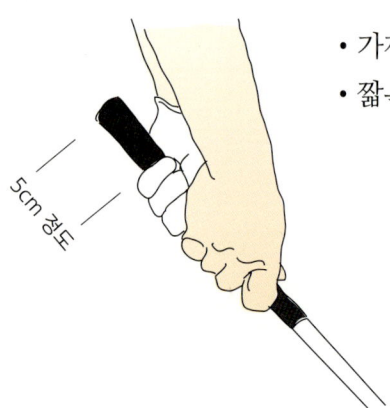

- 가까운 거리는 짧게 내려 잡는다.
- 짧은 그립은 클럽을 컨트롤하기도 쉽다.

1. 백 스윙의 크기로 거리 조절함을 기본으로 하고 그린의 경사나 모래의 상태 등 상황에 따라 **2. 클럽 페이스**와 **3. 그립의 길이**를 조절하면서 응용하도록 한다.

벙커 모래의 종류

벙커에 쓰이는 모래는 그 지역의 환경에 따라, 바람이 많은 곳에서는 무거운 모래를 사용하고, 비가 많은 지역에서는 입자가 굵고 물이 잘 빠져 빨리 마르는 모래를 사용하게 된다. 또한 코스의 경관과 잘 어울리는 색상의 모래를 사용해 아름다움을 배가 시키기도 한다. 하지만 쉽게 구할 수 있고 관리하기가 용이하여 비용 면에서 유리한 모래를 쓰게 된다.

- 산호 모래(Coral sand): 모래의 입자가 크다.
- 석회암 모래(Limestone sand): 모래와의 저항 때문에 백 스핀이 많이 걸린다.
- 강 모래(River sand): '규사'. 가장 많이 사용하는 모래.
- 실리카 모래(Silica sand): 유리의 원료로 쓰이며 흰색을 띠어 반짝이기 때문에 아름답고 부드럽다.

4. 거리 조절을 위해 참고해야 할 요소들

1. 항상 같은 지점을 치면서 백 스윙의 크기로 조절하기.
- 거리와 상관없이 항상 일정한 힘으로 스윙 한다.
- 잔디에서의 웨지 샷과 동일하므로 유리하다.
- 가장 안정적이고 에러 발생이 적은 방법이다.

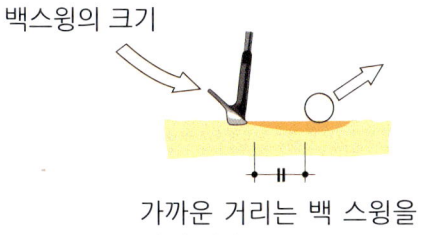
가까운 거리는 백 스윙을 작게 한다.

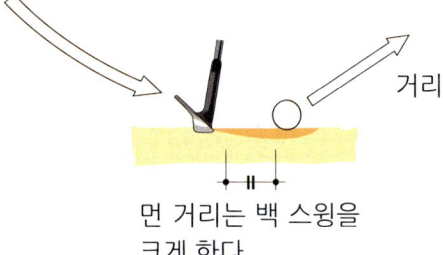
먼 거리는 백 스윙을 크게 한다.

2. 항상 같은 힘을 주면서 모래를 치는 지점으로 조절하기.
- 원하는 지점을 정확하게 치기가 쉽지 않아 일관성에 문제.
- 공과 너무 먼 지점이면 벙커 탈출에 실패, 너무 가까우면 공을 직접 치는 경우 초래.

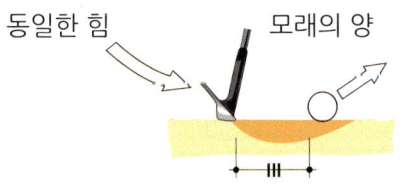
가까운 거리는 모래를 많이 퍼 낸다.

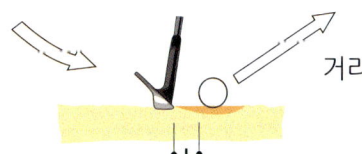
먼 거리는 모래를 적게 퍼 낸다.

3. 항상 같은 지점을 치면서 힘의 강약으로 조절하기.
- 힘의 세기 정도가 일정하지 못해 일관성이 떨어진다.
- 힘의 크기를 몸에 익히기 위한 많은 연습이 필요.

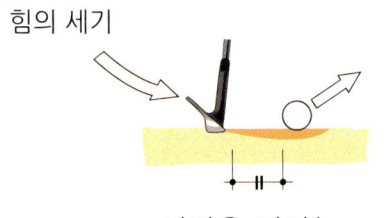
가까운 거리는 약하게 친다.

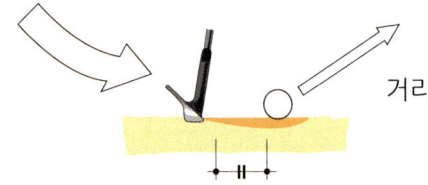
먼 거리는 강하게 친다.

2. 모래의 상태에 따라 샷이 달라진다.

준비 자세 때 모래에 발을 비벼 넣으면서 모래의 상태를 파악한다. 벙커의 표면은 부드러워도 모래 속이 젖어 있는 경우도 많다. 부드러운 모래와 딱딱한 모래에서의 샷은 달리 해야 한다. 모래 상태에 따라 공이 묻히는 정도도 다르기 때문이다.

1. 잘 마른 모래, 부드러운 모래
- 디봇 자국이 크게 생기도록, 모래가 최대한 많이 튀겨 나갈 정도로 힘있게 모래를 친다.
- 3/4 백 스윙으로서 팔로우 스루는 끝까지 하여 준다.
- 헤드를 완전 오픈 시킨다.

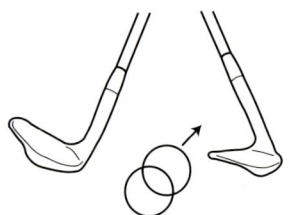

오픈 클럽 페이스
- 헤드는 바운스에 의해 모래 표면 위를 미끄러지듯 쉽게 빠져 나간다.
- 공이 높이 뜬다.

피니쉬 동작일 때, 손의 높이

팔로우 스루를 충분하게 한다.

2. 젖은 모래, 딱딱한 모래일 때
- 클럽 페이스를 스퀘어로 한다.
- 클럽 헤드를 많이 오픈 시키면 탑핑(Topping)의 원인이 된다.
- 모래를 얇게 떠 내듯이 공과 가까운 지점을 겨냥한다.
- 1/2 백 스윙으로 허리높이까지 하여 허리 높이에서 피니쉬한다.

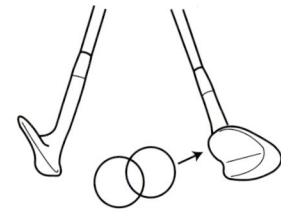

스퀘어 클럽 페이스
- 헤드가 모래 속으로 들어가게 되어 많은 모래를 파 내게 된다.
- 공이 낮게 뜨며 많이 구른다.

팔로우 스루를 짧게 한다.

3 벙커는 탈출이 우선이다.

핀이 벙커쪽에 가까이 있으면 헤드를 오픈 시켜 공을 띄워 친다. 하지만 핀에 붙이려고 하다 보면 항상 짧아져서 탈출도 못하는 경우가 많다. 일단은 핀을 지나치더라도 벙커에서의 탈출이 우선이 되어야 한다.

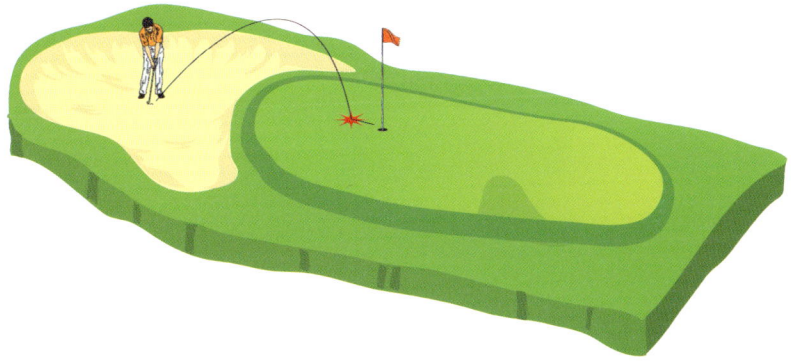

핀이 벙커에서 멀리 떨어져 있으면 가능한 공을 굴리는 편이 좋다. 헤드를 스퀘어로 하여 공이 잘 굴러가게 한다.

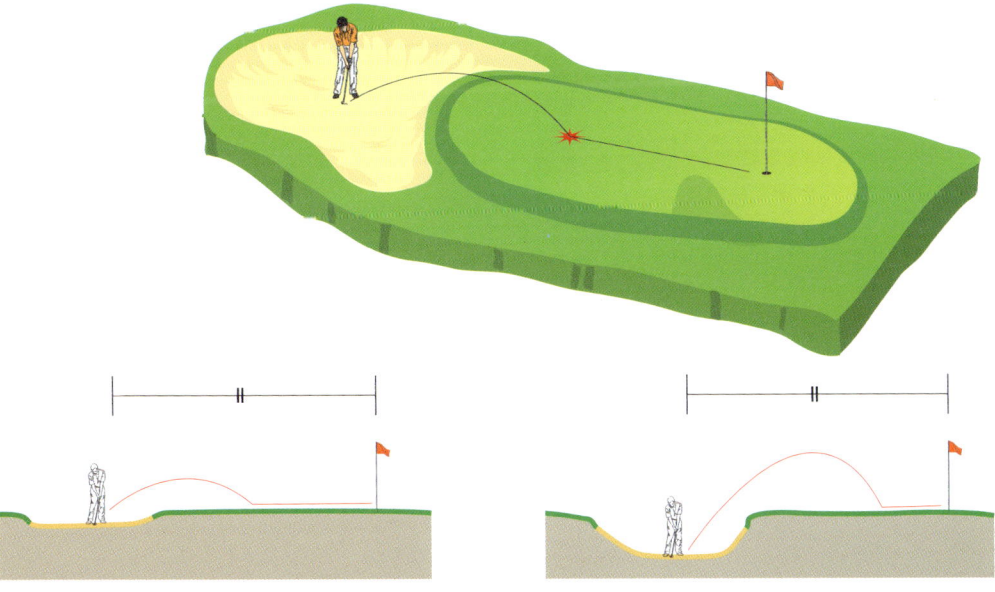

벙커의 턱이 낮은 편이면 헤드를 스퀘어로 하여 공이 굴러가게 한다.

벙커의 턱이 높으면 헤드를 오픈 시켜 공을 띄운다.

의외로 높이 뜬다.

웬 만큼 턱이 높아도 헤드를 완전히 눕혀서 스윙을 하면 자신이 생각 했던 것보다 공이 높이 뜬다. 심리적으로 빠져 나가기 힘들다고 여기기 때문에 소극적인 스윙이 되어 미스 샷이 발생한다. 자신과 클럽을 믿고 쳐 낸다면 의외로 쉽게 탈출할 수 있다.

4 벙커는 무조건 피해야 하는 이유

벙커는 함정(Trap)이다. 가끔이지만 고수들 중에는 의도적으로 벙커를 겨냥하고 공략한다는 골퍼도 있다. 벙커에 빠져도 멋있게 살려 내면 된다는 생각이다. 사실 벙커 쪽이 가장 안전한 방향이다. 쉽게 공략을 못하도록 방해하는 것이 벙커를 만든 목적이니까.

그러나 벙커에는 다음과 같은 너무나 많은 함정과 위험 요소가 도사리고 있다.

- 벙커 내의 경사에 공이 놓이면 아주 어려운 샷이 된다.
- 발자국 안에 공이 들어가면 구제 받지 못한다.
- 공이 모래에 박혀버릴 수도 있다. (에그 프라이)
- 표면의 상태가 젖어 있는지 부드러운 상태인지에 따라 샷의 방법이 달라진다.
- 잔디에서 보다 거리 조절하기가 쉽지 않다.
- 클럽 헤드가 모래에 닿으면 벌타(Penalty), 조심 해야 한다.
- 스탠스가 견고하지 않으면 좋은 샷을 기대하기 어렵다.
- 일단 심리적으로 부담을 갖게 된다.

심리적인 부담감. 특히 그린 뒤쪽이 O.B 지역이거나 페널티 구역이라면 더욱 불안해진다.

벙커를 피해야 하는 이유

다음의 경우들처럼 어려운 상황이 될 수도 있고 또 탈출하려다 더 큰 화를 초래할 수도 있기 때문에 벙커는 무조건 피해야 한다.

- 모래에 깊게 박힌다.
- 벙커 턱에 박힌다.
- 굴러서 경사지에 멈춘다.

공이 내리막 경사지에 있으면
- 스탠스가 불안해진다.
- 공을 높게 띄우기가 어렵다.
- 공이 그린에 떨어져도 많이 굴러 간다.
- 특히 앞 핀일 경우 더욱 어렵다.

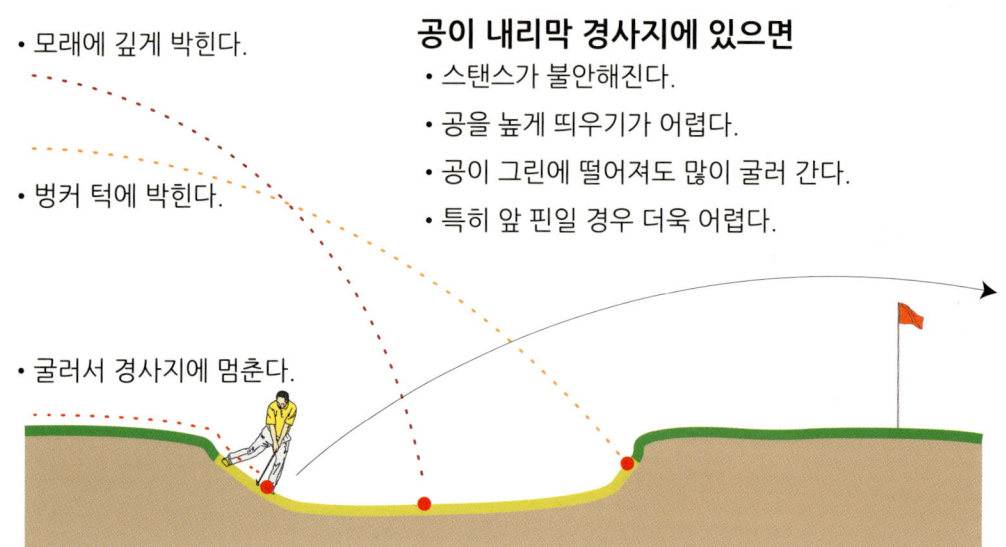

프로 선수 따라 하기?

골프 중계를 보면 투어 선수들은 환상적인 벙커 샷으로 살려 낸다. 벙커가 있어도 그냥 공략한다. 혹시나 따라하고 싶은 생각이 든다면 당장 잊어야 한다. 벙커는 피하는게 상책이며 혹시라도 발자국이나 경사 라이에 공이 놓이면 아무리 고수라 하더라도 탈출하기가 쉽지 않다.

'안 빠지면 좋고' 식의 운에 맡기는 경기 운영은 결코 바람직 하지 않다. 혹은 '빠지면 살려내면 되지' 라는 사고도 긍정적인 마인드 같으나 살려내기가 쉽지 않기 때문에 위험한 발상이다. 가장 완벽한 벙커 샷은 벙커에 빠지지 않게 하는 것이다.

벙커 내의 각종 방해물들

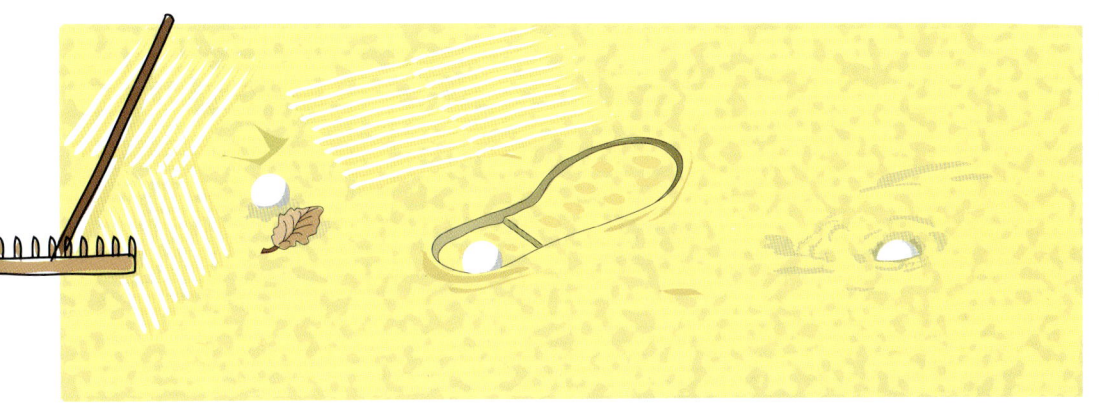

- 벙커 내에서는 나뭇잎과 같은 자연 장애물은 제거할 수 있다.
- 정리되지 않은 신발 자국에 들어가면 있는 그대로 쳐야 한다.(구제하도록 개정이 필요한 사항)
- 부드러운 모래일수록 깊이 파묻힌다. (에그 프라이 볼)

마른 모래

젖은 모래

표면은 마른 모래처럼 보이지만 아래 쪽의 모래가 수분에 젖어 있을 수 있다. 모래가 딱딱해져 클럽 헤드가 튕겨져서 거리 조절에 실패하는 경우가 많다.

Report

"골프 게임"

롱 게임 =

```
        ┌──────────────┬──────────────┬──────────────┐
   ┌─────────┐    ┌─────────┐    ┌─────────┐
   │ 파워 게임 │    │  숏 게임  │    │   퍼 팅  │
   └─────────┘    └─────────┘    └─────────┘
```

파워 게임
- 드라이버 샷
- 아이언 샷
- 페어웨이 우드 샷

↓

적절한 비거리와 방향 유지를 위한 파워 샷

힘을 바탕으로 하면서 얼마만큼 몸을 잘 통제할 수 있는지가 관건.

거리와 방향을 동시에 만족하기 위한 시간과 노력이 필요.

(약간의 실수와 오차가 허용된다.)

↓

가장 우선적이고 기본적인 샷.

골프의 시작

숏 게임
- 웨지 샷
- 피치 앤 러닝 어프로치
- 벙크 샷

↓

정확한 거리감을 요구하는 컨트롤 샷

메뉴얼의 기술대로 얼마만큼 잘 실행할 수 있는지가 관건.

파워 게임보다는 짧은 시간 내에 기술 습득이 가능.

(실수는 점수와 바로 직결.)

↓

고수가 되기 위한 필수적인 샷.

골프의 완성

퍼팅
- 롱 퍼팅
- 숏 퍼팅

↓

상상력이 요구되는 창조적인 샷

실전을 통한 경험과 얼마만큼 심리적인 안정감을 갖는지가 관건.

라운드 경험과 연습의 전제하에 프로 수준에 근접할 수 있는 유일한 샷.

↓

점수를 줄이기 위한 절대적인 샷.

골프의 끝

Chapter 4 숏 게임 **기본기 다지기**

드라이버나 아이언 샷은 힘을 바탕으로 하고 적절한 비거리가 요구되는 파워 게임이라 할 수 있다. 반면에 그린 주변에서의 웨지 샷이나 퍼팅과 같은 숏 게임은 정교함과 상상력을 동원하는 창조적인 컨트롤 샷이 필요하다. 어려운듯하지만 숏 게임은 기본기를 바탕으로 기술적으로 정해진 대로만 하면 드라이버 샷을 마스트하는 것보다 더 쉬운 일이다. 또한 고수가 되기 위해서는 필수적으로 갖춰야 할 강력한 무기이다.

퍼팅을 포함한 숏 게임은 점수에 직접적으로 영향을 미친다. 내기 골프라면 당연히 돈과 연결이 되기 때문에 그 중요성을 강조하지 않을 수 없다.

대표적인 숏 게임을 세 부분으로 나누어 기본기부터 다져 보도록 하자.

1. 그린 주변 40yd(35m) 이내에서의 **숏 게임**
2. **퍼팅**
3. 그린 사이드 **벙커 샷**

1 그린 주변에서의 숏 게임

숏 게임은 멀리 보내기 위한 샷이 아니므로 힘껏 치려고 해서는 안 된다. 무엇보다 깃대를 겨냥한 정확성을 높여야 된다. 핀까지의 거리 측정 능력과 원하는 거리만큼 보낼 수 있는 능력이 중요하다.

그린 가까이(40yd, 35m 정도 이내)에서와 100yd(90m) 이내의 두 부분으로 나누어서 알아보도록 하자.

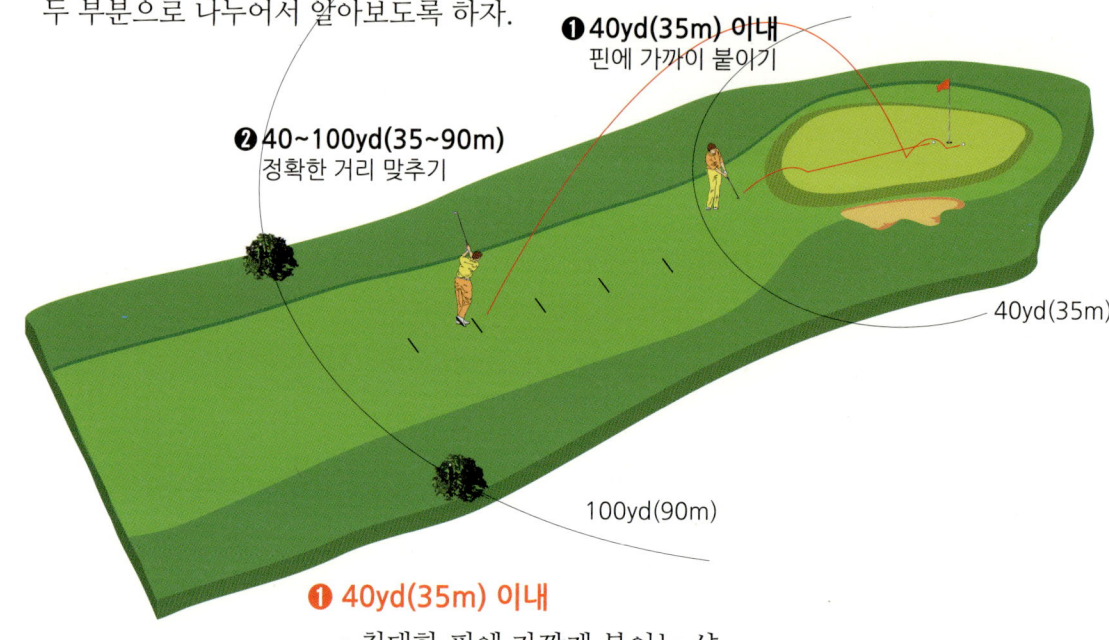

❶ 40yd(35m) 이내
핀에 가까이 붙이기

❷ 40~100yd(35~90m)
정확한 거리 맞추기

40yd(35m)

100yd(90m)

❶ 40yd(35m) 이내
- 최대한 핀에 가깝게 붙이는 샷.
- 그린 주변에서는 굴리는 샷으로 어프로치함이 원칙.
- 그린과 가까울수록 손의 힘을 더 빼는 그립.
- 손목은 움직이지 않게 고정하고 스윙.

❷ 40~100yd(35~90m) 사이
- 정확한 거리 맞추기.
- 남은 거리에 따른 각종 웨지의 활용.
- 하향 타격(Down-blow)의 샷.
- 스핀에 의해 공이 그린에 멈추도록.
- 백 스윙의 크기에 따른 거리 맞추기 연습.

1 그린 주변 40yd(35m) 이내에서 상황별 어프로치

주로 파 리커버리(Par recovery)를 위한 목적으로서 최대한 홀에 가까이 붙이는 샷이 되어야 한다. 그린 주변의 40yd(35m) 내에서는 굴릴 것인가, 아니면 띄울 것인가를 분명히 결정하고 어프로치를 한다. 굴리는 샷이 기술적으로나 여러모로 실수를 줄일 수 있어 유리하다. 상황에 따라 띄워 쳐야 할 때도 있지만 가능한 굴리는 샷을 구사하는 것이 가장 안전하다.

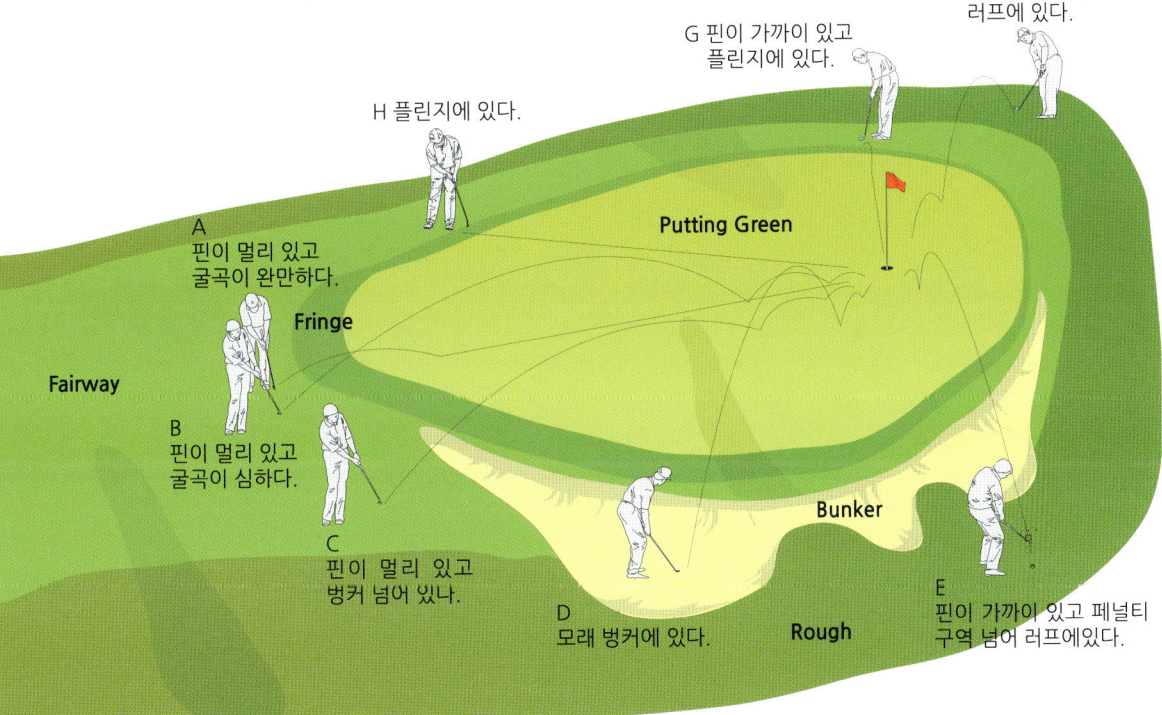

A 핀이 멀리 있고 그린의 굴곡이 완만할 때 -굴리는 샷
B 핀이 멀리 있고 그린의 굴곡이 심할 때 -띄우는 샷
C 핀이 멀리 있고 장애물을 넘겨야 할 경우 -띄우는 샷
D 모래 벙커에 빠졌을 경우 -띄우는 샷
E 장애물을 넘겨서 핀까지 그린의 여유가 없을 경우 -띄우는 샷
F 공이 러프에 있고 핀이 가까이 있을 경우 -띄우는 샷
G 핀이 가까이 있고 그린 가까이 공이 있을 경우 -굴리는 샷
H 공이 프린지에 있을 경우 -굴리는 샷

2. 그린 주변 40yd(35m) 이내에서 샷의 유형

그린 굴곡(Undulation)의 상태, 핀의 위치, 장애물의 여부, 공과 그린과의 거리, 공이 위치한 곳의 잔디 상태 등을 감안하여 굴릴 것인가, 띄울 것인가를 결정한다.

1. 굴리는 샷

- 공중에 뜬 거리(Carry)보다 구르는 거리(Roll)가 더 길다.
- 탄도를 낮게 하여 가능한 많이 구르도록 하는 샷.
- 퍼팅 그립으로 퍼팅 하듯이 해도 된다.
- 사용 클럽은 주로 미들 아이언(#5 I, #6 I, #7 I, #8 I)

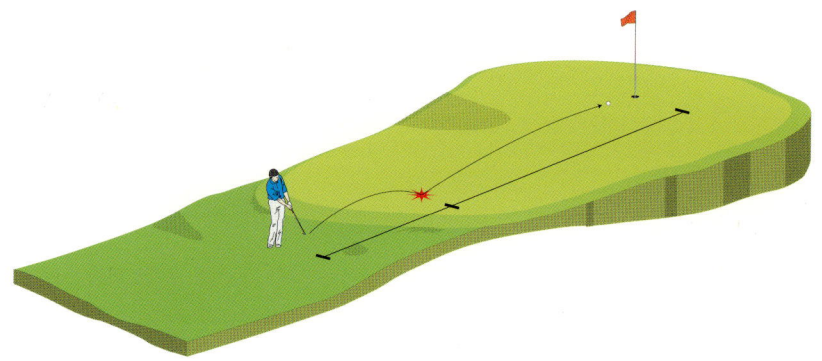

2. 띄우는 샷

- 구르는 거리 보다 공중에 떠가는 거리가 더 길다.
- 다운블로의 샷.
- 스핀에 의해 많이 구르지 않게 하는 샷.
- 사용 클럽은 웨지 종류(PW, GW, SW)

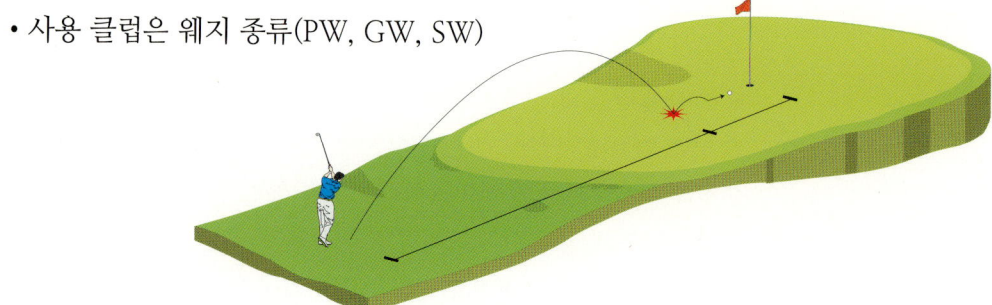

3. 높게 띄우는 샷

- 벙커등과 같은 페널티 구역을 넘겨서 공이 많이 구르지 않도록 하기 위해 아주 높게 띄워 치는 샷.
- 샌드 웨지나 로브 웨지(LW)를 사용한다.
- 그린의 공간에 여유가 없을 때
- 그린에 떨어진 후, 굴러가는 거리가 일정하지 않다.
- 공이 놓여 있는 잔디의 바닥이 딱딱할 경우와 짧은 잔디 상태에서는 띄워 치기가 어렵다.
- 벙커 샷의 형식과 비슷하다.

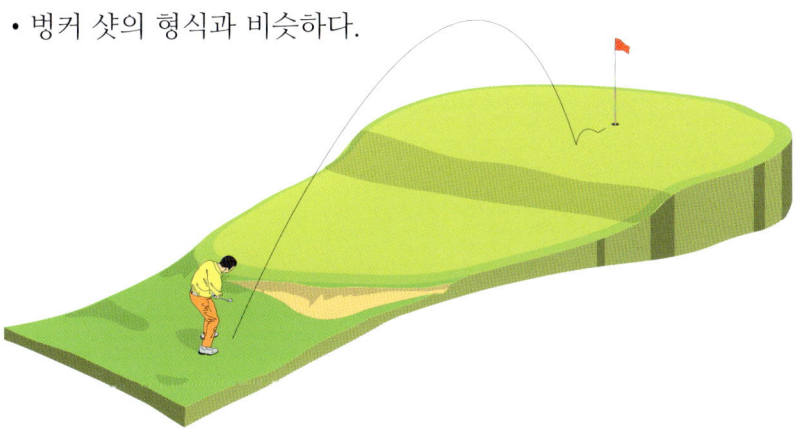

그린 주변에서의 샷 종류

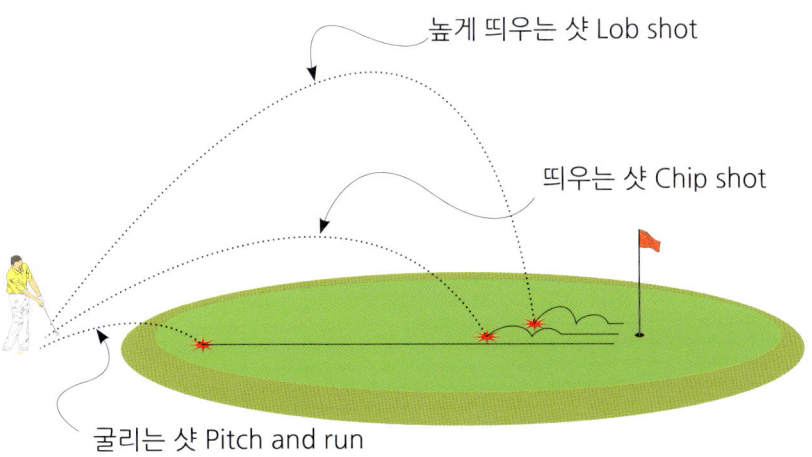

높게 띄우는 샷 Lob shot

띄우는 샷 Chip shot

굴리는 샷 Pitch and run

3 굴리는 샷

1. 굴리는 샷은....
- "Putting with loft"_Raymond Floyd
- "아이언으로 하는 퍼팅 샷"_레이몬드 플로이드(미 PGA 선수)
- 낮은 탄도로 많이 구르게 하는 샷.
- 주로 5I, 6I, 7I, 8I 클럽 사용.

2. 굴리는 샷은 이럴 때에....
- 핀이 멀리 있어 그린에 여유 공간이 많을 때.
- 공이 그린 가까이에 있지만 잔디가 깊어 퍼터 사용이 어려울 때.
- 그린이 다소 평탄할 때.
- 공이 있는 곳의 잔디 결이 역방향이어서 퍼터 사용이 어려울 때.
- 그린 에지에서 3yd(3m) 이내의 가까운 거리에 있을 때.

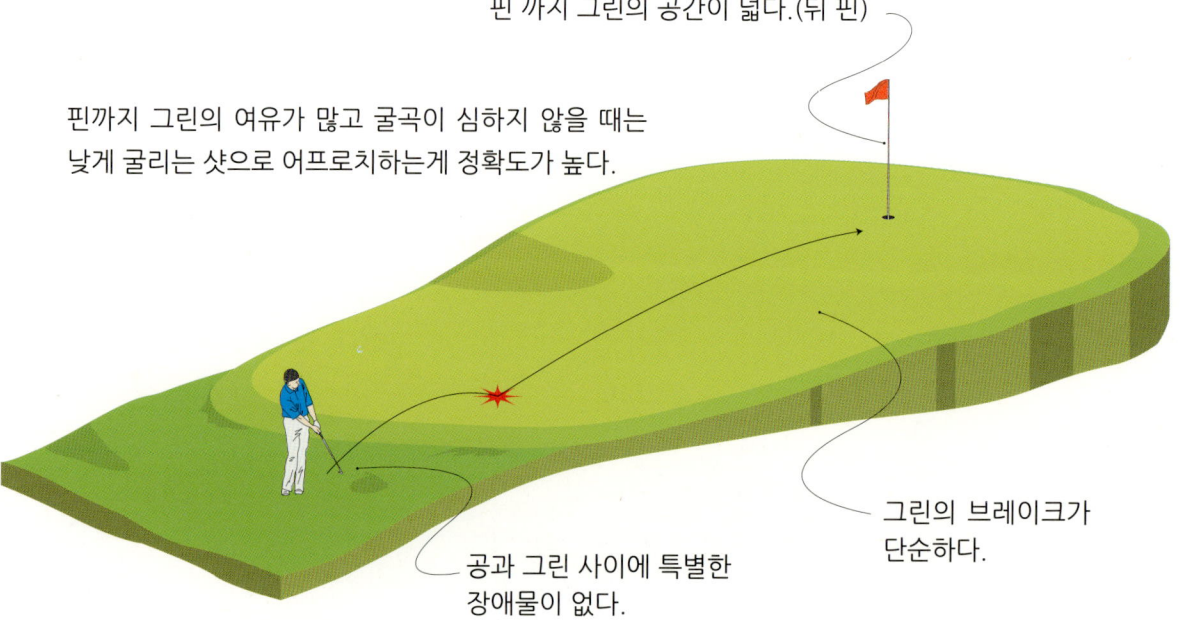

핀 까지 그린의 공간이 넓다.(뒤 핀)

핀까지 그린의 여유가 많고 굴곡이 심하지 않을 때는 낮게 굴리는 샷으로 어프로치하는게 정확도가 높다.

공과 그린 사이에 특별한 장애물이 없다.

그린의 브레이크가 단순하다.

3. 굴리는 샷의 기본 자세

스탠스의 폭을 좁히고 오픈 스탠스를 취한다.
- 하체의 움직임을 최소화 한다.
- 오픈 스탠스는 백앤스루를 수월하게 해 준다.

손목은 고정하고 상체를 이용하는 스트록을 한다.
- 퍼팅처럼 어깨와 팔, 클럽이 한 덩어리로 스윙한다.
- 손목은 꺾이지 않게 고정한다.

왼발 쪽에 몸의 중심을 둔다.
- 체중의 약 70% 이상을 왼발에 둔다.
- 몸의 좌,우 흔들림을 최소화 할 수 있다.

공의 위치는 오른발 앞쪽에 둔다.
- 뒤 땅을 방지할 수 있다.
- 정확한 스트록이 된다.

손이 공보다 앞쪽인 자세
- 왼팔과 클럽이 직선으로 소문자 'y'가 되게 셋업.
- 클럽의 로프트를 세워 공이 잘 구르도록 한다.

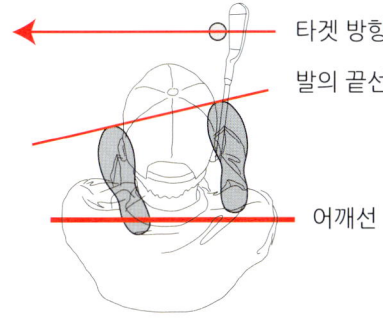

❶오픈 스탠스   ❷공은 오른발 쪽에 둔다.

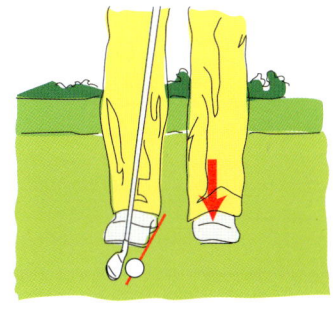

❸체중은 왼발쪽에 많이 둔다.

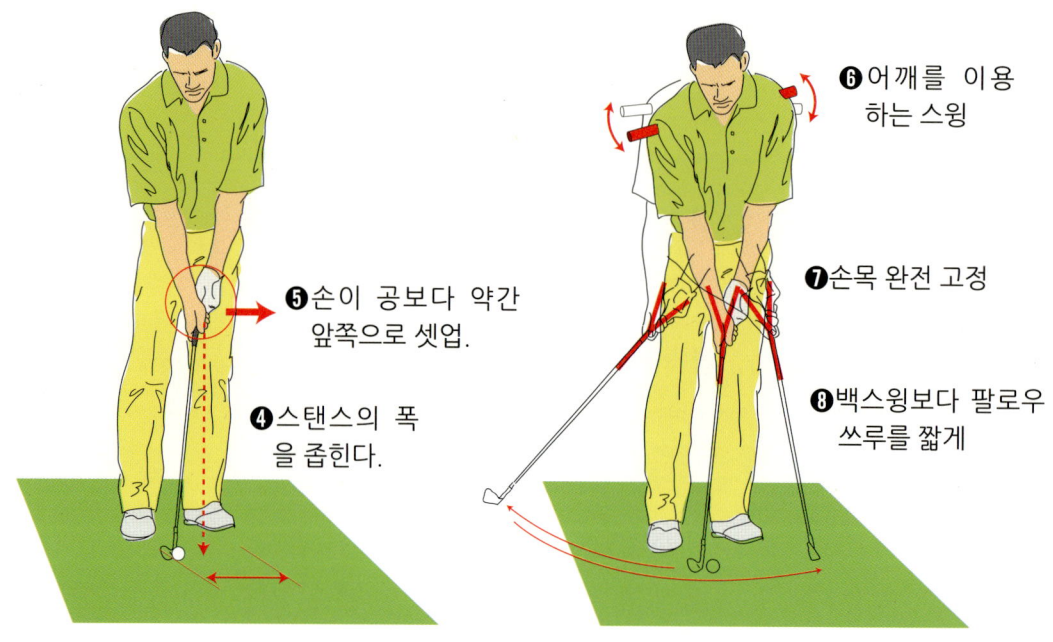

❹ 스탠스의 폭을 좁힌다.
❺ 손이 공보다 약간 앞쪽으로 셋업.
❻ 어깨를 이용하는 스윙
❼ 손목 완전 고정
❽ 백스윙보다 팔로우 쓰루를 짧게

4. 거리 조절 하기

- 스윙의 크기는 같게 하고 거리에 따라 아이언을 선택하는 것이 일관성이 있다.
- 오르막 경사는 한 클럽 큰 것으로, 내리막은 한 클럽 작은 것으로 조절.

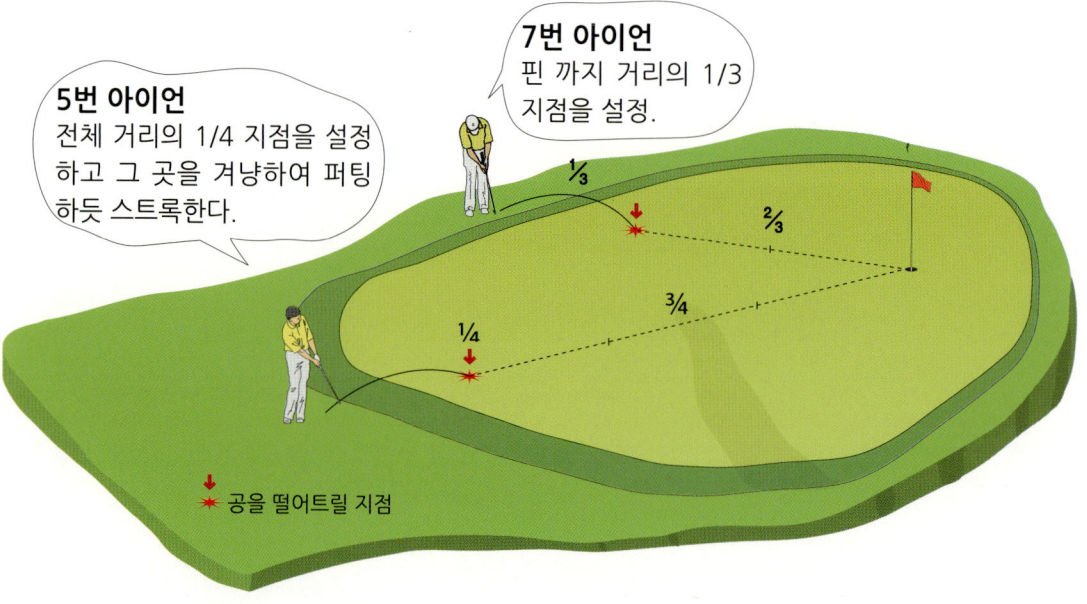

5번 아이언
전체 거리의 1/4 지점을 설정하고 그 곳을 겨냥하여 퍼팅하듯 스트록한다.

7번 아이언
핀 까지 거리의 1/3 지점을 설정.

공을 떨어트릴 지점

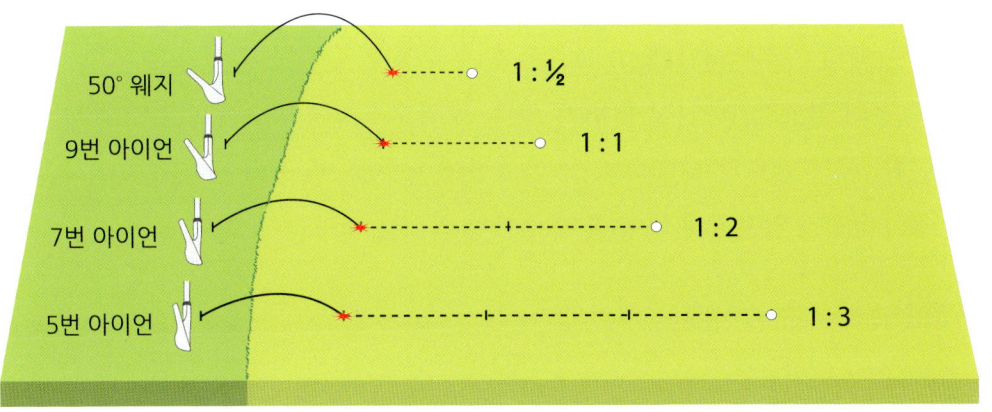

물론 위의 수치는 절대적인 비율은 아니다. 공이 놓여 있는 상태와 스트록하는 방법, 잔디의 상태 등 여러 가지 요인으로 인해 위의 비율과 약간의 차이가 날 수도 있다. 위의 비율을 참고로 하여 클럽에 따라 비거리와 구르는 거리의 특성을 잘 이해하여 본인에게 맞게 적용시킬 수 있도록 하자.

방법 1: 한가지의 클럽을 사용하고 백 스윙의 크기로 조절.

- 백 스윙의 크기를 달리하여 힘의 세기로 조절하는 방법.
- 가장 신뢰하는 클럽을 사용하기 때문에 안정적이다.
- 주로 웨지를 사용하여 띄우는 샷이 주가 된다.
- 굴리는 샷 보다는 정확도가 떨어진다.
- 굴리는 샷 보다 기술적으로 실수의 유발 가능성이 높다.

☆방법 2: 백스윙의 크기를 같게 하고 다양한 클럽 사용으로 조절.

- 힘의 세기는 항상 일정하게 하고 거리 별로 클럽을 선택.
- 클럽 별로 익숙해지는 시간이 그 만큼 필요하다.
- 주로 미들 아이언으로 굴리는 샷이 주가 된다.
- 띄우는 샷보다 방향성에서 우수하다.
- 기술적으로 쉽기 때문에 뒤 땅이나 탑핑 등의 실수가 적다.

5. 굴리는 샷을 해야 하는 이유

• 로봇 팔의 실험

아래의 그림에서 보듯이 로프트가 큰 아이언 (숏 아이언)일수록 공의 분포 상태가 넓게 퍼져 있다. 정확도가 떨어진다는 의미이다. 공의 탄도가 낮을수록 공이 그린에 닿았을 때 공의 바운스(Bounce)가 일정하게 되어 공의 구름이 의도한 대로 곧게 간다.

Robot
Machine

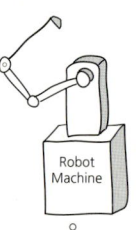

클럽별 공의 분포 상태

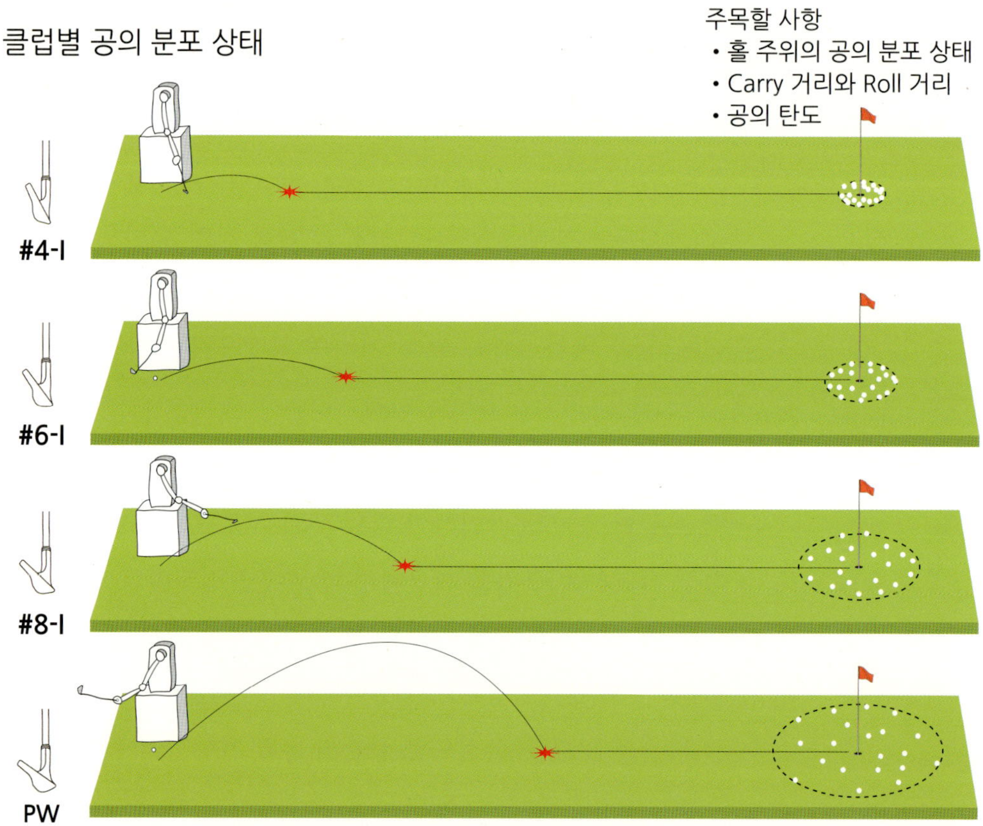

주목할 사항
• 홀 주위의 공의 분포 상태
• Carry 거리와 Roll 거리
• 공의 탄도
#4-I
#6-I
#8-I
PW

• 높이 띄울수록 그린의 불균일한 상태 혹은 공의 회전 상태에 따라 볼의 바운스가 불규칙하지만 낮은 탄도의 공은 바운스를 일정하게 한다.

• 낮은 로프트의 아이언은 탄도가 낮아 그린의 경사나 관리 상태에 상관없이 공의 튀어 오름(바운스)을 균일하게 하여 의도한 라인대로 굴러 보낼 수 있어 정확도를 높일 수 있다.

4 띄우는 샷

1. 띄우는 샷은....
- 탄도를 높여 많이 구르지 않게 하는 샷.
- 손목을 고정하고 어깨 턴에 의한 샷.
- 공에 스핀이 많이 걸리는 샷.
- 하향 타격(Down blow)에 의한 샷.

2. 띄우는 샷은 이럴 때에....
- 공과 그린 사이에 장애물이 있은 때.
- 그린과 너무 떨어져 있어 굴리기가 어려울 때.
- 그린 읽기가 어려울 정도로 굴곡이 심할 때.
- 공의 회전에 의해 짧게 구르게 할 때.

공이 그린 엣지에서 떨어져 있고 장애물들을 넘겨서 많이 구르시 않게 하기 위해서 띄우는 샷을 구사한나.

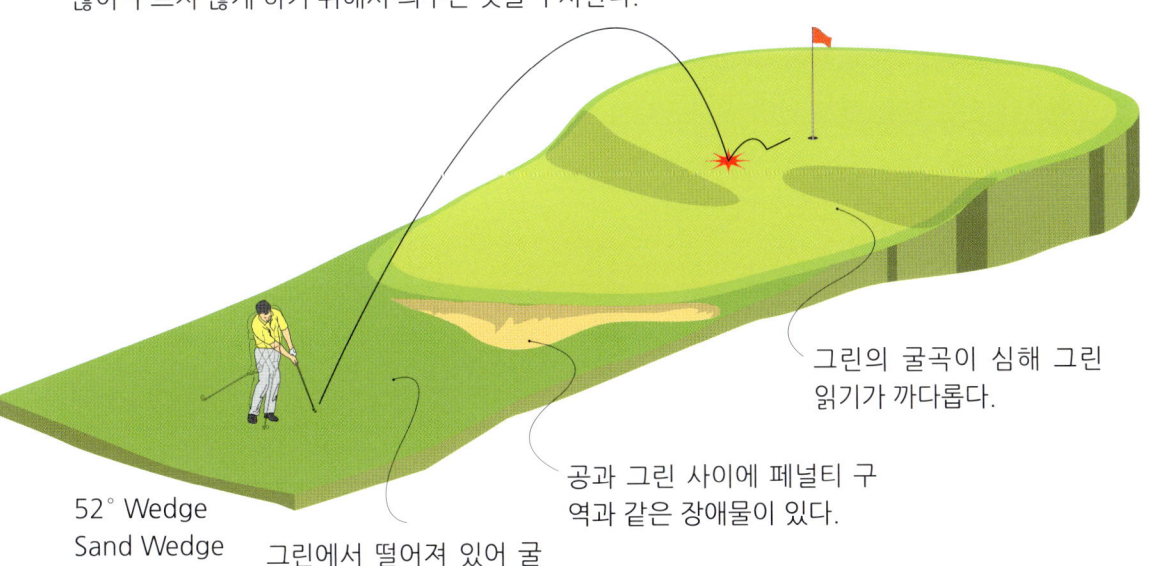

52° Wedge
Sand Wedge

그린에서 떨어져 있어 굴리는 샷이 어렵다.

공과 그린 사이에 페널티 구역과 같은 장애물이 있다.

그린의 굴곡이 심해 그린 읽기가 까다롭다.

3. 띄우는 샷의 기본 동작

❶ 셋업 자세(Set-up)

- 왼팔과 클럽을 일직선으로 만든다.
- 몸의 중심은 왼발 쪽에 많이 둔다.
- 왼손 손목은 완전 고정시킨다.
- 오른 손은 힘을 빼고 가볍게 잡는다.
- 오픈 스탠스로 서고 발은 좁게 모은다.
- 공의 위치는 가운데에 둔다.
- 클럽을 약간 짧게 잡는다.
- 클럽 헤드는 스퀘어로 한다.

❷ 백 스윙 (Back swing)

- 셋업 자세를 유지한 채 백 스윙한다.
- 손목을 그대로 고정한다.
- 상체는 한 덩어리가 된다.
- 팔이 아닌 어깨 턴에 의한 백 스윙을 한다.

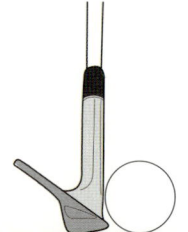

헤드가 공의 진행 방향과 수직을 이루게 스퀘어로 셋업 해야 정확한 비거리를 맞출 수 있다.

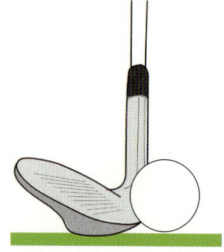

헤드가 오픈이 되어 있으면 공이 너무 뜨게 되어 거리를 일정하게 맞추기 어렵다.

❸ 다운스윙(Downswing)
- 어깨의 턴으로 다운스윙을 한다.
- 임팩트 때에도 손목은 여전히 고정.
- 약간 다운 블로가 되게 공을 친다.
- 팔과 손목을 사용하면 안 된다.
- 백 스윙의 속도대로 다운스윙 한다.

❹ 피니쉬(Finish)
- 피니쉬 동작에서도 왼팔과 클럽은 일직선 유지.
- 팔로우 스루를 짧고 낮게 멈춘다.
- 오른손을 감지 말고 앞으로 밀어 준다.
- 헤드의 페이스가 하늘을 향하게 한다.

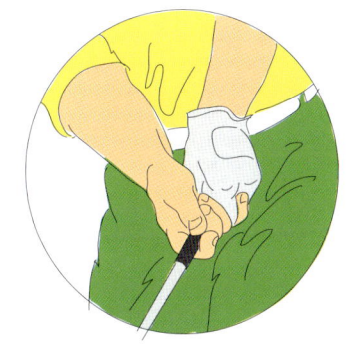

피니쉬 때, 오른손을 감아 당겨지지 않도록 타겟 방향으로 쭉 밀어 준다.

4. 연습 요령

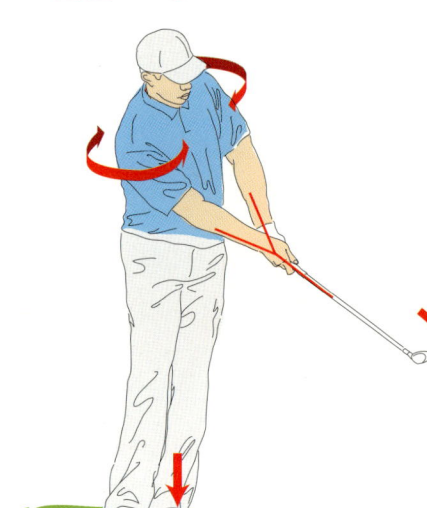

중점적으로 연습할 부분
- 왼손 손목 고정('y'자 형태 유지)
- 가벼운 그립
- 짧게 멈추는 피니쉬.
- 어깨 턴(Turn)에 의한 스윙.
- 왼발 쪽에 체중을 싣는다.
- 상체가 한 덩어리가 되어 스윙.

어깨 턴에 의한 스윙 연습 하기

겨드랑이를 붙여 몸통으로 회전하는 연습이다. 왼쪽 겨드랑이에 헤드 커버나 수건, 신문 등을 끼고 떨어지지 않도록 스윙 연습을 한다. 손목은 고정.

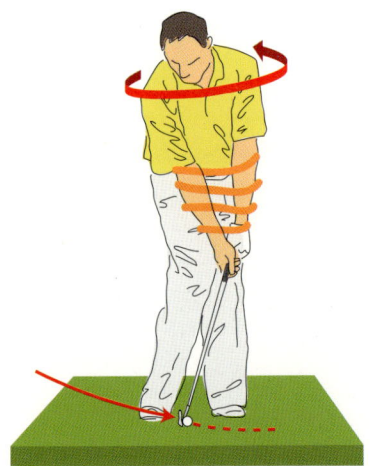

상체와 클럽이 한 덩어리가 되어 스윙을 하면 탑핑이나 뒷땅 등 에러를 줄여 일관성 있는 샷을 구사할 수 있다.

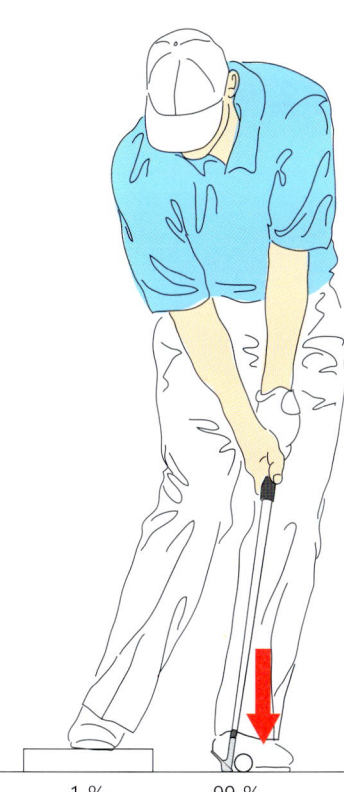

왼발에 체중을 완전히 실은 상태로 연습하기

왼발에 모든 체중을 실어 스윙을 한다. 오른발을 툭 쳐도 무게 중심이 왼발 쪽에 있어 전혀 흔들림이 없는 안정된 자세가 되도록 하는 연습을 한다. 40yd(35m) 안팎의 거리에서 하는 작은 스윙에서도 아주 효과적이어서 칩 샷의 성공률을 높일 수 있다.

- 체중 이동을 억제 할 수 있다.
- 체중 이동을 막아 몸의 움직임을 방지할 수 있다.
- 움직임을 줄여 몸의 흔들림(Sway)을 최소화한다.
- 몸의 흔들림이 없으면 뒤 땅과 탑핑을 방지할 수 있다.
- 이상적인 다운 블로우의 스윙이 된다.
- 공을 정타로 가격할 수 있어 스핀 량이 증가한다.

1 %   99 %

어깨에 힘 빼기

그린에 가까운 거리일수록 어깨와 팔에 힘을 빼서 부드러운 스윙이 되어야 한다. 팔은 어깨에 걸쳐져 있는 것처럼 수직으로 아래를 향한다. 그렇게 되기 위해서 공과 다소 가깝게 서야 한다. 왼쪽 손목이 움직이지 않을 정도의 힘만 준다.

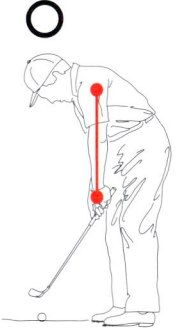

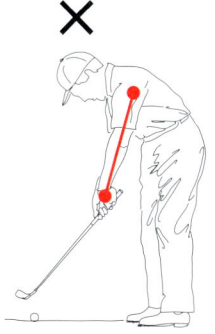

공과 약간 가까이 선다. 팔이 어깨에 걸쳐진 것 처럼 자연스럽게 아래로 향해야 손과 팔의 힘도 뺄 수 있다. 손목이 움직이지 않을 정도의 힘만 가진다.

공과 멀어지면 팔을 들게 되고 어깨와 팔, 손에 저절로 힘을 주게 된다. 힘을 빼기가 어렵다. 뒤 땅과 탑핑의 원인이 된다.

5. 백 스윙에 의한 거리 조절하기 (52° 웨지일 경우의 예)

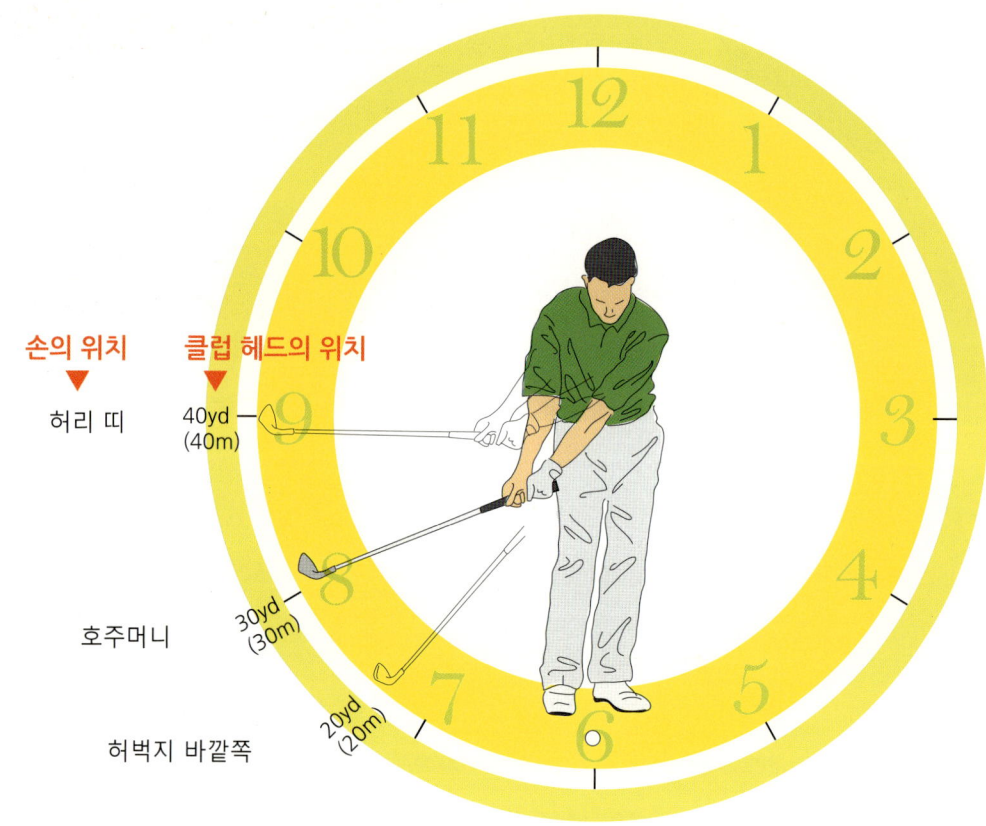

백 스윙 했을 때, **손의 위치** 별로
- 벨트 선까지 올렸을 때 – 40yd(40m) 정도
- 호주머니까지 올렸을 때 – 30yd(30m) 정도
- 허벅지를 살짝 지났을 때 – 20yd(20m) 정도로 계산한다.

또는 백 스윙 했을 때, **헤드의 위치** 별로 시계에 적용하여
- 헤드 위치가 9시일 때 – 40yd(40m) 정도
- 헤드 위치가 8시일 때 – 30yd(30m) 정도
- 헤드 위치가 7시 반일 때 – 20yd(20m) 정도로 계산한다.

앞서 표시한 거리는 각자의 신체 조건과 클럽에 따라 달라 질 수 있다. 단지 방법을 제시하기 위한 거리이므로 본인에게 맞는 거리를 만들어 매뉴얼로 정해 두어 활용하도록 한다.

거리의 일관성을 위해 꼭 지켜야 할 사항이 있다.
- 손목은 최대한 고정하고 어깨 턴에 의한 스윙으로 한다.
- 거리와 상관없이 항상 일정한 힘으로 스윙 해야 한다.
- 순전히 백 스윙의 크기만으로 거리를 조절한다.
- 팔의 힘이 아니라 클럽의 무게에 의한 스윙이 되어야 한다.
- 손에 힘을 너무 주면 클럽의 무게 감을 느낄 수가 없다.

참고로, 핀까지의 정확한 거리 계산도 중요하다. 평소 10m에 대한 거리 감을 익혀 놓는다. 자주 접하는 공간인 거실의 폭, 사무실의 크기, 기둥 간격 등. (90쪽 참조)

6. 그린의 공간이 없고 10yd(10m) 정도의 짧은 거리

아주 가까운 거리(10m 내외)에서 띄울 때는 클럽의 바운스를 이용하여 헤드가 잔디 표면에 미끄러지면서 공 밑을 긁고 지나가는 듯한 느낌으로 스윙한다.

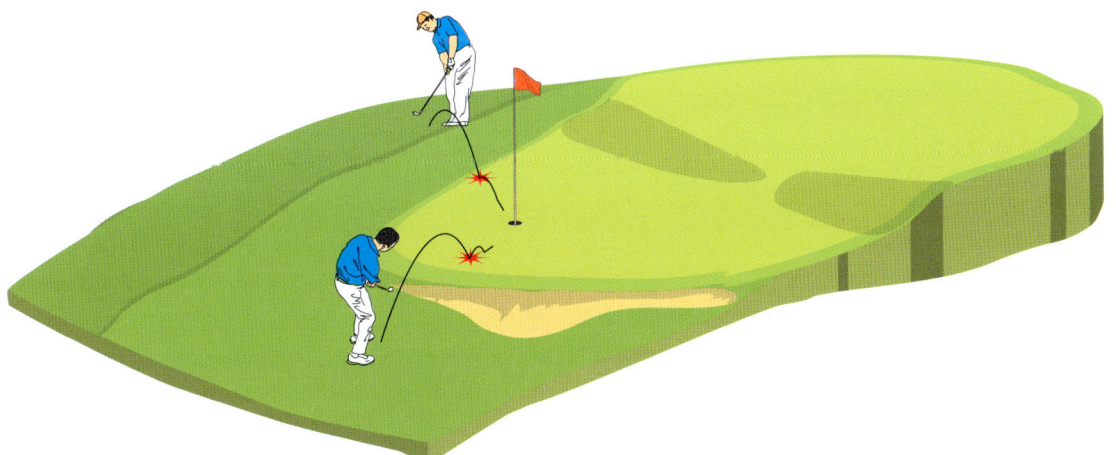

짧은 거리의 웨지 샷 요령. (10~20yd, 10~20m 정도)
- 바운스 각이 있는 웨지를 사용.
- 짧은 거리는 공의 스핀이 많지 않아 구르는 거리도 감안한다.
- 빗자루를 쓸듯 헤드를 낮게 시작해서 낮게 끝낸다.

아주 짧은 거리의 웨지 샷 연습 요령

아주 짧은 웨지 샷을 할 때는 공을 친다는 느낌보다는 클럽 헤드를 땅에 대고 쭉 밀어서 공 밑을 긁고 지나가는 형태의 샷이 되도록 한다. 실수를 줄일 수 있고 짧은 거리 맞추기에도 좋다.

- 공의 뒤쪽 약 20cm 지점에 동전을 놓는다. 그리고 클럽을 바닥에 대고 밀어 주듯이 동전을 친다.

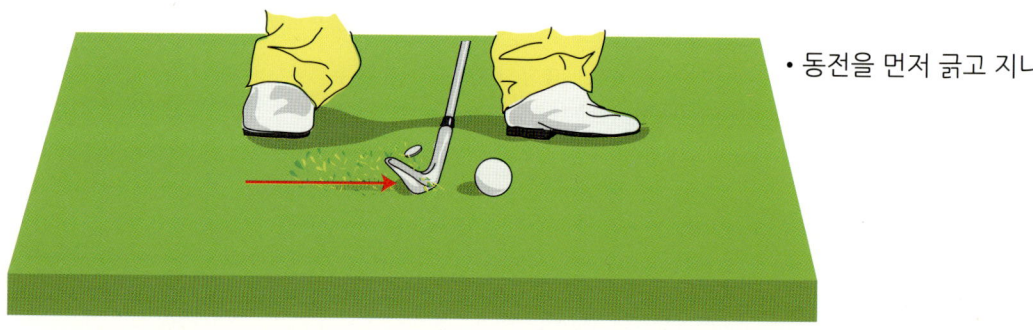

- 동전을 먼저 긁고 지나간다.

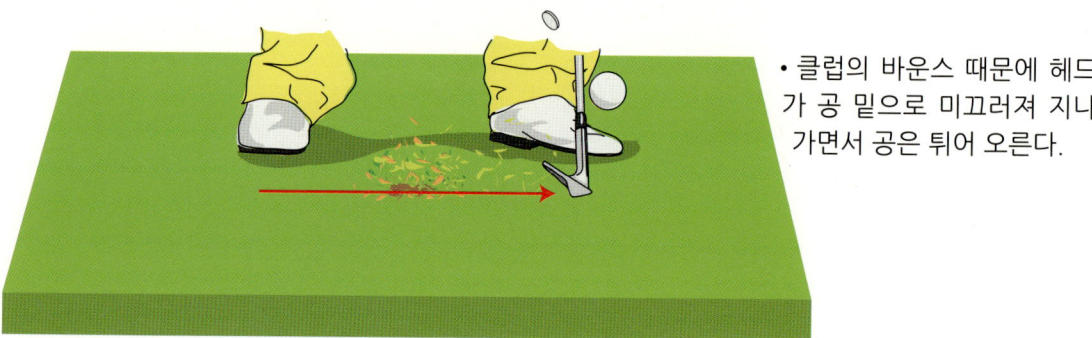

- 클럽의 바운스 때문에 헤드가 공 밑으로 미끄러져 지나가면서 공은 튀어 오른다.

2
내기 골프

모자에 앉은 나비 두 마리.
내기할 때 마다 붙여 줬다.

5. 아주 높게 띄우는 샷

　56°나 60°이상의 로브 웨지(Lob wedge)를 오픈 해서 바운스를 이용하는 샷. 바닥이 딱딱한 곳이나 잔디가 짧아 공이 바닥에 바짝 붙어 있는 상태에서는 아주 어려운 샷이 되고 실수의 위험이 있기 때문에 시도하지 않는다.

- 핀까지 그린의 여유가 없을 때.
- 심한 2단 그린에서 핀이 위쪽에 있을 때(뒤 핀)
- 장애물을 넘겨 많이 구르지 않게 할 경우.
- 벙커에 빠졌을 경우.

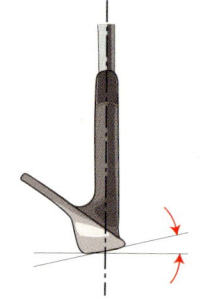

바운스(Bounce) 각
헤드가 바닥에 닿았을 때 튀어 오르도록 만든 각.

러프가 심할 때는 공을 직접 쳐 내는 것 보다 로프트가 큰 웨지를 이용해 벙커의 모래처럼 공 뒤의 잔디를 쳐서 빠져 나와야 한다.

띄우는 샷의 요령

높게 띄우기 위한 셋업과 피니쉬 동작

- 바운스를 이용하기 위해 헤드를 완전 오픈 시킨다.
- 로프트를 높이기 위해 팔은 대문자 Y 형태가 된다.
- 몸동 회선에 의한 스윙보다는 약간의 손목 콕킹과 릴리즈에 의한 스윙을 한다.
- 피니쉬는 끝까지 부드럽게 돌려준다.
- 잔디가 짧거나 딱딱한 곳에서는 삼가한다.

코킹에 의한 백 스윙과 손목 릴리즈.

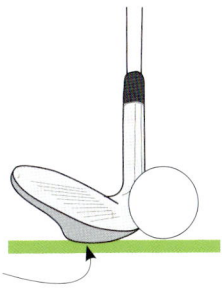

클럽을 충분히 오픈 시켜 벙커 샷처럼 헤드의 솔(Sole) 부분이 먼저 바닥에 닿는다. 잔디가 짧은 상태에서는 공을 띄우기가 어렵다.

높이 띄우는 샷은 잔디가 어느 정도 있어서 공이 약간 떠 있는 상태거나 바닥이 부드러울 경우에서만 시도해야 한다.

6. 40~100yd(35~90m) 사이의 어프로치 샷

이 거리에서는 방향성도 중요하겠지만 깃발까지의 거리 판단과 함께 정확하게 거리만큼 보낼 수 있는 능력이 요구된다.

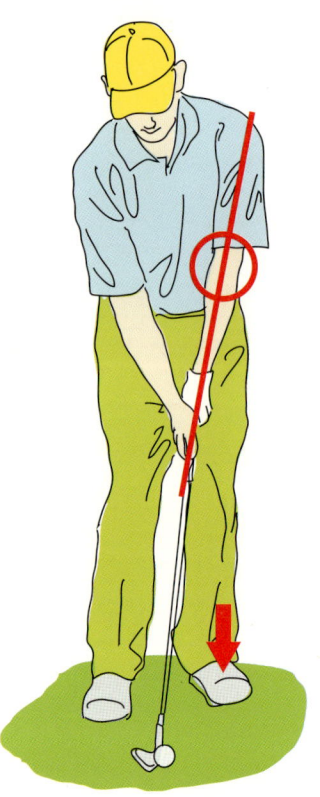

1. 어드레스 자세

- 왼팔은 팔꿈치를 곧게 펴서 견고하게 만들되 어깨에까지 힘이 들어가지 않도록 한다.
- 클럽은 가볍게 쥔다. 어깨에 힘을 주어 긴장해 있으면 안 된다. 어깨에 힘을 빼려면 우선적으로 손에 힘을 빼야 한다.
- 스탠스의 폭을 약간 좁혀서 하체의 움직임을 억제.
- 왼발 쪽에 체중을 두어 하향 타격의 샷이 되게 한다.
- 공의 위치는 스탠스의 가운데에 위치시킨다.

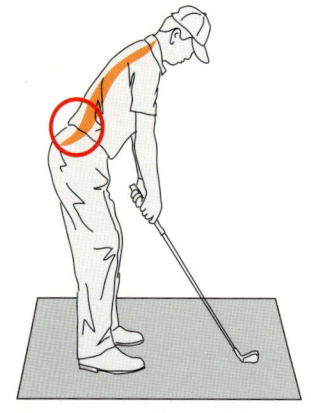

- 허리 부분에 있는 등뼈(원 부분)를 곧게 편다는 느낌으로 등을 곧게 편다.

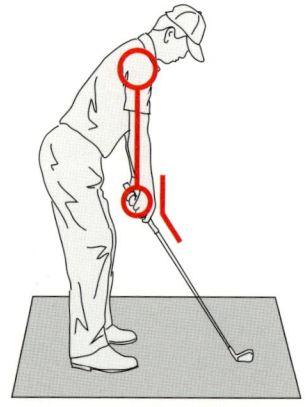

- 팔은 어깨에 걸려 있는 듯이 어깨 힘을 빼면 자연스럽게 수직으로 아래를 향한다.

2. 백 스윙

- 의식적으로 손목을 꺾지 말고 어드레스 때의 손목 각도를 유지한 채 클럽을 들어 올린다.
- 왼 팔꿈치에만 힘을 주어 편다.
- 하체는 가능한 고정하여 움직임을 최소화.
- 상체인 어깨를 돌려 몸통의 꼬임을 만든다.
- 백 스윙의 크기가 거리를 결정한다.
  (손의 높이)

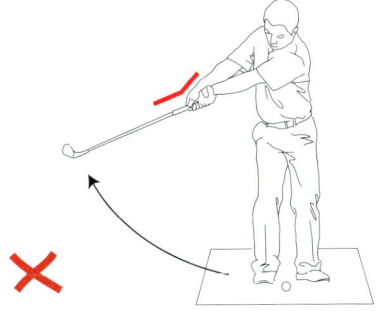

몸에 힘을 제대로 빼지 않으면 뻣뻣한 백 스윙이 되어 부드러운 스윙이 어렵다.

3. 다운 스윙

- 꼬인 허리의 풀림에 의해 다운 스윙을 유도한다.
- 팔을 끌어 내려 치는 스윙이 아니라 몸통이 유도하고 팔은 따라 오는 형태의 스윙이 되도록 한다.
- 다운 스윙 중에는 가속을 하지 않고 일정한 속도로 내려 온다.
- 내려 오는 속도대로 헤드를 뿌려 준다.

4. 피니쉬
- 백 스윙의 크기대로 피니쉬가 이루어 진다.
- 완전 전방을 쳐다 보는 자세로 마무리.
- 부드러운 스윙이 되면 피니쉬가 좋다.

5. 거리 조절 하기
- 철저하게 백 스윙의 크기로 거리를 조절한다.
- 백 스윙 시, 손의 위치에 따라 거리를 정한다.
- 힘의 세기로 조절하는 것보다 백 스윙의 크기로 거리를 조절하는 편이 일관성에서 유리하다.
- 어깨 이상의 큰 백 스윙은 가능한 하지 않는다.

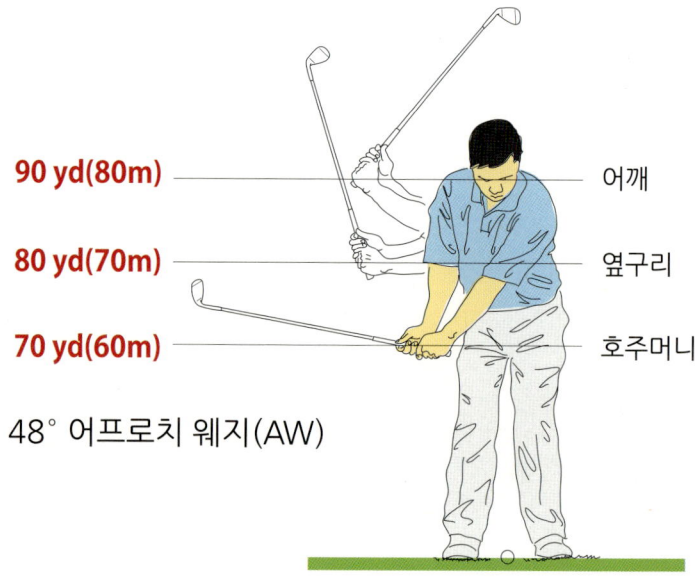

48° 어프로치 웨지(AW)

위의 거리는 절대적인 수치가 아니기 때문에 자신의 거리를 정하여 적용하도록 한다.

2 퍼팅의 기본기

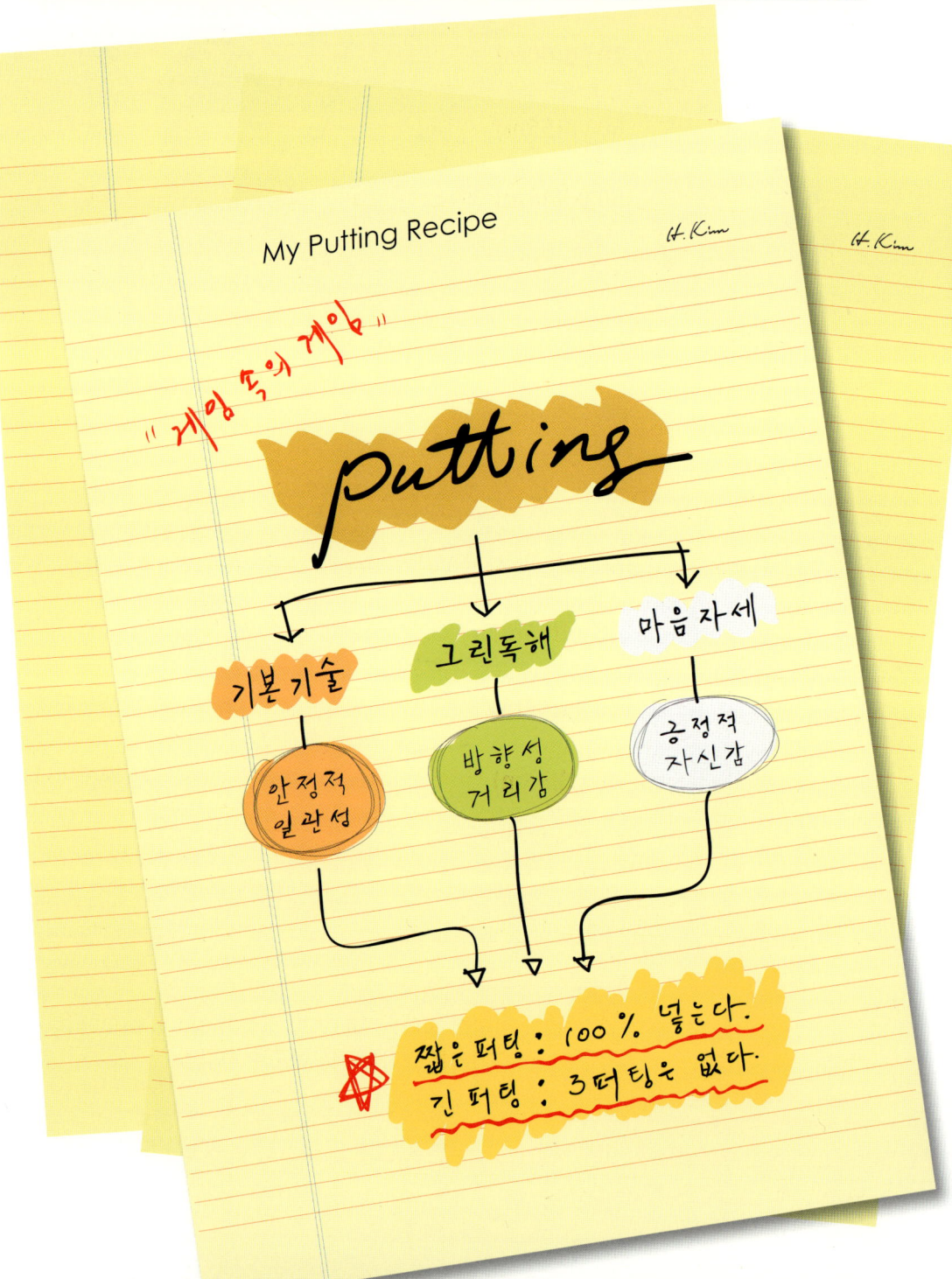

퍼팅의 셋업(Set-up) 자세

어깨 스윙(허리 스윙)
손이 주도하는 스윙이 되어서는 안 된다. 어깨, 팔, 클럽이 한 덩어리가 되어야 시계 추 스윙이 된다.

손목 고정
스트록 때 손목이 움직이면 방향과 거리를 맞추기 어렵다

시선 방향
공의 위치를 왼쪽 눈의 아래에 맞추어 약간 공의 뒤에서 쳐다 보듯이 한다.

견고하되 가벼운 그립
손에 과도한 힘을 주게 되면 부드러운 스윙이 되지 않는다. 클럽 손잡이 부분을 왼손에 잘 밀착 시킨다.

체중 분배
왼발 쪽에 약간 더 무게 중심을 둔다.

스퀘어 스탠스
양쪽 발의 끝 선을 공이 나아 갈 방향과 평행되게 일치 시킨다.

퍼터의 위치
스탠스의 정 중앙에 오도록 하여 공과 완전한 스트록이 되도록 한다.

공의 위치
스탠스의 중앙에서 약간 왼쪽에 두며 왼쪽 눈의 바로 아래 위치가 적당하다.

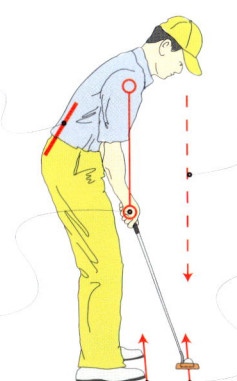

회전 축
골반 쪽의 등뼈를 곧게 펴 준다.

손의 위치
팔이 어깨에 걸려 있는 것처럼 아래쪽으로 자연스럽게 쳐져 있는 형태로 하여 손이 어깨의 바로 아래 쪽에 오도록 한다.

눈의 위치
공을 바로 위에서 쳐다볼 수 있어야 방향성 잡기가 좋다.

가상의 기준선
스퀘어로 서서 양 발의 끝을 이은 가상의 선과 평행하게 퍼터의 백 앤 쓰루 루틴을 만든다.

1 견고한 그립(Grip)

퍼터뿐만 아니라 클럽을 쥐는 그립의 중요함은 아무리 강조해도 지나치지 않다. 좋은 샷과 나쁜 샷의 차이는 그립에서부터 시작된다. 견고하고 안정적인 그립이 되도록 지속적인 노력이 필요하다.

1. 대표적인 그립 방식

퍼팅 자세만큼이나 그립을 쥐는 방식도 다양하다. 어떤 방식이든 상관없이 견고하고 안정감 있는 방식을 취하면 된다. 반복된 연습을 통해서 자신에게 알맞은 퍼팅 그립과 자세를 잡는다.

일반적인 방식

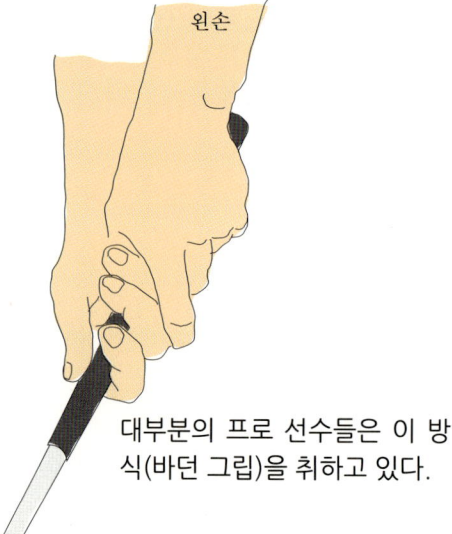

대부분의 프로 선수들은 이 방식(바던 그립)을 취하고 있다.

왼손 검지를 펴서 더욱 안정적인 그립을 만들 수 있다.

양 손의 위치를 바꾼 방식

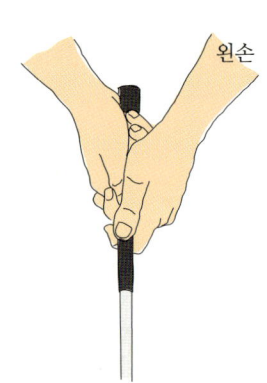

집게 잡이 방식

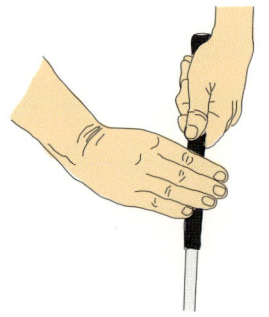

2. 견고하게 잡기

'**견고하게**'라는 뜻은 힘껏 잡는 의미가 아니라 약간의 힘으로도 흔들림 없게 손과 잘 밀착시키는 상태를 말한다. 공을 스트록하는 순간 클럽이 흔들려서는 안되므로 손바닥이나 손가락의 뼈마디에 잘 부착시켜 클럽과 손이 한 덩어리로 일체화 되게 해야 한다.

- 왼손 – 손잡이 부분이 손의 생명선을 따라 손바닥에 견고하게 밀착 시킨다.

- 오른손 – 손잡이 부분을 손가락 부분으로만 가볍게 감아 쥔다.

- 퍼터의 손잡이 부분을 양손의 손바닥과 닿는 면적이 최대한 많이 접할 수 있도록 하여 견고하게 밀착되도록 한다.

- 오른손 검지(2번 손가락)의 뼈 마디 부분에 기대서 받쳐 주면 더욱 견고한 그립이 된다.

- 왼손의 검지를 펴서 오른손을 받쳐 잡으면 더욱 안정감 있고 견고한 그립이 된다.

왼손

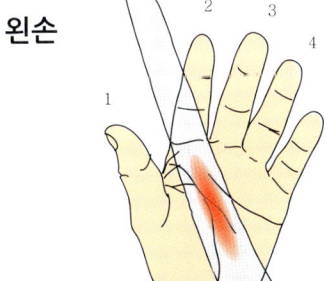

손바닥의 생명선에 완전히 밀착시킨다.

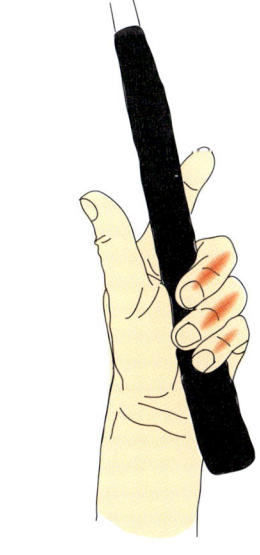

3, 4, 5번 손가락으로 견고하게 감아 잡는다.

오른손

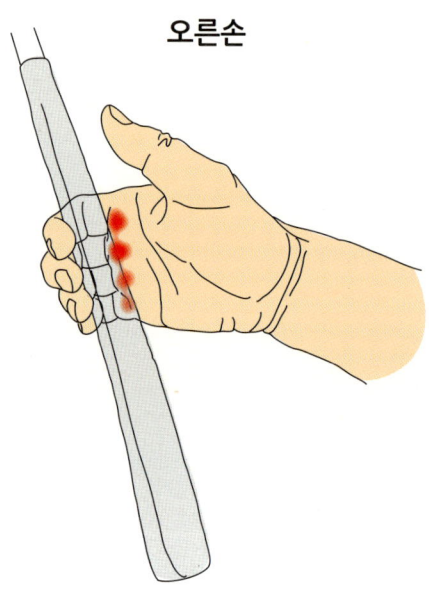

손바닥 끝의 뼈 부분으로 클럽을 견고하게 지탱시킨다.

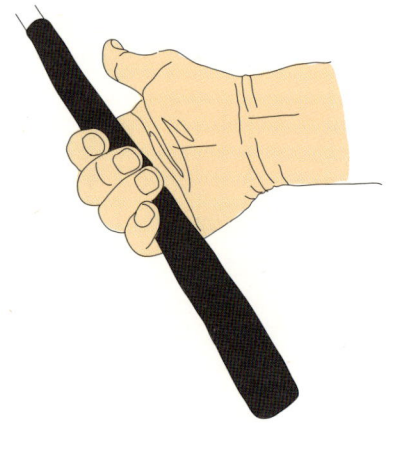

오른손은 손바닥이 아닌 손가락으로 그립을 잡는다.

왼손

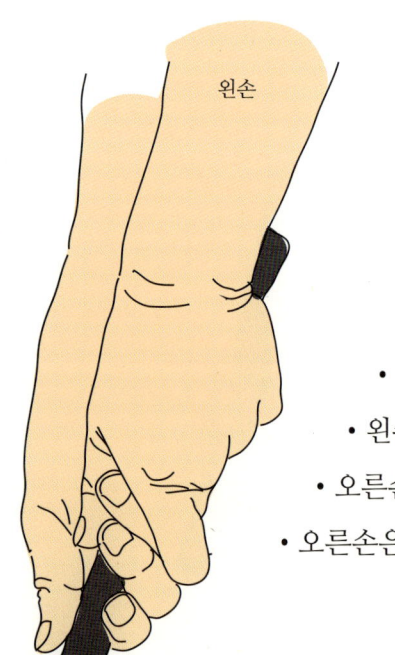

- 양 손과 클럽을 빈 틈이 없게 일체화 시킨다.
- 왼손은 손목부분이 흔들리지 않을 정도의 힘을 준다.
- 오른손은 퍼터가 뼈 부분에 잘 밀착시키고 힘을 뺀다
- 오른손은 힘을 뺀 상태에서 왼손이 유도하는 스윙을 한다.

3. 손목 고정과 가벼운 그립

클럽이 손에 잘 밀착되어 견고한 그립이 되었다면 양손의 힘을 적당히 빼서 가볍게 잡아야 부드러운 스윙이 된다.

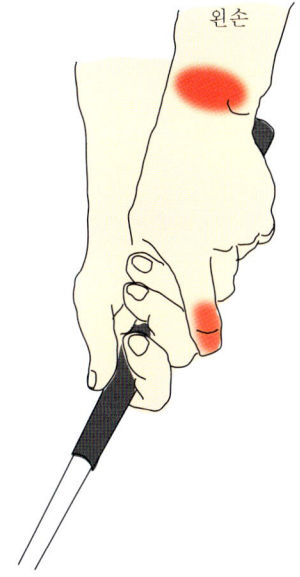

왼손의 붉은 색 부분에만 힘을 주어도 견고한 그립이 된다.

- 스트록 때에 손목이 흔들리지 않을 정도의 힘만 주어 왼손 손목이 움직이지 않게 고정시킨다.

- 왼손 손목이 제대로 고정이 되면 오른손과 오른 손목은 완전 힘을 빼 버려도 저절로 고정이 된다.

- 그립을 너무 힘을 주어 세게 잡게 되면 오히려 약한 스트록이 되어 거리 조절에 실패하기 쉽고 부드러운 스윙이 어려워진다.

- 너무 약하게 잡으면 스트록할 때 손목이 흔들릴 수도 있으므로 손목에만 적당하게 힘을 주어 흔들리지 않도록 한다.

- 그립을 한 상태에서 의도적으로 꽉 쥐었다가 느슨하게 풀어주면 힘 빼기를 느낄 수 있다.

2. 안정된 자세 (Stance)

퍼팅만큼 자유롭고 다양한 자세도 없을 것이다. 그 만큼 편안한 자세에서 안정된 스트록을 기대할 수 있기 때문이다. 자연스럽고 부드러운 스윙을 할 수 있게 자신만의 안정된 자세를 만들도록 노력해야 한다.

1. 방향성의 스퀘어 스탠스 (Square stance)

어깨 선, 두 발의 끝을 이은 선 그리고 공이 진행할 방향, 이 3가지를 모두 평행하게 일치 시키는 자세. 모든 방향 선을 평행 또는 수직으로 맞추기 때문에 방향성 잡기에 유리하다.

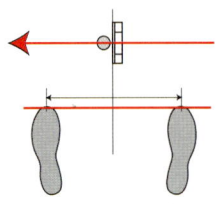

- 어깨선과 발끝 선을 목표 방향과 완벽하게 평행선이 되도록 선다.

- 퍼터 헤드가 목표 방향과 정확하게 수직이 되도록 한다.

- 공의 위치는 스탠스의 정 중앙에서 공 하나 크기만큼 왼쪽에 둔다. (퍼터가 정 가운데 있기 때문.)

- 공과 몸의 간격은 왼쪽 눈 바로 아래에 오도록 하는게 이상적이다.

- 체중의 중심은 약간 왼발 쪽에 둔다.

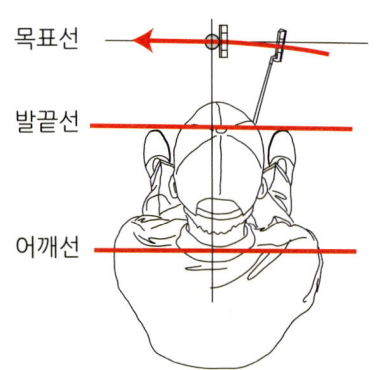

롱 퍼터(Long putter)는 직선의 스윙을 쉽게 만들 수 있기 때문에 방향성에서 유리한 점이 많다. 대표적으로 독일의 랑거가 사용하고 있지만 아마추어 들이 사용 하기에는....

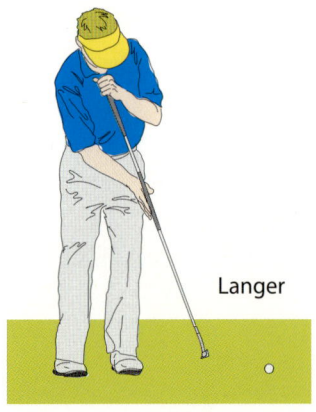

Langer

시선은 공의 바로 위에서 보는 것 보다 약간 뒤에서 쳐다 보는 듯이 왼쪽 눈에 맞춰 준다.

등은 곧게 펴서 축을 만든다.

헤드가 정 중앙에 위치. 공은 약간 왼발 쪽.

멀리 서는 것 보다 약간 가깝게 서는 게 방향 잡기에 유리. 눈의 직선 아래가 적당.

체중은 약간 왼발 쪽에 둔다.

2. 이상적인 직선의 백 앤 쓰루(Back and Through)

퍼팅은 퍼터를 뒤로 빼서 앞으로 밀어 주는 일종의 작은 스윙이다. 백 스윙(Back swing)과 팔로우 쓰루(Follow through)의 동작이며, 이 움직임을 직선으로 만들 때 가장 이상적인 백 앤 쓰루가 된다.

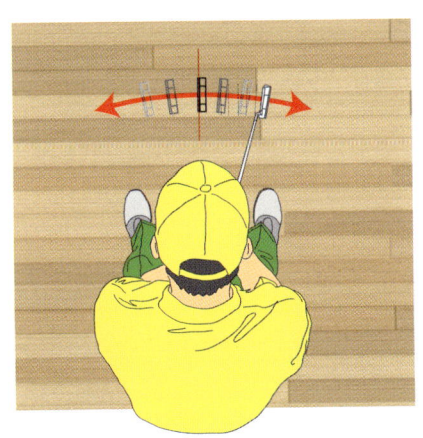

실제의 헤드 움직임
자연스런 스윙에서는 곡선의 형태를 그린다. 헤드 면과 정확하게 수직을 이루는 지점은 한 곳뿐이다.

- 퍼팅 자세를 취해서 바닥재의 선 위를 따라 퍼터를 자연스럽게 좌우로 흔들어 보자. 곡선의 아크(Arc) 형태로 스윙이 되고 있음을 알 수 있다.

- 아크 형태의 움직임으로는 헤드 면을 공의 방향과 수직으로 만들기 어렵다. 완벽한 방향성을 위해서는 헤드의 동선(動線)인 백 앤 쓰루(Back and through)의 궤도가 최대한 직선이 되도록 만드는 게 관건이다.

- 하지만 실제로 백 앤 쓰루를 직선으로 만들기가 쉽지 않다. 스윙 궤도를 최대한 직선으로 만들기 위한 시도와 연습이 필요하다.

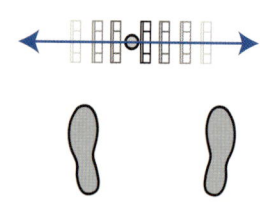
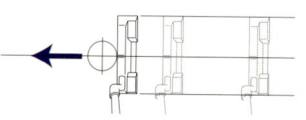
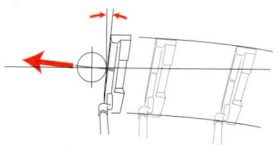

이상적인 헤드 동선
완벽한 직선의 백 앤 쓰루는 불가능하다. 직선에 가까운 스윙이 되도록 끈임 없는 시도와 지속적인 연습이 필요하다.

백 앤 쓰루가 직선을 유지할 때는 모든 지점에서 헤드 면이 수직을 이루므로 방향성이 좋다.

곡선의 백 앤 쓰루일 때, 헤드가 열리거나 닫혀 맞으면 방향과 거리를 모두 잃게 된다.

3. 향상된 직선의 백앤쓰루를 위한 시도

평소 퍼팅 연습을 할 때는 "어떻게 하면 직선에 가까운 스윙 궤도를 만들 수 있을까?"에 집중한다. 특히 가까운 거리의 퍼팅은 방향성이 중요하기 때문이다.

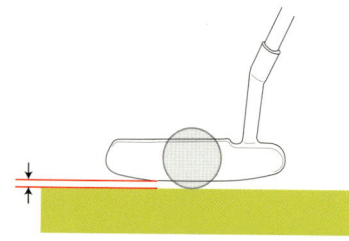
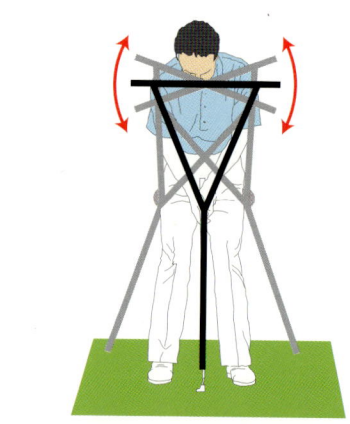

어드레스 때, 헤드를 살짝 들어서 스윙하게 되면 가벼운 그립을 느낄 수 있고 백 앤 쓰루를 더욱 부드럽게 할 수 있다.

어깨로 유도하는 스윙을 하면 백 앤 쓰루를 직선에 가깝게 하는데 도움이 된다.

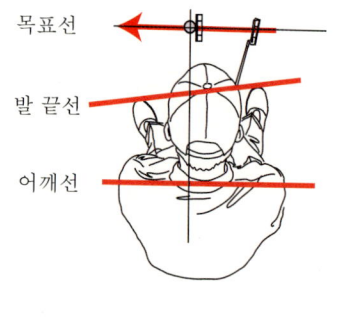

백 스윙이 편안한 오픈 스탠스(Open stance)

어깨 선은 공의 진행 방향과 평행을 유지하면서 하체만 왼쪽으로 조금 돌려 서는 자세. 자연스러운 백 스윙을 하기 위해 오픈 스탠스를 취하는 선수들도 많이 있다.

- 백 스윙이 수월하다. 스퀘어 자세보다는 백 앤 쓰루를 직선으로 만들기 쉽다.
- 몸통이 돌아 선 만큼 공의 방향성에 유의해야 한다. 항상 일정한 방향으로 갈 수 있게 많은 연습이 필요하다.

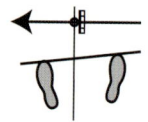

3 일관성 있는 스윙

1. 긴 시계 추의 흔들림처럼

주로 건물의 로비에 세워 두는 바닥용 큰 괘종 시계를 상기해 보자. 긴 시계 추의 흔들림, 즉 추의 진자(振子)운동을 유심히 볼 필요가 있다. 똑딱거리는 시계 추의 흔들리는 속도가 가장 이상적인 퍼팅 스트록의 템포인 것이다. '부드럽게 쳐라.', '리드미칼하게 쳐라.'는 뜻이 바로 이 템포로 쳐라는 의미이다. 퍼팅 어드레스에 들었을 때는 항상 **긴 시계 추의 진자 운동**을 떠 올리도록 하자.

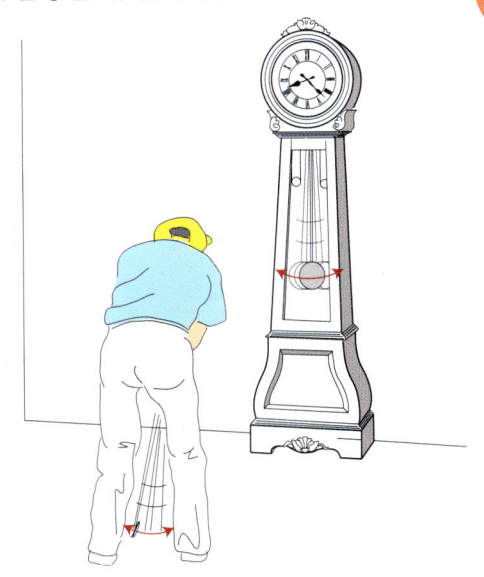

긴 시계 추의 흔들리고 있는 속도를 그대로 따라 해 보자. 시계 추는 좌, 우로 항상 같은 크기로 흔들리며 일정한 템포를 유지한 채 흔들리고 있다.

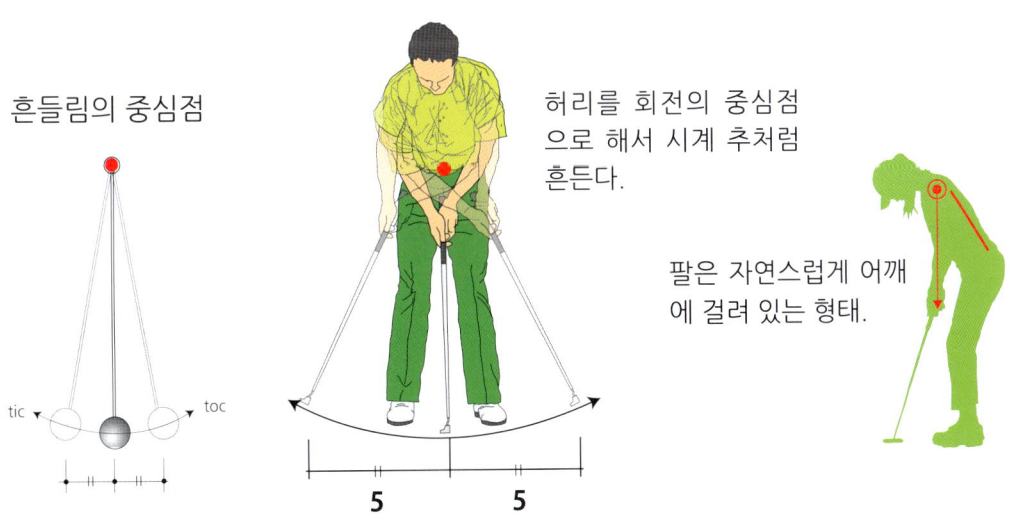

흔들림의 중심점

허리를 회전의 중심점으로 해서 시계 추처럼 흔든다.

팔은 자연스럽게 어깨에 걸려 있는 형태.

백 스윙 : 팔로우 쓰루 = 5 : 5 를 추천한다.
백 스윙한 크기만큼 팔로우 쓰루의 크기도 같도록 한다.
(일관성에서 유리하기 때문)

2. 일정한 템포(Tempo)의 유지

거리와 상관 없이 백 스윙(Back swing)과 팔로우 쓰루(Follow through)의 크기를 같게 하고 항상 일정한 속도로 스윙 한다. 거리 조절은 힘의 세기로 하는 게 아니라 백 스윙의 크기로 해야 거리감에 대한 일관성을 갖게 된다.

❶ 백 스윙을 한다.

❷ 내려 오는 속도대로 스트록 한다. 중간에 속도를 줄이면 안 된다.

❸ 팔로우 쓰루을 충분히 해 준다.

감(感)으로 쳐서는 안 된다.

투어 프로선수들은 힘의 강약으로 거리를 맞추는 경우가 많다. 엄청난 연습량과 다양한 실전에서 얻은 경험에서 감(感)으로도 거리를 맞출 수 있다. 아마추어라도 필드를 찾는 회수가 많은 골퍼는 가능하겠지만 주말 골퍼나 라운드를 자주 갖지 못하는 골퍼들은 느낌으로 쳐서는 안 된다. 칠 때 마다 힘의 크기가 달라져 들쭉 날쭉하여 거리 조절이 어려워 진다. **시계 추에 의한 스윙**을 강조하는 이유는 **일관성(一貫性)을 유지하기 위해서**이다. 백 스윙의 크기에 따른 거리 조절을 하면 일관된 거리감을 유지할 수 있다.

3. 손목 사용을 억제한다.

절대 손목을 쓰면 안 된다. 손목을 사용하여 스트록 하게 되면 일정한 거리감을 가질 수가 없고 방향성에서도 좋은 결과를 얻기 어렵다. 퍼팅에 있어 손목의 꺾임은 최대한 억제하여야 한다. 물론 20~30m 정도의 아주 긴 퍼팅일 때는 약간의 손목을 사용 해야 할 때도 있다. 방향성과 일정한 거리감을 몸에 익히기 위해서라도 손목을 사용해서는 안 된다.

손목을 꺾어 치면 일관된 거리감을 유지하기 어렵다.

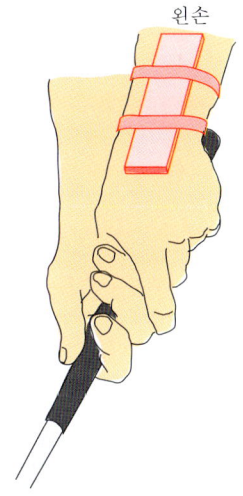

어떤 종류의 그립 방식이든 왼손의 손목은 최대한 고정해야 한다.

4. 어깨로 스윙 하기

　상체, 팔, 손 그리고 클럽이 한 덩어리가 된 느낌으로 항상 같은 형태(Y)를 유지하면서 스윙 한다. 허리를 회전 점으로 해서 어깨에 의한 스윙이 이루어지도록 하고 또한 손목의 꺾임이 없어야 항상 같은 형태를 유지할 수 있다. 시계 추의 진자 운동처럼 백 스윙이나 팔로우 쓰루는 항상 같은 속도를 유지하면서 스트록 한다.

❶ 상체, 팔, 퍼트는 한 덩어리가 된다.　　❷ 어깨로 백 스윙을 유도한다.　　❸ Y형태를 유지한 채 어깨로 팔로우 쓰루

어깨로 스윙을 하라는 뜻은
상체와 팔과 퍼터가 한 덩어리가 되어 상체로 스윙을 하게 되면 허리가 회전 점이 되어 상체 덩어리가 흔들리는 형태로 스윙을 하게 되어 안정감 있는 퍼팅이 된다.

 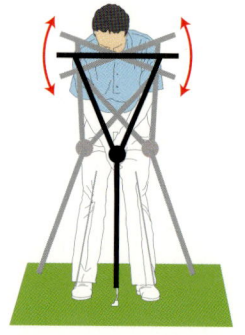

등을 곧게 펴서 회전 축을 만들고 어깨를 이용한 스윙을 한다.　　상체와 팔과 클럽은 한 덩어리가 되어 같이 흔든다.

대표적인 잘못된 퍼팅
1. 스트록 시 속도를 줄인다.

손이나 팔의 힘으로 스트록의 강약을 조절하게 되면 일정한 거리감을 기대하기 어렵다. 백 스윙은 크게 한 후 다운 스윙에서 속도를 급격하게 줄이는 스트록은 절대 해서는 안 된다. 일관성 있는 스트록이 어렵게 된다.

❶ 백 스윙 크게 했다가   ❷ 공 가까이에서 속도를 줄인다.   ❸ 팔로우 쓰루를 짧게 한다.

➡ 긴 시계 추의 흔들림처럼...
➡ 백 스윙의 크기만큼 팔로우 쓰루도 같은 크기로 한다.
➡ 어느 지점에서나 (공을 치는 순간에도) 힘의 세기는 같아야 한다.

2. 일찍 고개를 든다.

공을 치고 나서 바로 공을 쳐다 보려고 급하게 몸을 일으킨다.

➡ 공이 홀 근처에 갈 때까지 자세를 풀지 말고 고개를 들지 않는다.

3. 손목을 사용한다.

손목을 쓰면 거리 조절에서 일관성을 기대하기 어렵다.

➡ 손목을 고정해서 클럽과 양 팔이 대문자 Y의 형태로 한 덩어리가 되어 스윙을 한다.

4 숏게임 기본기 다지기
벙커 샷의 이해

"벙커샷은 삽질이다."

3 벙커 샷의 이해

벙커 샷의 기본 테크닉

　벙커 샷은 절대 힘으로 치는 샷이 아니다. 14개의 클럽 중 샌드 웨지가 가장 무겁게 만들어져 있다. 이는 클럽의 무게를 이용하기 때문에 가볍게 스윙만 해 주면 된다. 또한 헤드의 바운스 각과 넓은 솔(Sole)이 모래에서 쉽게 탈출할 수 있도록 만들어져 있기 때문에 클럽을 믿고 쳐야 한다.

　벙커에 빠진 공은 심리적으로 빠져나가기 힘들다고 여기기 때문에 무리하게 힘을 주게 되어 미스 샷으로 이어진다. 멀리 보내는 샷이 아니기 때문에 큰 스윙도 필요 없다. 가벼운 마음으로 스윙 해 주면 된다.

　벙커 샷의 원리를 이해하고 기본적인 테크닉만 갖추면 벙커 탈출은 그다지 어려운 일이 아니다.

1 벙커 샷의 이해

1. 샌드 웨지의 솔(Sole)과 바운스(Bounce) 각의 이해

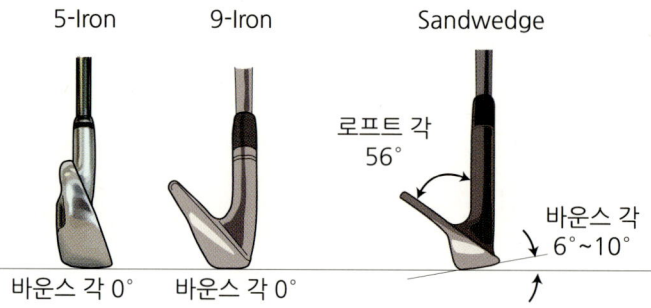

일반 아이언 클럽은 바운스 각이 없다. 샌드 웨지는 모래 표면 위로 잘 튕겨나갈 수 있도록 바운스 각을 만든다.

솔 부분을 넓게 만들어 모래에 닿는 면적을 크게 한다. 보다 잘 미끄러져 클럽이 잘 빠져 나가도록 하기 위함이다.

56°/08의 표시는 로프트 각이 56°이고 바운스 각이 8°인 샌드웨지라는 의미이다.

물 수제비는 돌의 바운스 각을 이용한다. 모래에서는 클럽 헤드의 바운스 각을 이용하는 원리이다.

돌멩이의 바운스 각

접시 모양의 돌을 수면 위로 낮게 던졌을 때...

돌의 바닥 면이 날카로우면(바운스 각이 없으면) 물속으로 바로 들어 간다.

돌의 바닥 면이 둥글면(바운스 각이 있으면) 물 표면 위로 튕겨 나간다.

2. 벙커 샷의 이해

벙커 샷은 공을 치는 것이 아니라 공 뒤쪽의 모래를 쳐서 공을 퍼 내는 것이다.

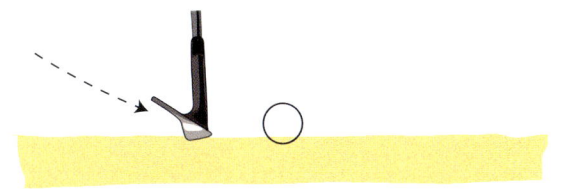

바운스 각 때문에 헤드의 솔 부분이 먼저 모래에 닿는다.

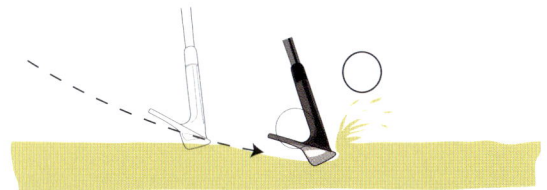

헤드가 모래 표면 위를 미끄러지듯 공 밑을 지나간다.

클럽의 바운스 각과 넓은 솔 부분이 있어 헤드가 저절로 튕겨 올라간다.

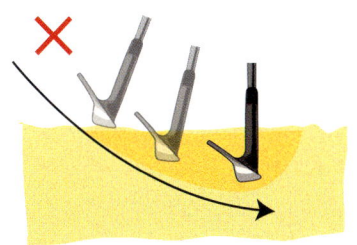 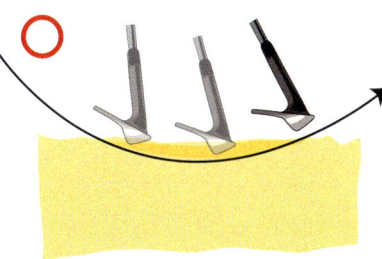

벙커 샷은 헤드가 모래 속으로 파고 들어가는 것이 아니라 바운스 각을 이용하여 헤드가 모래 표면 위를 튕겨 나가게 쳐야 한다.

2 기본 자세

1. 셋업(Set-up) 자세

- 오픈 스탠스(Open stance)
- 오픈 클럽 페이스(Open clubface)

클럽 헤드의 바운스를 이용해서 공 밑을 쉽게 미끄러져 빠져 나올 수 있게 하기 위한 자세.

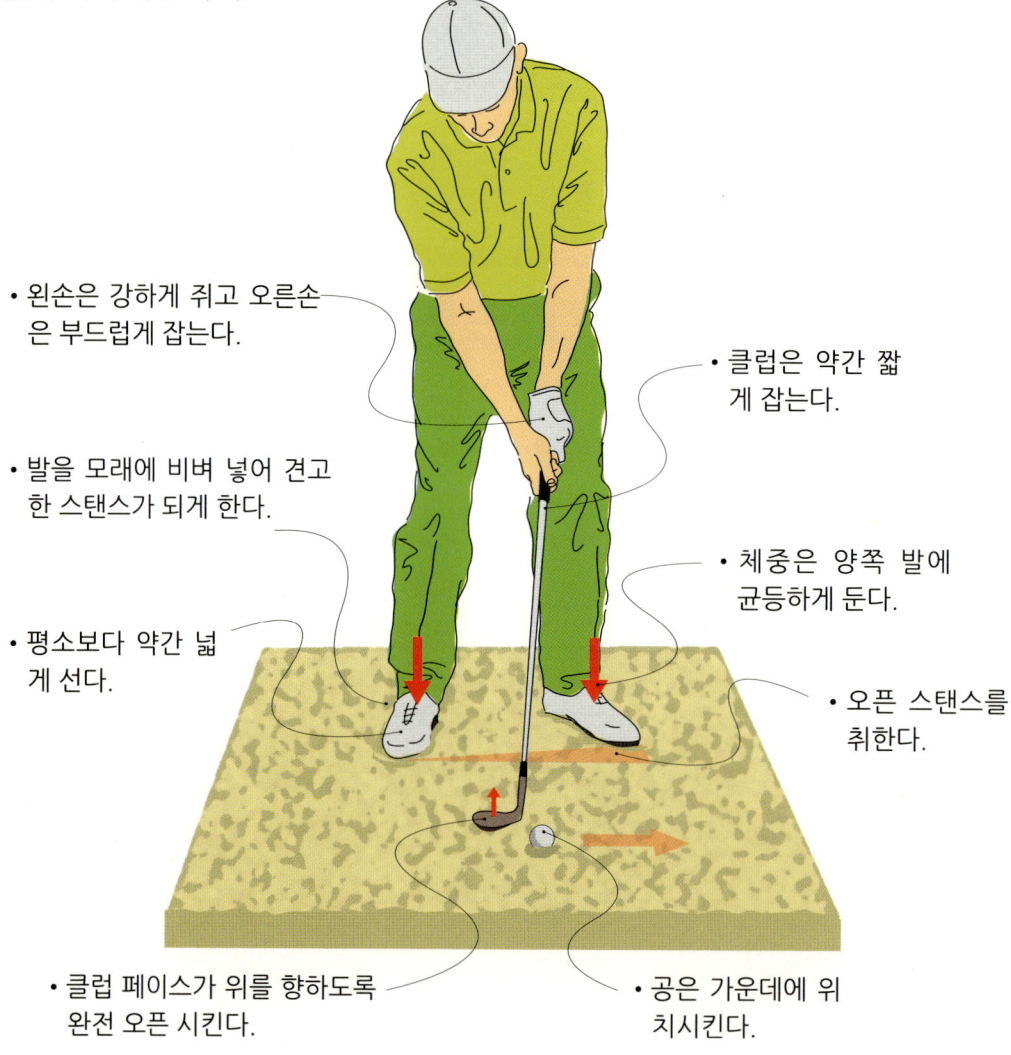

- 왼손은 강하게 쥐고 오른손은 부드럽게 잡는다.
- 발을 모래에 비벼 넣어 견고한 스탠스가 되게 한다.
- 평소보다 약간 넓게 선다.
- 클럽 페이스가 위를 향하도록 완전 오픈 시킨다.
- 클럽은 약간 짧게 잡는다.
- 체중은 양쪽 발에 균등하게 둔다.
- 오픈 스탠스를 취한다.
- 공은 가운데에 위치시킨다.

오픈 스탠스(Open stance)

- 어깨 선는 항상 타겟쪽을 향해야 한다.
- 하체만을 약간 틀어 발 끝의 연장선을 타겟의 왼쪽으로 향하게 선다.
- 왼발을 약간 벌려 준다.

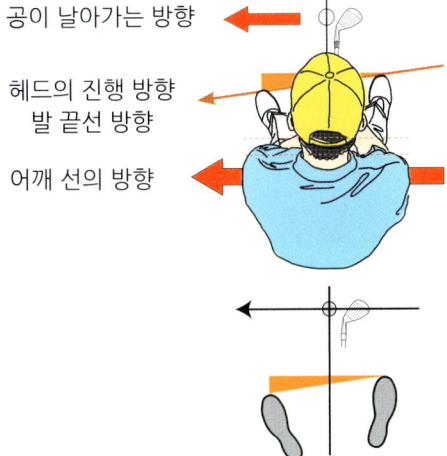

공이 날아가는 방향

헤드의 진행 방향
발 끝선 방향

어깨 선의 방향

 ## 오픈 클럽페이스 (Open clubface)

- 클럽 페이스가 완전 하늘을 향하도록 과감하게 오픈 시킨다.
- 클럽 헤드의 바운스(튕김)를 이용하기 위함이다.
- 오픈에 대한 어색함은 버린다. 클럽이 공 밑을 잘 빠져 나기게 하기 위함이다.

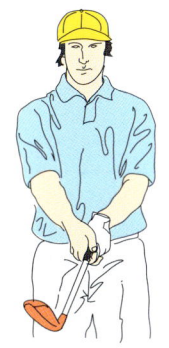

○ 클럽 헤드를 완전 오픈 시킨 후에 그립을 해야 한다.

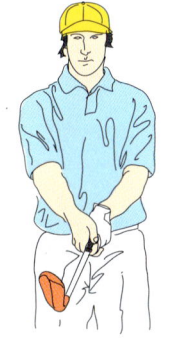

✕ 그립을 한 후에 손을 돌려 오픈 시키는 것이 아니다.

2. 백 스윙 (Back swing)

- 왼손 손목을 꺾어서 (코킹) 클럽을 들어 올린다.

- 최대 크기의 경우에도 손의 높이는 어깨 이상으로 올리지 않는다. (3/4 스윙)

- 평소 보다 작은 백 스윙을 하고 하체 부분은 최대한 고정한다.

- 체중 이동이 없이 백 스윙 한다.

- 백 스윙 때에도 왼발은 바닥에 계속 붙어 있다.

일반적인 샷의 백스윙 궤도

벙커 샷을 위한 샷의 백스윙 궤도

일반적인 아이언 샷의 백 스윙 궤도보다 몸의 앞쪽으로 들어 올린다.

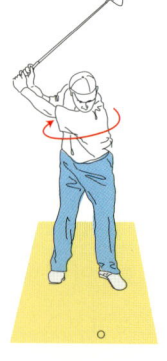

○ 하체는 고정된 상태서 어깨 회전으로 백 스윙한다. 왼발이 바닥에 붙어있다.

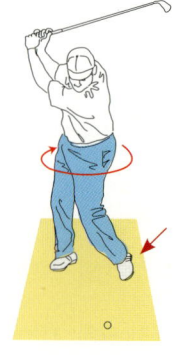

✗ 힙(Hip)을 틀어서 백 스윙하는 것이 아니다. 왼발이 바닥에서 떨어진다.

3. 다운 스윙 (Down swing)

스윙 궤도는 바깥에서 안쪽으로 한다.

약 5 cm 정도

공의 3~5cm 정도 뒤 지점을 겨냥한다.

리딩 엣지(Leading edge)

솔(Sole)

헤드의 앞날(Leading edge)이 아니라
헤드 밑의 솔(Sole) 부분으로 모래를 친다.

4. 피니쉬 (Finish)

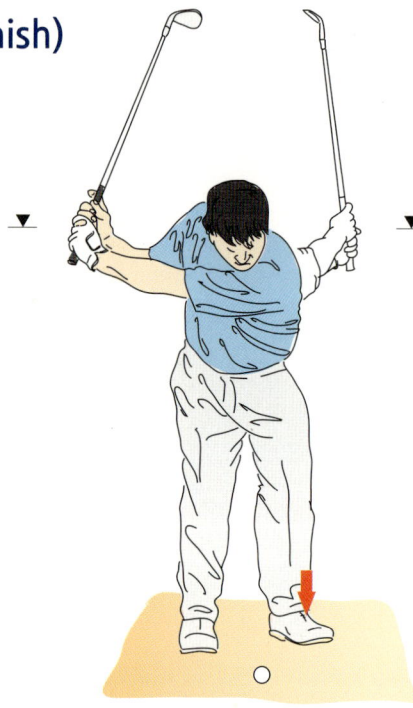

피니쉬때도 손의 높이는
백 스윙의 크기만큼 올려 준다.

다음지도에서는 그린 중앙까지의 남은 거리뿐만 아니라 티 박스에서 I.P지점까지의 거리, 벙커까지의 거리도 표시되어 있다. (스카이뷰의 하이브리드 기능 켜기)

3 트러블 샷 (Trouble shot)

1. 50yd(45m) 이상의 긴 벙커 샷

벙커 샷 중에서 거리 맞추기가 가장 어려운 거리가 50yd(45m) 정도의 샷이다. 기본적으로 잔디에서 치는 칩샷과 거의 동일하게 자세를 취하고 공을 직접 치도록 한다. 아래 그림의 기본 자세는 대부분 공을 직접 정확하게 맞히기 위한 자세이다.

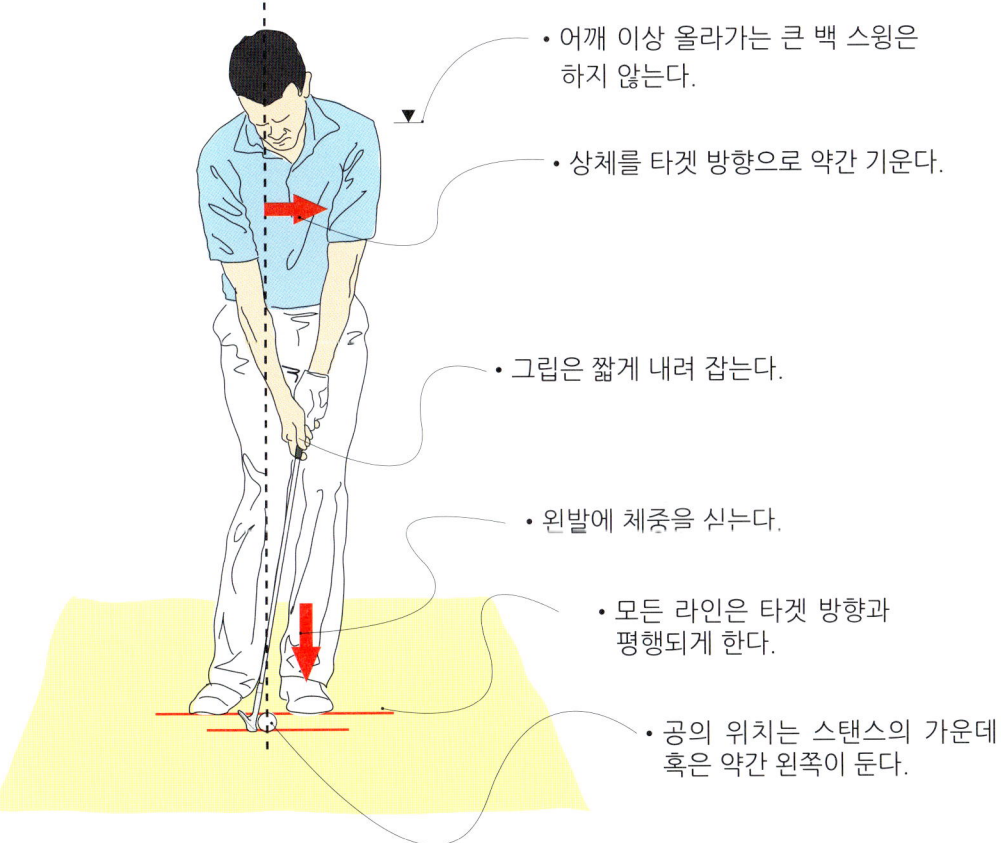

- 어깨 이상 올라가는 큰 백 스윙은 하지 않는다.
- 상체를 타겟 방향으로 약간 기운다.
- 그립은 짧게 내려 잡는다.
- 왼발에 체중을 싣는다.
- 모든 라인은 타겟 방향과 평행되게 한다.
- 공의 위치는 스탠스의 가운데 혹은 약간 왼쪽이 둔다.

50yd(45m) 이상의 벙커 샷은 칩샷처럼 공을 직접 타격해야.

2. 모래에 박힌 공(Egg-fried ball, 에그 프라이)

모래에 박혀있는 공은 심리적으로도 부담을 갖게 된다. 빠져 나갈 것 같지 않는 불안한 마음에 보통 세게 치게 되는데 너무 힘껏 치지 않도록 한다. 일반적인 벙커 샷과는 달리 **샌드웨지의 바운스 각을 없애도록 하여야 한다**. 일단 벙커를 탈출한 공은 많이 뜨지 않고 스핀이 전혀 없기 때문에 멈추지 않고 계속 굴러 간다. 기본 테크닉대로만 실행 한다면 생각보다 어렵지 않게 탈출 할 수 있을 것이다.

- 어깨선과 타겟 방향은 평행.

- 체중은 왼발 쪽에 많이 둔다.

- 두 발의 끝 선과 타겟 방향은 평행.
  (스퀘어 스탠스)

- 모래를 쉽게 퍼 내기 위해 클럽 페이스는 감아 닫는다. (바운스 각을 없애기 위함)

- 공의 위치는 스탠스의 가운데.

모래에 박힌 공은 낮게 뜨고 스핀이 전혀 없기 때문에 많이 굴러 간다.

모래와 함께 퍼 내는 샷

샌드 웨지를 닫아서 헤드의 날 부분 (리딩 엣지)으로 모래를 퍼 내는 샷. 평소 벙커 샷 보다 약간 멀리 공의 뒤를 쳐서 모래와 함께 공을 꺼집어 낸다.

- 약간 두껍게(평소보다 약간 먼 지점) 친다.
- 헤드를 닫아서 바운스 각이 없도록 해야 한다.
- 삽으로 퍼 내듯이 헤드가 모래에 파고 들어가야 한다.

클럽을 닫아야 하는 이유는 바운스 각을 없애기 위해서다. 헤드가 튕겨 나가지 않고 모래 속으로 잘 파고 들게 한다. 바운스 각이 없는 피칭 웨지를 사용해도 좋다.

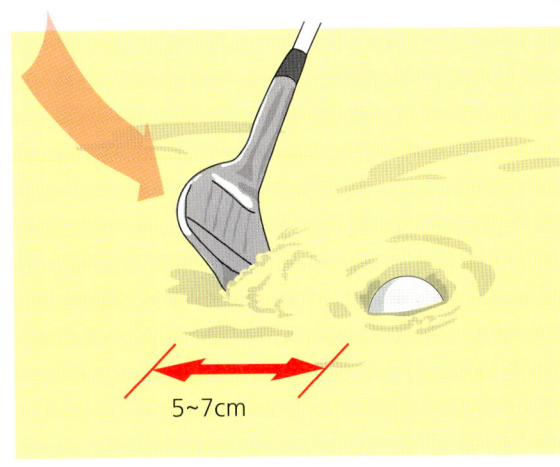

5~7cm

공이 모래 위에 있을 때
클럽 헤드를 연다. 클럽의 바운스 각을 이용.

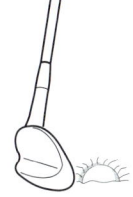

공이 모래에 박혔을 때
클럽 헤드를 닫는다. 바운스 각을 없앤다.

모래 위에 놓여 있을 때 보다 약간 더 먼 지점을 겨냥한다.

공 뒤에 있는 모래로 공을 밀어 낸다.

이 부분의 모래가 공을 밀어 낸다.

클럽으로 모래와 함께 공을 퍼 낸다.

Part 3
2배 즐기기
GOLF

1장_기본 용어

2장_골프 기록 하기

3장_코스 사전 탐색 하기

1 Chapter 기본 용어

1 잘못 알고 있는 용어들

골프의 원조가 영국이라면 발전시켜 가장 활성화된 곳은 미국이다. 모두 영어권 국가여서 골프 용어가 영어일 수 밖에 없다. 우리 말로 바꾸어 사용하는 용어가 있긴 하지만 불가피하게 사용해야 하는 것이 더 많은 실정이다. 일본을 거쳐 오면서 일본식으로 변질된 발음이나 의미들도 있다. 뜻만 통하면 되겠지만 원래의 의미는 알고 있어야 되지 않을까? 진정한 고수가 되기를 원한다면…….

1 핸디 ➜ 핸디캡 (Handicap)

흔히 '핸디캡'을 줄여서 '핸디'라고 하는데 정확한 표현이 아니다. 기본 72타에서 초과한 타수의 평균값을 말한다. 아마추어계에서만 통하는 용어. 핸디캡 차이만큼 잘 치는 사람이 몇 점을 접어 주는 방식으로 게임을 함께 즐길 수 있다.

그리고 핸디캡과 타수를 혼동하는 경우도 많다.
"핸디캡이 얼맙니까?" 하면 "10 정도 됩니다."가 맞고
"몇 타나 치십니까?" 하면 "82타 정도 됩니다."로 해야 한다.

2 숏 홀, 미들 홀, 롱 홀 ➜ 파3, 파4, 파5 홀

숏(Short), 미들(Middle), 롱(Long)은 단순히 홀의 길이를 뜻하는 것이다. 다시 말해서 파3 홀이라도 길면 롱 홀이 된다. 드물지만 파6홀, 파7홀도 있다.

"여기 롱 홀이야?"라고 묻지 말고 "여기 파5 홀이야?"가 맞다.

3 몰간 ➡ 멀리건(Mulligan), 멀리건 샷

티 샷을 실수 했을 때 벌타 없이 한 번 더 칠 기회를 준다. 물론 동반자들의 동의가 있어야 하고 첫 홀의 첫 티 샷에서만 허용하는 게 원칙이다. '멀리건' 또한 아마추어 계에서만 존재하며 사람의 이름이기도 하다.

4 홀컵 ➡ 홀(Hole), 컵(Cup)

퍼팅 그린에서 공을 넣어야 하는 구멍을 말하며 홀과 컵은 같은 의미이다. '홀컵'이라 하면 중복된 말이 된다. '서울역전 앞'처럼. 그린에 구멍(홀)을 내서 구멍 안의 쇠로 된 원통(컵)을 넣는다. 컵 아래에는 소리가 나도록 울림통이 있다. 참고로 깃대는 '핀(Pin)'이라고도 한다.

5 싱글(Single) ➡ 싱글 디짓(Single digit)

핸디캡이 한 자리 숫자인 점수를 말한다. 오버 타수가 1~9인, 즉 73타에서 81타까지의 점수를 뜻한다. '싱글'이라 하면 광범위한 뜻으로 주로 독신의 의미가 강하다. 하지만 우리나라에서는 '싱글'은 골프 용어로 이미 일반화 된 표현 같아 그냥 그렇게 써도 될 듯하다. 사람을 말할 때는 '싱글 디짓 플레이어' 라고 한다.

6 티업 타임(Tee-up time)
   ➡ 티오프 타임(Tee-off time)

공을 치기 시작하는 시간을 말하며 주로 예약할 때 많이 쓰는 말이다. 게임의 시작은 공을 티에 올리는(Tee-up) 시간을 말하는 게 아니라 공을 치는 시간 즉, 티에서 공이 떠나가는(Tee-off) 시간을 말한다. 참고로 티(Tee)는 영어 'T'자 모양을 하고 있어 그렇게 표현한다.

7 오우너(Owner) ➡ 아너(Honor), 오너

그 홀의 티잉 구역에서 제일 먼저 공을 칠 권리를 말한다. 전(前) 홀을 차지했다고 오우너(Owner)라고 잘못 알고 있는 사람들이 있다. 잘 쳤으니 먼저 칠 영광(Honor)을 드린다는 뜻이다.

8 디봇(Divot) ➡ 디봇 자국, 디봇 자리

특히 아이언 샷을 했을 때 약간의 잔디가 깎여 나가는데, '디봇'이라 함은 떨어져 나간 부분을 말한다. 바닥에 생긴 것은 '디봇 자국'이 된다. '공이 디봇에 빠졌다.'는 잘못된 표현.

9 고구마, 몽둥이
  ➡ 하이브리드(Hybrid), 유틸리티(Utility)

헤드의 모양을 보고 재미있게 말한 것이지만 좀 없어 보이는 표현이다. '하이브리드'는 롱 아이언을 치기 편하게 우드 헤드처럼 만든 클럽이고 '유틸리티'는 우드를 롱 아이언 로프트 각으로 만든 다용도 클럽이다. 통틀어 유틸리티 클럽이라고도 한다.

10 스크라치 ➡ 스크래치(Scratch)

상대편에게 핸디캡을 붙이지 않고 서로 동등한 점수 관계를 말한다. 또한 핸디캡이 '0'인 것을 뜻하기도 한다. '스크라치'라 함은 너무 일본 냄새가 나는 발음이다.

11 빠따 ➡ 퍼터(Putter)

전형적인 일본식 발음. 남들이 그렇게 하니까 혼자 쓰기도 어색하지만 오늘부터 바꿔 보도록 하자. 그린에 올라온 공을 클럽을 이용해 홀에 넣는 과정을 펏(Putt)이라 하고 넣는 행위는 퍼팅(Putting), 사용하는 클럽을 퍼터(Putter)라 한다.

12 티 그라운드, 티잉 그라운드 ➜ 티잉 구역(Teeing Area)

각 홀에서 첫 번째 샷을 하는 장소를 말한다. 공을 올릴 수 있게 만든 것을 티(Tee)라하고 티에 공을 올려 놓고 치는 것을 티 샷(Tee shot), 티 샷 할 수 있는 범위를 정하여 둔 표시물을 티 박스(Tee-box)라 한다. 티 박스가 있는 공간이 티잉 구역이다. 유일하게 티 플레이가 가능한 곳이기도 하다.

13 "뽈~!", "공~!" ➜ "포어(Fore)"

앞 조나 관중 쪽으로 공이 잘못 날아가 위험을 알리기 위해 외치는 소리. 'Fore'라는 외침은 국제적으로 공인된 용어이다. "뽀~올"과 발음이 비슷하다. 급하면 무슨 표현인들 상관 있으랴.

14 어프로치 샷(Approach shot)의 의미

일반적으로 짧은 웨지(Wedge) 클럽을 사용하는 가까운 거리에서의 샷만을 생각하기 쉬운데, 150yd(135m) 거리에서 7번 아이언으로 세컨 샷 한 것도 어프로치 샷이 되는 것이다. 그린에 올릴 목적으로 깃대를 보고 치는 샷은 모두가 '어프로치 샷'이다. 사전적으로도 공을 핀에 근접시킨다는 뜻.

15 O.B는 2벌타? ➜ 1벌타

오비는 무조건 2벌타를 더하면 된다고 하는 사람이 많다. 원래 오비가 나면 1벌타를 먹고 쳤던 자리에서 다시 쳐야 한다. 그러나 시간 관계상 제자리가 아닌, 공이 바깥으로 나간 지점에서 치게 되면 거리에 대한 1벌타를 더 부가하여 총 2벌타가 되는 것이다. 예를 들어, 티 샷이 오비가 나서 페어웨이의 오비 티 박스에서 칠 경우, 첫 티 샷 1타, 오비 1벌타, 거리 1벌타, 다시 치는 티 샷은 4타째가 되는 것이다. 만약 원래 자리로 돌아가서 티잉 구역에서 다시 치게 되면 3타째가 되는 것이다.

계산상으로 틀린 것은 아니지만 공식 룰상 오비가 2벌타는 아니다. 골프장 마다 로컬 룰로 정하기도 하는데, O.B가 나면 무조건 O.B지역 근처에서 2벌타를 받고 드롭 가능하도록 하는 곳이 많다.

고도리(五鳥)
다섯 마리의 새가 날고 있다.
5개의 버디(Birdie)를 위함인가?
어느 캐디가 그려준 작품.

2 코스 (Course)

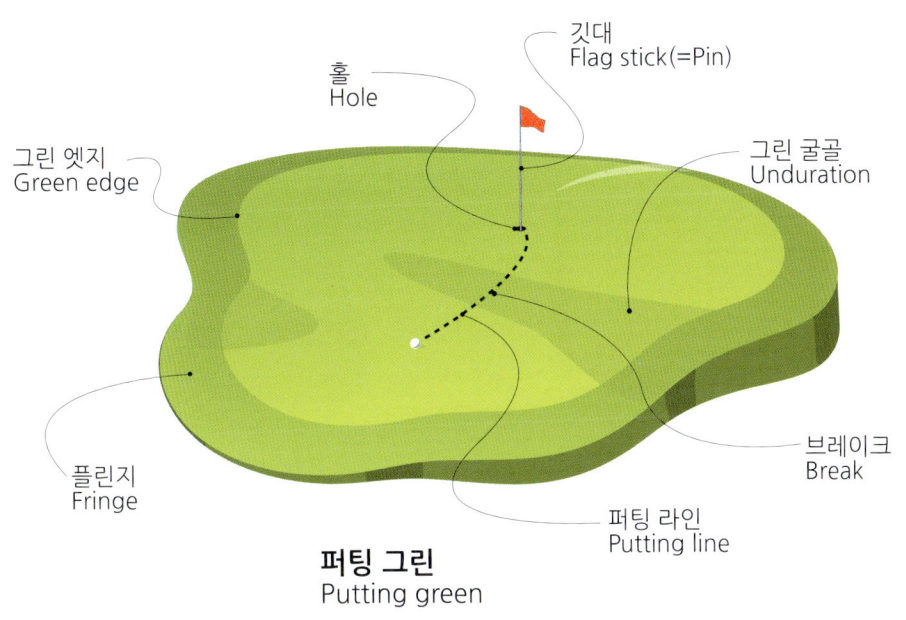

〈골프 용어의 개정〉

*티잉 그라운드 (Teeing Ground) 대신
➔ 티잉 구역(Teeing Area) 로 명칭 변경

*워터 해저드 (Water Hazard)라는 개념은 없어지고
➔ 페널티 구역(Penalty Area) 과
➔ 벙커(Bunker)로 구분

물과 상관없이 **페널티 구역**의 지정이 가능하며
벌타 없이 클럽을 지면에 댈 수 있음.(이전에는 벌타)
벙커에서는 여전히 벌타(클럽이 모래에 닿으면 안됨)

도그랙 홀 Dogleg Hole
개의 뒷 다리처럼 급격하게
굽은 홀.

3 클럽의 부분별 명칭

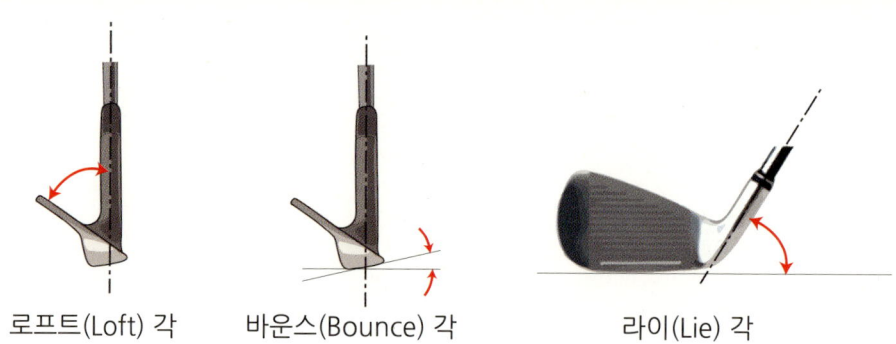

로프트(Loft) 각   바운스(Bounce) 각   라이(Lie) 각

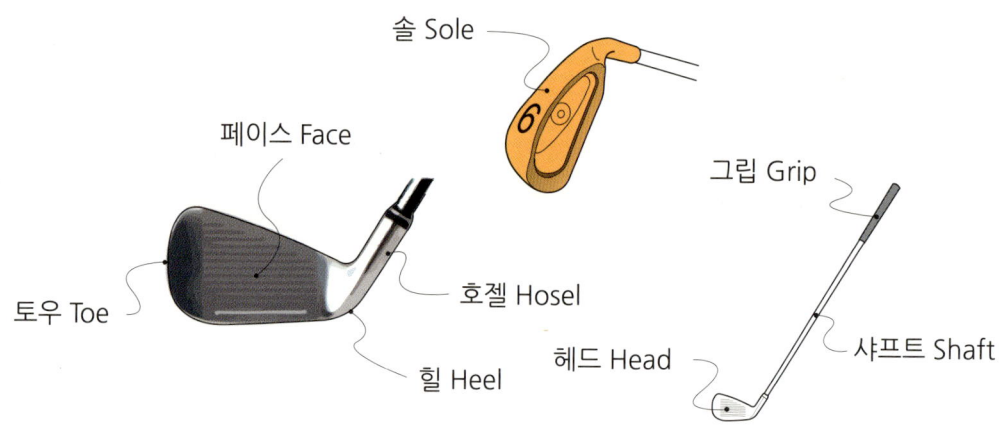

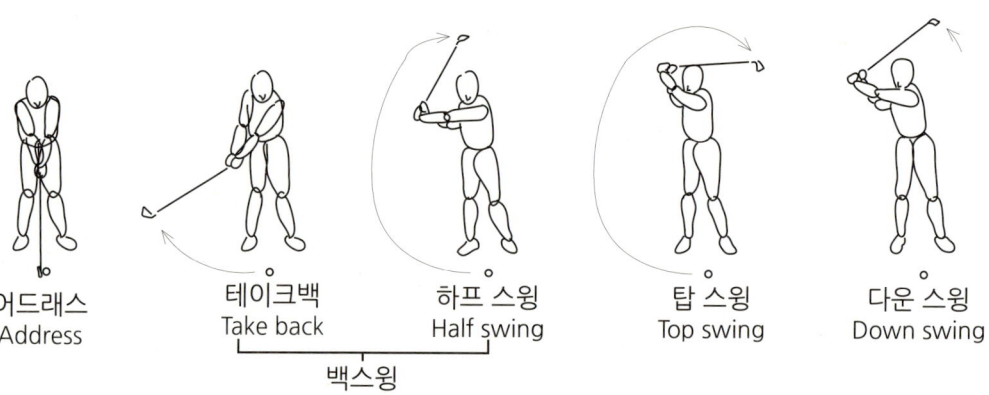

4 자 세

2 Chapter 골프 기록 하기

　　미국 프로 골프 협회(PGA), 미 여자 프로 골프 협회(LPGA), 한국 프로 골프 협회(KPGA), 한국 여자 프로 골프 협회(KLPGA)등 프로 골프 단체에서는 시합을 통해서 얻은 선수들의 데이터를 다양한 종목으로 나누어 상세하게 정보를 제공하고 있다.

　　기록을 크게 세 부분으로 나누어 보면, 첫째로 상금 순위나 대회에서 얻은 포인트, 탑10에 든 회수 등의 **랭킹에 관한 기록**이고 둘째는 버디, 이글의 횟수, 평균 타수 등의 **스코어에 관한 기록**이며 셋째로 드라이버 정확도, 그린 적중률, 퍼팅 수 등 **골프 기술에 관련된 기록**들이다.

　　그 중에서 골프 기술에 관련된 기록들은 아마추어 골퍼들에게도 적용할 수 있다. 라운드 마다 작성하여 자신의 단점을 보완하거나 비교, 분석하는 등 실력 향상에 도움이 될 뿐 아니라 또 다른 골프의 묘미를 느끼고 즐거움을 배가할 수 있는 방법이 된다.

　　지금껏 나름대로 자신의 점수를 관리 해 왔다면 이제부터는 저자가 제공하는 진일보 된 방식으로 기록하여 보길 바란다. 간단하고 쉬운 방법으로 다양한 데이터를 만들어 내어 변해가는 자신의 실력을 눈으로 보고 느낄 수 있게 될 것이다.

1 골프 기술에 관련된 기록

1 골프 기술의 구분

PGA Tour 로고

PGA Tour 홈 페이지에 보면 골프의 기술적인 면을 다음과 같이 크게 네가지로 나누어 구분하고 있다.

Putting 그린 위에서의 퍼팅 능력에 관련된 기록

Around the Green 그린 주변에서 핀에 가까이 붙이는 숏 게임의 능력에 관한 기록

Approach the Green 핀을 향한 그린 어프로치의 정확도를 나타내며 아이언 및 우드의 기술적 능력을 판단할 수 있는 기록.

Off the Tee 티 샷의 드라이버 능력에 관련된 기술로서 드라이버 샷의 거리 및 정확도에 관련된 기록.

퍼터

웨지

아이언/우드

드라이버

2 골프 기술의 종류

사실 PGA Tour 기록 실에는 너무 많은 부분으로 세분 되어 있기 때문에 아마추어 실정에는 맞추기 힘든 부분이 있다. 앞 페이지의 각 구분에서 꼭 필요한 항목을 부문 별로 정해 다음의 4가지 항목을 택한다.

1. 페어웨이 안착률 (Driving Accuracy)

드라이버로 티 샷 한 공이 페어웨이 안에 떨어 진 비율로서 드라이버의 정확도를 나타낸다.

2. 그린 적중률 (Greens In Regulation, G.I.R)

전체 홀 중에 그린에 파 온(Par-on), 즉 레귤러 온(Regular On) 된 비율을 나타낸다. 파3 홀이면 한 번에, 파4 홀이면 두 번에, 파5 홀이면 세 번 만에 그린에 올린 비율. 주로 세컨 샷의 정확도를 나타낸다.

3. 리커버리율 (Scrambling)

그린을 놓쳐 파 온(Par-on, Regular on)을 못했을 경우, 파로 지켜낸 비율. 파 온에 실패한 홀에 대한 리커버리 한 홀의 비율. 흔히 '**파 세이브**'라고도 한다.

- 샌드 세이브(Sand Save)율 : 그린 주변의 벙커에 빠졌을 경우, 파 세이브 한 비율.

4. 퍼팅 수 (Putts Per Round)

그린에서 퍼팅 한 수의 합계. 그린 밖에서 퍼터를 사용한 것은 제외한다. 다음의 수치도 산출할 수 있다.

- 평균 퍼팅 수(Putting Average) : 퍼팅 수를 18홀로 나눈 평균 값.
- 파 온의 퍼팅 수 (Putts Per GIR) : 정규 파 온이 된 홀에서의 퍼팅 수를 평균한다.

2 나의 기술 종목 기록 하기

스코어 카드에 실제로 기록하는 요령을 설명한다. 일단 새 스코어 카드의 이름 난에 각각 다섯 가지 기술 항목의 영문 이니셜을 적는다.

❶ 페어웨이 안착률(F)

드라이버 샷이 페어웨이를 지켰으면 'O', 벗어났으면 'X'로 표시한다. 그리고 페어웨이를 지키지 못했다면 공이 벗어난 방향으로 점을 찍고 오른쪽으로 공이 벗어나면 'X・', 왼쪽이면 '・X' 식으로 표시한다. 파 3홀은 '-'로 표시.

❷ 그린적중률(G)

핀을 향한 어프로치 샷이 그린에 파 온 됐을 때는 'O', 그린을 놓쳤으면 'X'로 표시한다. 경우에 따라 추가적으로 남은 거리와 사용 클럽을 표시할 수도 있다. 예를 들어 150yd(135m) 거리에서 7번 아이언으로 파 온에 성공했다면 'O' 밑에 '7I-150'으로, 190yd(170m)에 5번 우드로 온 그린에 실패 했다면 'X' 밑에 '5W-190' 같은 식으로 표시할 수 있겠다.

❸ 리커버리율(R)

그린을 놓쳐 파 온에 실패했지만 파(Par)로 마무리 했으면 'O', 파에 실패했으면 'X'로 표시한다. 그린 적중률의 칸에 'O'로 표시 되어 있다면 리커버리 칸에는 해당 없음의 '-' 표시가 된다. 만약 그린 사이드 벙커에 빠졌는데 리커버리가 되었다면 동그라미 안에 'S'를 적어 'Ⓢ'로 표시한다.

❹ 퍼팅 수(P)

그린 위에서의 퍼팅 수를 적는다. 그린을 벗어난 지역에서의 퍼터 사용은 퍼팅이라기보다는 일종의 어프로치 샷으로 간주하기 때문에 계산에서 제외한다.

❺ 스코어(S)

마지막 빈 공간에 파(Par) 기준으로 오버 혹은 언더 타수를 적는다. 버디면 '-1', 파 이면 '0', 보기이면 '1'로 기입한다.

1 카드에 기입하는 요령

F ┌ 페어웨이 안착률 Driving Accuracy ┐
- ○ 티 샷한 공이 페어웨이에 있다.
- ✕ 티 샷한 공이 페어웨이를 벗어났다.
- ― 파3홀로서 해당 사항 없음.

- ✕• 페어웨이 오른쪽으로 벗어났다.
- •✕ 페어웨이 왼쪽으로 벗어났다.

G ┌ 그린 적중률 Green In Regulation ┐
- ○ 레귤러 온으로 그린에 올렸다.
- ✕ 레귤러 온을 못해 그린을 놓쳤다.

- ✕ / 7I-150 사용 클럽과 거리를 표시
  150yd(135m)에서 7번 아이언으로 온그린 실패

R ┌ 리커버리율 Par Recovery ┐
- ○ 레귤러 온을 못했지만 파로 막았다.
- ✕ 레귤러 온을 못하고 파로 막지 못했다.
- ― 레귤러 온을 했어 해당 사항 없음.

- Ⓢ 그린 사이드 벙커에서 파 세이브 했다.

P ┌ 퍼팅 수 Putts Per Round ┐
퍼터로 스트록한 수를 기입한다.
단, 그린 밖에서의 퍼터 사용은 제외.

S ┌ 스코어 Score ┐
파(Par)를 기준으로 오버(Over)한 타수를 기입.
버디는 -1, 파는 0, 보기는 1, 더블 보기는 2 …

2 기록 카드 실제 예

● 2010. 7. 14
솔모로 컨추리 클럽
Cherry + Persimmon
Par 71
Player: H.Kim

라운드 중에 작성한 실제 기록 카드. 초보 시절에는 시간적인 여유가 없어 어렵겠지만 어느 정도의 경험자라면 충분히 가능하리라 본다. 공 쪽으로 이동할 때나 동반자가 플레이할 때 짬짬이 기입한다.

3. 항목 별 통계 산출 방법

O, X의 간단한 기록만으로 아래와 같은 다양한 통계를 산출해 낼 수 있다. 조금 더 나아가 통계 값이 누적이 되어 그래프로 볼 수 있어 변화하는 자신의 실력을 눈으로 확인하게 될 것이다.

앞 페이지의 기록을 예로들어 아래와 같이 산출할 수 있다.

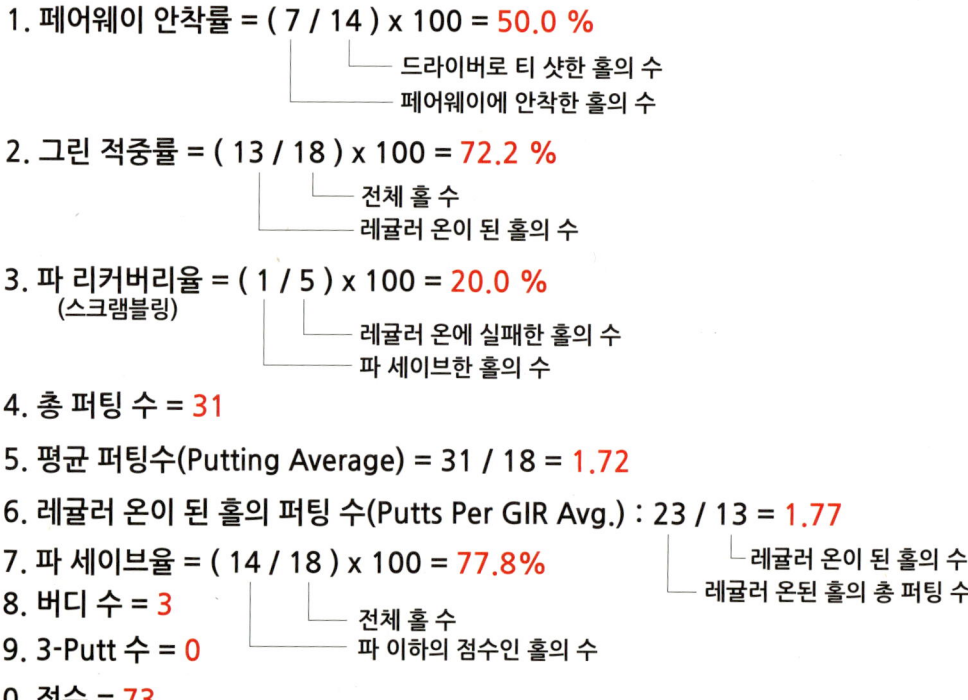

1. 페어웨이 안착률 = (7 / 14) x 100 = **50.0 %**
   - 드라이버로 티 샷한 홀의 수
   - 페어웨이에 안착한 홀의 수
2. 그린 적중률 = (13 / 18) x 100 = **72.2 %**
   - 전체 홀 수
   - 레귤러 온이 된 홀의 수
3. 파 리커버리율 = (1 / 5) x 100 = **20.0 %**
   (스크램블링)
   - 레귤러 온에 실패한 홀의 수
   - 파 세이브한 홀의 수
4. 총 퍼팅 수 = **31**
5. 평균 퍼팅수(Putting Average) = 31 / 18 = **1.72**
6. 레귤러 온이 된 홀의 퍼팅 수(Putts Per GIR Avg.) : 23 / 13 = **1.77**
   - 레귤러 온이 된 홀의 수
   - 레귤러 온된 홀의 총 퍼팅 수
7. 파 세이브율 = (14 / 18) x 100 = **77.8%**
   - 전체 홀 수
   - 파 이하의 점수인 홀의 수
8. 버디 수 = **3**
9. 3-Putt 수 = **0**
10. 점수 = **73**

4 자신의 기술을 분석해 보는 재미

이제 자신의 성적을 가지고 분석을 하여 본다. 페어웨이 안착률이 50%라면 절반은 페어웨이를 벗어났다는 뜻이다. 하지만 핀 공략을 잘 해서 70% 이상을 그린에 올려 파 온에 성공했다. 세컨 샷이 성공적이어서 상대적으로 그린 주변에서의 숏 게임이 적었다.

평균 퍼팅 수는 2 이하이면 최선인데 1.7점대가 나왔다. 버디가 3개가 되고 3-putt이 없었기 때문이다. 평균 퍼팅 수를 보아 아주 우수한 퍼팅 성적이라고 감히 말할 수 있겠다.

세월이 지난 후에 이 카드를 보았을 때, 그 날 게임의 운영 상태나 흐름을 한눈에 볼 수 있고 비고란에 적혀있는 동반자의 이름을 보면서 추억을 되새겨 볼 수 있는 좋은 시간을 가질 수 있다. 골프 일지를 기록하는 셈이다. 그리고 프로 선수들의 성적과도 비교 해 보면서 분석해 보는 재미도 솔솔 하다.

H.K Golf Manager

저자가 개인 용도로 사용하기 위해 개발한 안드로이드 스마트폰용 어플이다. 이번 Chapter에서 소개한 내용들을 기록하고 각종 통계를 제공, 자신의 샷에 대한 종목별 변화도 한 눈에 볼 수 있다.

가능한 기술 종목으로는 /페어웨이 안착률/그린 적중률/리커버리율/퍼팅 수/평균 퍼팅 수/GIR 평균 퍼팅 수/버디 수/평균 타수/파세이브율/스코어 등의 기록을 제공한다. 그리고 그 날의 간단한 메모와 동반자들과의 사진 보관도 가능하다.

현재 보완할 부분들이 있어 수정중에 있으며 조만간 구글 스토어에 올려 사용할 수 있게 할 예정이다.

참조 블로그 : https://blog.naver.com/znomedia/
문의: hkim501@gmail.com   김효권

3 Chapter 코스 사전 탐색 하기

검색창 [구글어스 ▼] [검색]

　　인터넷으로 '**구글 어스(Google Earth)**'나 '**다음(Daum) 지도**'를 이용하면 우리나라는 물론 세계의 어느 골프장이든 쉽게 접근 할 수 있다. 원하는 골프장 이름으로 검색하면 바로 그 곳으로 데려다 준다. 헬기를 타고 하늘에서 보는 것처럼 코스 구석구석을 확실하게 살필 수 있어 좋다. 확대해 볼 수도 있고 거리를 잴 수도 있다. 특히 연못이나 벙커 등 페널티 구역이 많은 코스일 때는 최고의 정보를 제공해 줄 것이다.

1 위성 사진 제공 사이트

1 구글 어스(Google Earth)

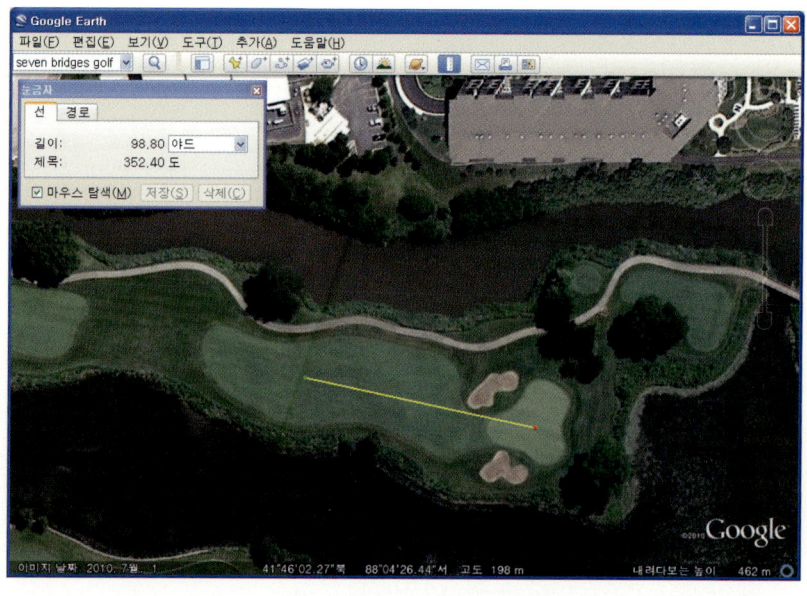

　　구글 어스로 미국 시카고에 있는 세븐 브릿지 골프 클럽(Seven Bridge Golf Club)을 검색했다. 화면을 축소, 확대 및 회전 할 수 있고 눈금 자를 이용하여 두 지점을 찍으면 (노란색 선) 야드, 미터로 거리를 잴 수도 있다. 사진은 10번 홀로서 코스 전체가 페널티 구역으로 완전 둘러 싸여 있는 세계 유일의 아일랜드 파5 홀이다.

국내의 지도 검색 사이트보다는 해상도가 다소 떨어지지만 전 세계의 코스를 탐색할 수 있어 좋다. 코스를 자유자재로 회전할 수 있어 코스 전체를 가로로 화면에 맞춰 볼 수 있다는 장점이 있다. 거리 측정을 쉽고 다양하게 할 수 있고 단위도 야드 및 미터 등으로 설정할 수 있어 개인적인 야디지 북을 만들기에 아주 적합하다. 국내 사이트 보다 업데이터가 늦어 최신의 코스를 기대하기 어렵다. 우리나라 골프장이 구름에 가린 지역이 몇몇 군데 있다.

2 다음(Daum) 지도

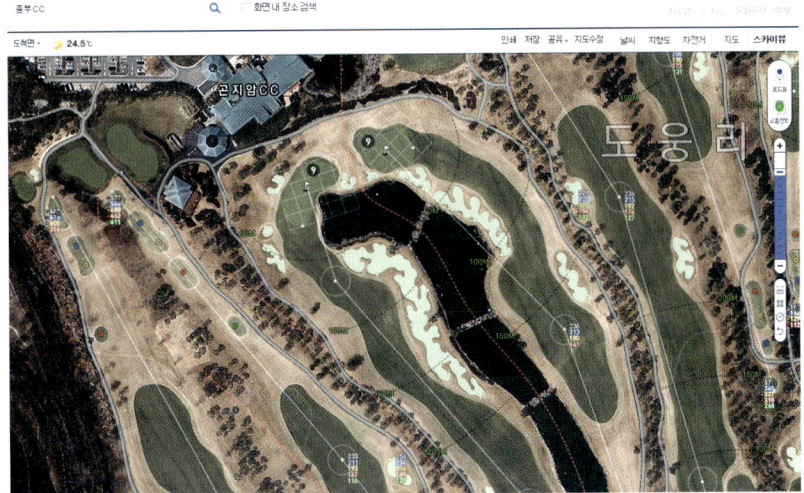

곤지암 C.C

해상도가 구글 어스보다 뛰어나서 선명한 화면을 제공한다. 국내 사이트이기 때문에 구글보다 빠른 업그레이드가 가능하여 최신의 정보를 제공하고 있다. 또한 그린 중앙까지의 남은 거리, 그린의 크기, 벙커까지의 거리, I.P 지점 등도 표시되어 있어 골프장에 대한 좋은 정보를 제공하고 있다.

하지만 화면을 회전할 수 없고 거리를 재는 도구가 불편하게 되어 있다. 그리고 국내 코스만 가능하다. 그린까지의 거리를 표시하는 등, 최근들어 골프에 적합한 정보들을 제공하고 있어 유용하게 활용할 수 있다.

3 네이버(Naver) 지도

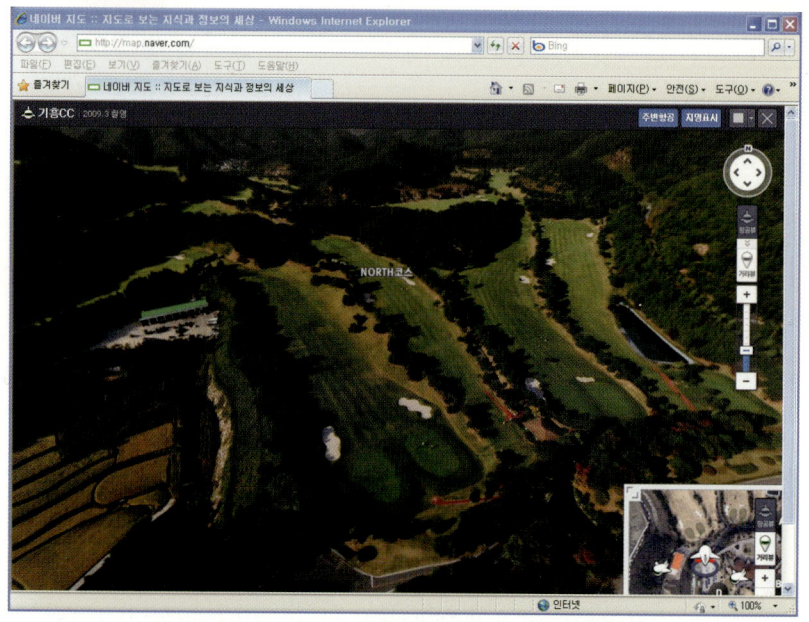

기흥 C.C 북 코스

   다음 지도와 대동소이하고 특이한 점은 항공 뷰가 있어 비행기를 타고 코스를 내려 보는 듯 한 장면을 제공한다. 새의 눈으로 내려 보는 조감도(Bird's-eye view)처럼 흥미롭다. 역시 거리 재기가 불편하지만 탐색용으로는 좋을 듯.

▶

오른 쪽 페이지 내용

   기흥 C.C의 남 코스 7번 홀의 경우 페어웨이가 좌로 심하게 휘어지는 도그 랙(Dog leg)의 파4 홀이다. 웬만한 장타자들은 페어웨이 가운데를 보고 치면 막창(?), O.B가 날 수도 있다. 드라이버로 왼쪽 언덕 위를 완전 가로질러 보내든지 혹은 3번 우드로 짧게 쳐서 돌아 갈 것인지 고민해야 하는 홀이다. 위성사진을 통해 티 샷을 어떤 클럽으로, 또 어느 방향으로 겨냥해야 하는지를 완벽하게 살펴 볼 수 있다.

2 나만의 공략집

1 위성사진 활용 하기

위성 사진을 활용하면 특별히 어렵게 만든 코스를 한 눈에 볼 수 있어 좋다. 각종 페널티 구역의 위치와 홀 주변의 상태를 참고하여 공략에 도움이 되도록 한다. 오랜만의 라운드나 한 판 승부가 예상되는 라운드라면 사전에 코스를 한번 탐색하는 것도 도움이 되고 또한 재미있는 일이다.

기흥 C.C 동코스 3번 Hole
338m Par 4

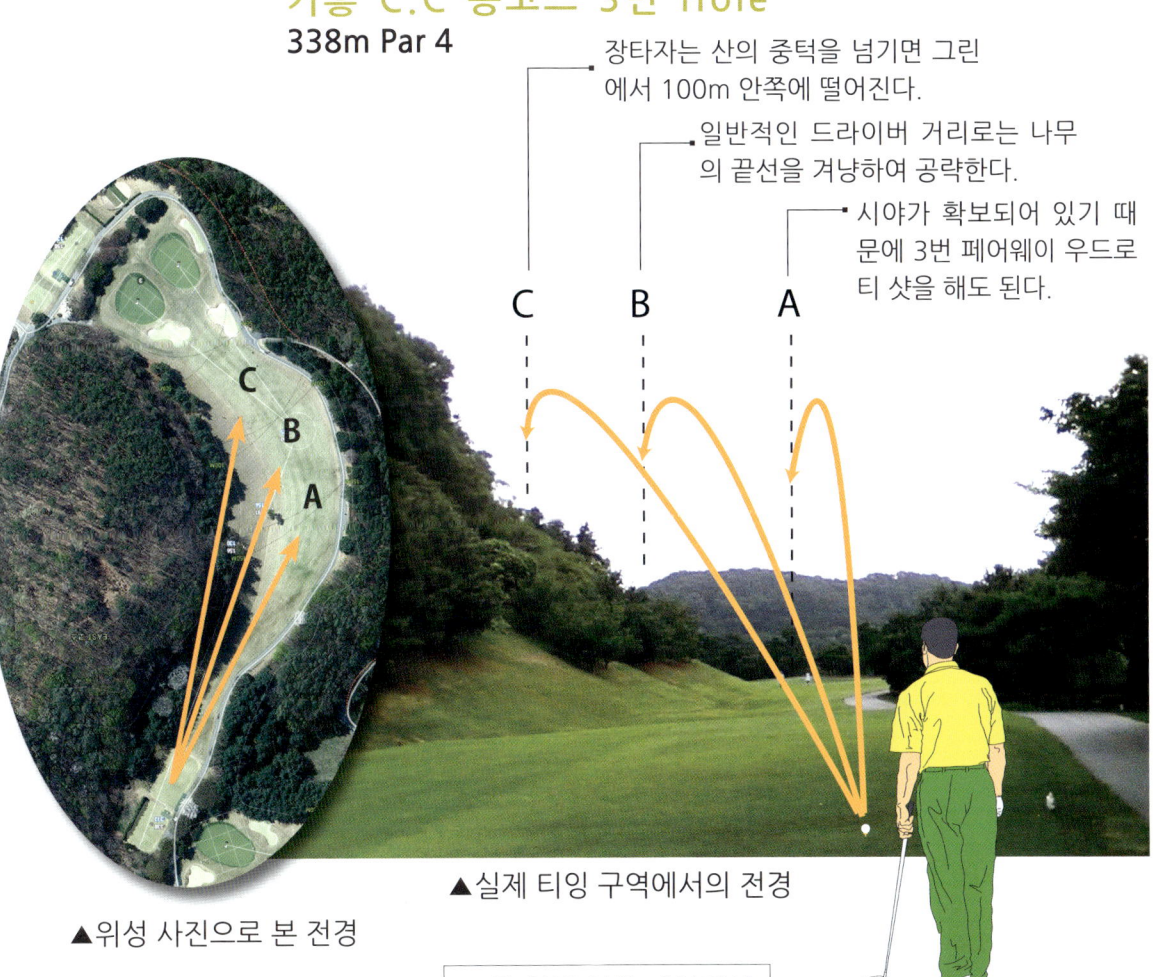

- 장타자는 산의 중턱을 넘기면 그린에서 100m 안쪽에 떨어진다.
- 일반적인 드라이버 거리로는 나무의 끝선을 겨냥하여 공략한다.
- 시야가 확보되어 있기 때문에 3번 페어웨이 우드로 티 샷을 해도 된다.

▲실제 티잉 구역에서의 전경

▲위성 사진으로 본 전경

그림 설명 왼쪽 페이지에

2 나만의 야디지 북(Yardage Book)

위성사진을 활용해서 코스 지도를 만들어 자신에 맞게 전략적인 코스 공략을 함으로서 골프의 실력과 즐거움을 동시에 배가시킨다.

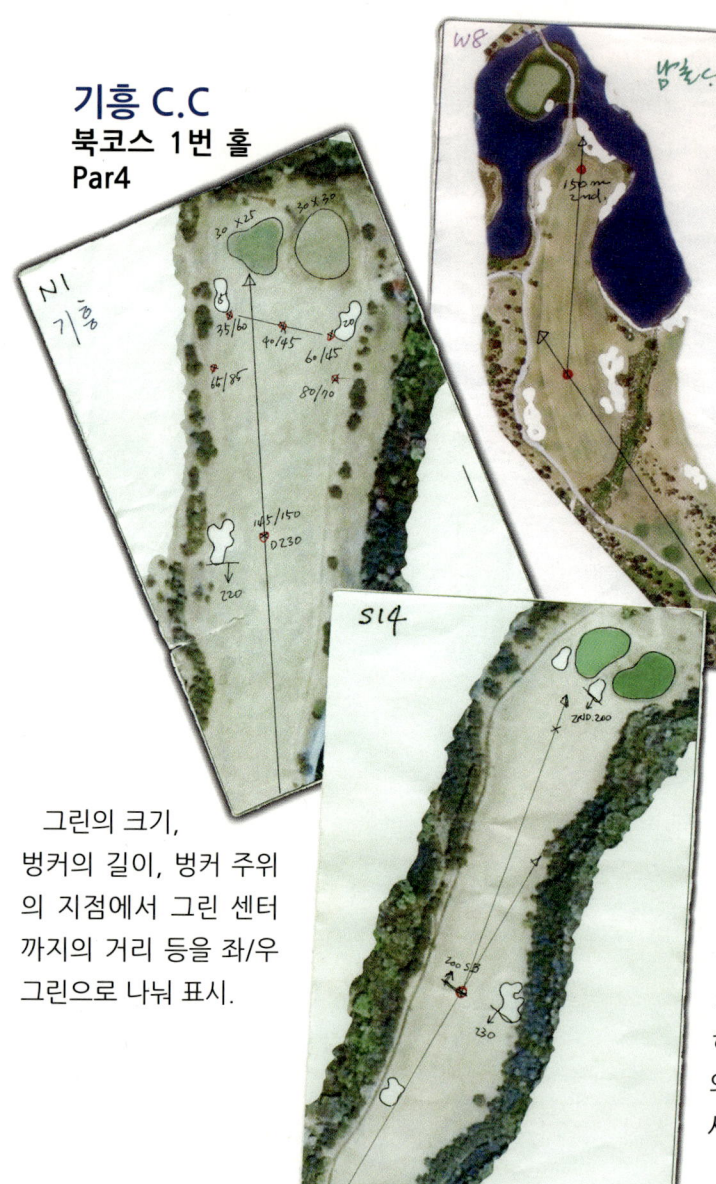

남촌 C.C
서코스 8번 홀 Par5

티 박스에서 약 240yd (215m)지점의 페어웨이 한 가운데에 빨간색 점을 찍고 그 점을 지나도록 화살 선을 그어 드라이버 샷의 방향을 제시한다.

세컨 샷은 길게 보내게 되면 벙커나 페널티 구역에 빠진다. 150m 이내로 보내면 가장 안전한 거리가 된다는 의미의 빨간색 점을 찍었다.

기흥 C.C
북코스 1번 홀 Par4

그린의 크기, 벙커의 길이, 벙커 주위의 지점에서 그린 센터까지의 거리 등을 좌/우 그린으로 나눠 표시.

레이크사이드 G.C
남코스 14번 홀 Par5

벙커까지의 거리를 표시하여 클럽 선택과 안전한 지역의 방향을 제시한다. 왼쪽 그린과 벙커 사이를 겨냥한다. 세컨 샷을 하기 위해 벙커까지의 거리와 샷의 방향을 제시하는 화살 선을 표시.(좌 그린을 겨냥)

3 골프장 홈페이지 방문하기

골프장의 홈페이지를 방문하여 예약된 코스를 탐색해 본다. 코스 길이, 연못 위치, 페널티 구역의 위치등을 확인. 특히 그**린 정보**는 필수. 많은 골프장들이 그린 주위의 벙커나 연못 위치, 그린의 언듈레이션(굴곡)등을 나타내는 정보들을 제공해 주고 있다.

곤지암 G.C 마운틴 코스 1번 홀

기흥C.C 북코스 1번 홀

3 야디지 북(코스 공략집) 구매 Yardage book

골프장 내의 골프 샵에서 코스 공략집을 구매할 수 있다. 코스의 다양한 정보를 담고 있어 공략에 참조할 수 있다. 골프장 방문 기념의 의미도 갖고. 또한 국내 각 골프장의 야디지 북을 만들어 판매하는 업체도 있으니 골프의 재미를 위해 적절하게 활용해 보기 바란다.

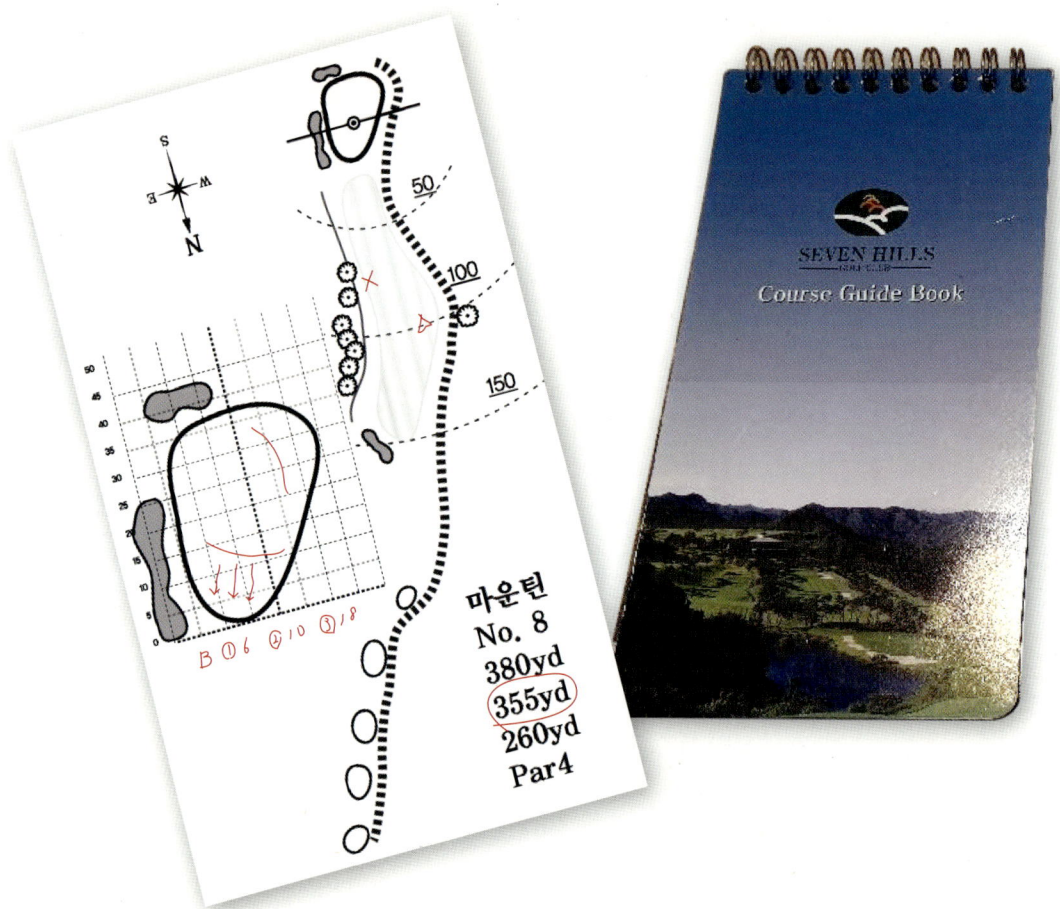

빈 야드지북에 자신만의 표시로 공략집을 만들어 보자.
- 자신만의 기호를 만들어
- 한 눈에 알 수 있도록 심플하게 표시
- 자신의 필요한 거리를 메모
- 그린은 오르막/내리막 경사
- 퍼팅 그린의 빠르기 체크

Triumphal Arch, Paris

3

골프 2배 즐기기

로댕의 **'생각하는 사람'**이 생각하고 있는 것은…

"피칭 웨지로 넘어 갈까?"

Part 4
룰과 에티켓

1장_골프 룰

2장_골프 에티켓

3장_구제

4장_벌타

Chapter 1 골프 룰 (Rule)

골프에서의 룰은 상대가 지적하기 전에 먼저 자신이 위반 사실을 알리는 자세로 스스로 지켜 나가야 한다. 룰을 위반 했다면 벌타를 부과하면 되겠지만 규칙을 위반한 행위가 에티켓과 매너 문제와 관련이 될 때에는 위반 자체가 인격의 잣대가 될 수 있음을 명심하자.

모르면 당한다.
1 알고 있어야 할 기본적인 룰

1 헛 스윙한 공

공이 경사지에 있다. 어드레스를 하고 스윙을 했는데 라이가 좋지 않아 헛 스윙을 하고 말았다. 하지만 공은 전혀 움직임이 없었는데....

- **1벌타**

공을 칠 의사가 있었기 때문에 한 타 친 걸로 간주한다. 연습 스윙이라고 끝까지 우기면 그 사람의 양심에 맡겨야 하겠지만 누구나 객관적인 판단을 할 수 있을 것이다. 벌타라기보다는 1타를 친 것으로 간주한다.

2 움직인 공

티잉 구역에서 티 샷을 하려는데 웨글(Waggle) 도중에 공을 건드려 바닥에 떨어졌다.

• 무벌타

- 티 샷을 하여 공이 날아간 후부터 타수가 계산이 되므로 아직 티 샷을 하지 않은 상태이기 때문에 타수에 포함하지 않는다. 다시 집어 올려 놓으면 된다.
- 티 샷이 아닌 샷에서 어드레스 중에 공이 움직였어도 무벌타 후에 원 위치해서 플레이 한다.

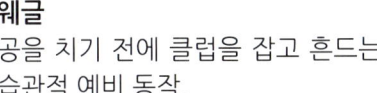

웨글
공을 치기 전에 클럽을 잡고 흔드는 습관적 예비 동작.

3 흔들린 공

퍼팅 어드레스 때, 퍼터의 헤드가 공에 닿아 공이 약간 흔들렸다면?

• 무벌타

- 그린에서 실수로 공을 건드린 경우에 벌타는 없다.

- 바람이나 다른 자연적인 요인으로 볼이 움직였을 경우에도 무벌타로 원래 위치에 다시 놓으면 된다.
- 그러나 연습 스윙을 하다가 공을 치는 경우는 1타를 스트록한 걸로 간주하기 때문에 공이 멈추어 있는 위치에서 플레이 한다. 이런 경우가 빈번하게 발생하기 때문에 공과 충분히 떨어져서 빈 스윙을 하도록 한다.

4 잠정구

티 샷한 공이 숲 속으로 들어가는 것 같아 잠정구를 치고 나갔는데…

- 원래의 공을 찾았을 때는 그 공이 있는 위치에서 플레이 한다.
- 3분 동안 동반자들과 함께 찾고, 공을 찾지 못 했을 경우는 이미 쳐 놓은 잠정구로 플레이 한다.
- 잠정구로 플레이 한 후에 원래 공을 찾았다면 원래의 공은 분실구로 간주한다.
- 공은 찾았지만 칠 수 있는 상황이 아니라도 잠정구로 플레이 할 수는 없다. 언플레이어블로 선언하고 1벌타 후, 드롭하고 플레이를 계속한다.
- 잠정구는 치기 전에 꼭 잠정구라고 동반자에게 알리고 플레이 한다. 알리지 않으면 앞에 친 공을 포기한 것으로 간주한다.
- 티 샷하기 전에 자신의 공의 번호를 동반자에게 알리는 것이 정확한 플레이어이다.

5 페어웨이에 박힌 공

비가 온 뒤라서 땅이 질어 공이 페어웨이에 박혀 버렸다. 거의 칠 수가 없다.

- **무벌타**
- 페어웨이에 박힌 공은 빼서 홀과 먼 쪽으로 옮겨 놓고 칠 수 있다.
- 빼 낸 공은 닦을 수도 있다.
- 하지만 러프에 박힌 공은 빼고 칠 수 없다.
- 골프장에 따라 페널티 구역 외에는 모두 뺄 수 있도록 로컬 룰로 정하기도 한다.
- 이 경우는 드롭(Drop)이 아니라 15cm이내에서 핀과 가깝지 않는 곳에 놓고 친다.(Place)

6 그린 위의 장애물

그린에 올린 공의 주위에 모래가 많아 제거하려다가 공을 움직였다.

- **무벌타**
- 그린에서 모래나 흙과 같은 자연 장애물(Loose Impediment)을 제거 하다가 공을 움직였다고 하더라도 벌타를 부과하지 않는다. 움직인 공은 원 위치하면 된다.
- 신발의 스파이크 자국도 라이의 개선으로 보고 수선할 수 없었는데, 룰 개정 후 가능하게 되었다. 볼 자국과 구멍 자국은 당연히 수선이 가능하다.

7 그린 면 테스트

다른 동반자가 퍼팅을 하고 있는 동안 그린 한쪽에서 퍼팅 연습을 하고 있다.

- **2벌타**
- 그린에서 공을 굴려 보거나 그린 면을 손으로 만져 본다면, 그린 면을 테스트해 보는 행위로서 규칙 위반이다.
- 공을 닦기 위해 캐디에게 공을 굴려 주는 것도 위반이다.
- 아마추어의 게임에서는 일반적으로 관대하게 적용하겠지만 규칙 이전에 매너에 크게 반하는 행동이기 때문에 특히 초심자들은 주의를 해야 할 사항이다. 홀 아웃하기 전까지는 동반자의 플레이에 집중해야 한다.

스파이드 맨 (Spider man)

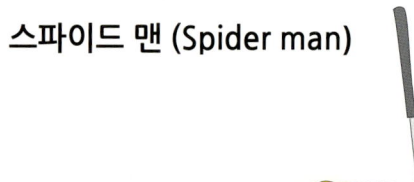

손가락을 왜 저렇게 불편하게 하고 있을까? 다리는 또 저게 뭔 포즈인가 라고 할지도 모른다. 골프 규칙을 지키기 위한 자세라고 보면 된다. 규칙에는, 그린 상태를 파악하기 위해 그린의 표면을 손바닥으로 비벼 본다거나 공을 굴려 보는 행위는 위반이다. 하지만 손가락은 허용된다.

PGA의 카밀로 비예가스(Camilo Villegas 1982, 콜럼비아)는 거미처럼 바닥에 납작 엎드린 자세로 라인을 읽는 선수로 유명하다. 오른 발로 왼쪽 다리를 받쳐 하체를 지탱하고, 손바닥이 땅에 닿지 않게 하려고 손가락만으로 상체를 받치고 있다.

짧은 퍼팅의 라인은 시점을 낮게 할수록 정확하게 볼 수 있기 때문이다. 하지만....이런 자세로 라인을 읽고도 못 넣으면 어떻게 해야 하나?

8 모래에 묻힌 공의 확인

벙커에 빠진 공이 깊이 파 묻혀 누구 공인지 인식할 수가 없어서 확인하는 과정에 공이 움직였다면,

• **무벌타**
- 벌타 없이 공을 확인할 수 있다. 움직인 공은 다시 원위치 하고 원래대로 묻어 두고 플레이 한다.
- 벙커나 페널티 구역에서는 남의 공을 잘못 쳐도 벌타가 부과 되지 않고 다시 플레이 하면 된다.

박힌 공은 확인 가능.

9 클럽 다루기

클럽이 바닥에 닿지 않게.

벙커 내에서 클럽을 모래 바닥에 대고 어드레스를 했다.

• **2벌타**
- 벙커에서는 클럽 헤드가 모래에 닿으면 벌다이다. 라이의 개선이 되기 때문이다.
- 페널티 구역에서는 클럽이 지면의 닿아도 벌타가 부가되지 않는다.
- 공을 쳐 낸 후에는 모래에 닿아도 상관 없다.

10 벙커 샷에서의 O.B

벙커 안 O.B는 벙커 안에서 다시.

벙커 내에서 샷 한 공이 O.B가 났다.

• **1벌타 후**
- 벙커 내에서 드롭하고 다시 플레이하면 된다.
- 벙커 밖에서 칠 경우는 언플레이어블 볼일 경우에만 해당한다.(343쪽 참조)

11 그린의 깃대(핀)

공이 홀과 제법 멀리 떨어져 있어 깃대가 꽂힌 상태로 그냥 퍼팅을 했다. 그런데 핀에 맞고 공이 들어가 버렸다.

- **무벌타**
  - 퍼팅 그린 위에서는 깃대를 뽑고할 수 있고 그냥 꽂힌 상태로도 플레이가 가능하다.
  - 플레이의 간소화와 경기 속도의 향상에 따른 개정.

12 볼 마크 옮기기

뒤 사람의 퍼팅 라인에 공이 있어 마커를 옮겨 달라고 하여 이동을 했다. 그런데 잊고 원 위치하지 않고 퍼팅을 했다.

- **2벌타**
  - 원래 위치가 아닌 곳에서 플레이 했을 때, 잊었다 하더라도 구제되는 것은 아니다.
  - 마커를 원 위치할 때 오해의 여지가 생길 수도 있으므로 항상 방향의 기준이 되는 물체를 설정하여 퍼터의 헤드를 그 방향으로 맞추고 마크를 한다. 원 위치할 때도 같은 방향으로 한다.
  - 홀 매치 플레이였다면 그 홀은 패하게 된다.

13 퍼팅 그린에서 부딪힌 공

어프로치 한 공(A)이 먼저 온 그린 시킨 공(B)을 맞혔다. 뒤에 친 공A는 재수 좋게 홀 쪽으로 붙었고 먼저 올린 공B는 억울하게 홀과 더 멀어졌다. 어떻게 해야 하나?

- **A.B 모두 무벌타.**
- 퍼팅 그린 바깥에서 친 공이 서로 부딪혔을 때는 둘 다 벌타는 없다.
- 공A : 그냥 그 자리서 진행하면 된다.
- 공B : 원래 있던 곳에 위치 시키고 플레이 한다.

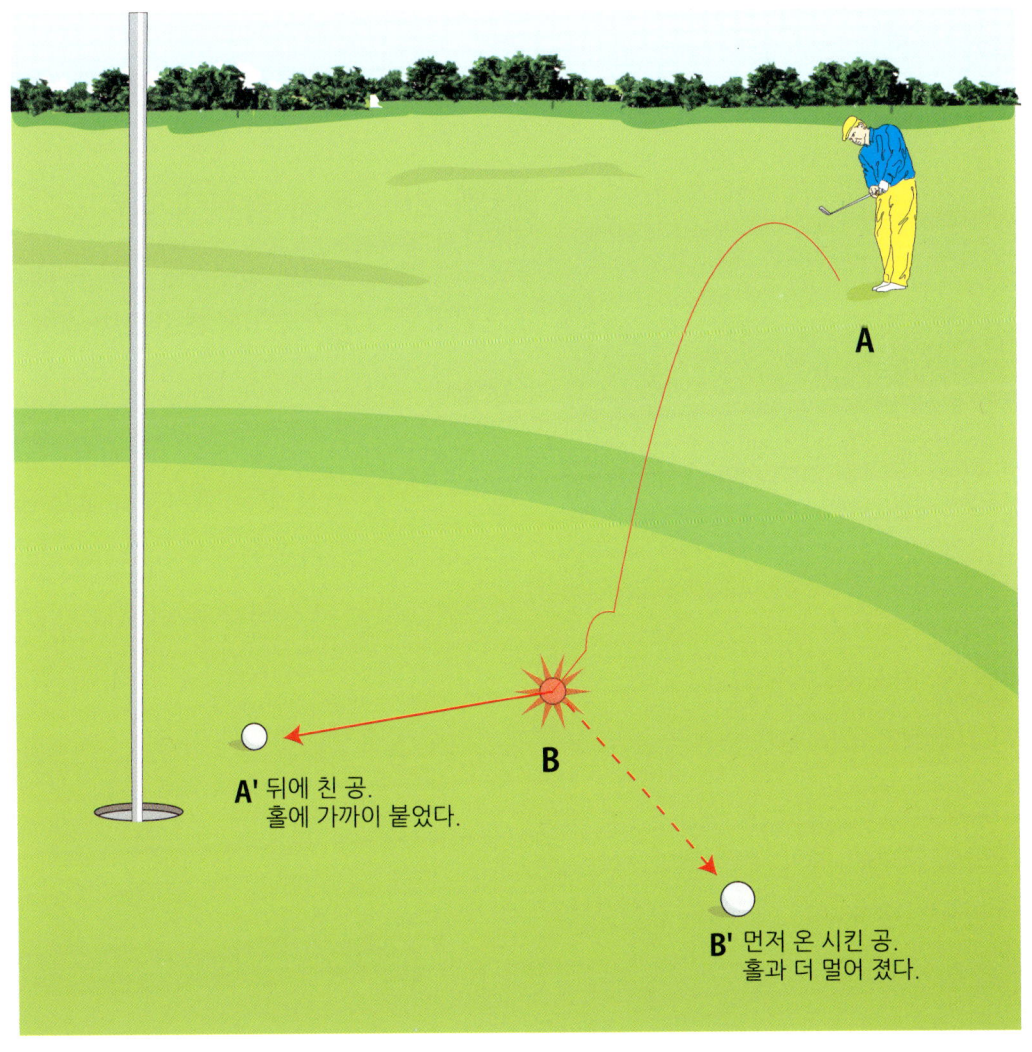

A' 뒤에 친 공. 홀에 가까이 붙었다.

B' 먼저 온 시킨 공. 홀과 더 멀어 졌다.

14 티(Tee) 플레이의 범위

비거리를 맞추기 위해서 티잉 구역의 뒤쪽에서 티 샷을 했다.

- **2벌타**

- 티를 꼽고 플레이 할 수 있는 구역이 정해져 있다. 좌우로는 티 마크(티 박스)를 벗어나면 안 되고 뒤로는 드라이버 2배의 길이만큼의 구역을 벗어나면 안 된다.

- 특히 티 마크보다 앞쪽으로 튀어 나오게 티를 꼽는 경우가 많다. 항상 확인하는 습관을 가진다.

15 모래 정리 갈퀴에 걸린 공

공이 고무래에 걸렸다. 고무래를 치우는 과정에서 공이 굴러 벙커 안으로 굴러 들어 갔다.

- **무벌타**

- 고무래는 움직일 수 있는 장애물이기 때문에 제거할 수 있고 제거 과정에서 공이 움직였다면 벙커 바깥쪽의 공이 걸려 있던 자리에 놓고 다시 플레이 할 수 있다.

16 라이의 개선

러프에 빠진 공을 치기 좋게끔 공 뒤 부분의 잔디를 발로 밟았다.

- **2벌타**

- 어떤 경우든 공이 현재 놓여 있는 상태대로 플레이 해야 한다. 공 뒤의 잔디를 밟아 치기 좋게 하는 행위는 라이의 개선으로 부정 행위이다.

17 재 드롭(Drop)

O.B가 난 공을 규정에 따라 드롭을 했는데 경사지라서 자꾸 굴러 내려 간다. 그래서 그냥 쳤다.

2회 이상 굴러 내려가면 떨어진 지점에 놓고 플레이 한다.

- **2벌타**
- 재드롭을 요하는 볼을 그대로 플레이 해서는 안 된다.
- 재드롭은 2회까지 실시하고 그래도 2클럽(구제 시는 1클럽) 길이 이상 굴러갔을 때는 볼이 최초에 떨어진 지점에 놓고 플레이.
- 드롭 방법은 무릎 높이에서 공을 놓으면 된다

드롭한 볼이 다음과 같은 경우는 **재드롭** 해야 한다.
- 페널티 구역 안에 굴러 들어 갔을 때,
- 페널티 구역 바깥으로 굴러 나갔을 때,
- 그린 위에 굴러 들어갔을 때.
- OB 그역으로 굴러 나갔을 때
- 구제를 받는 위치로 다시 굴러 갔을 때,
- 떨어진 지점에서 2클럽(구제 시 1클럽) 길이 이상 굴러갔을 때,
- 원위치보다 홀에 가까이 가서 멎었을 때.

18 그린의 경계

그린의 에지에 있는 공(A)을 마크하고 주워 들었다.

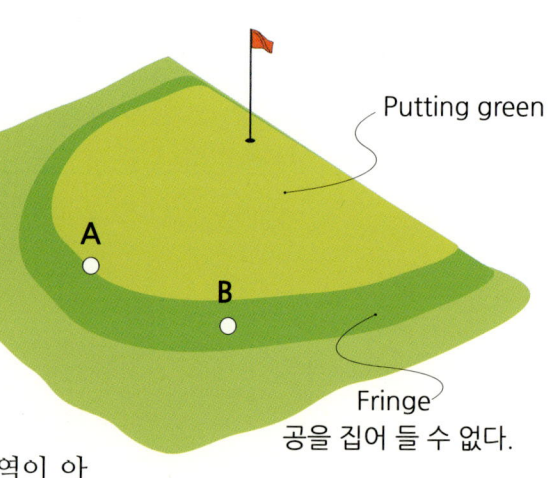

- **무벌타**
- 볼의 일부가 그린에 닿아 있으면 그 볼은 그린 위의 볼이다. 마크를 하고 주워 들어 닦을 수 있다.
- 프린지에 있는 공(B)은 퍼팅 그린 지역이 아니기 때문에 집어 낼 수 없다.

19 연습 스윙

연습 스윙 하다가 자신의 공을 쳤다.

- **1타**
- 벌타라기 보다는 샷을 한 것으로 간주한다.

20 오타

공이 비슷해서 쳤는데 다른 사람의 공이었다.

- **2벌타**
- 스트로크한 타수에 관계없이 2벌타가 부과되며 다시 자기 볼로 플레이 해야 한다.
- 만약에 두 사람의 공이 동일한 제품의 공으로서 플레이어가 자기의 볼이라고 확인이 안될 때는 분실구로 처리하여 두 사람 모두에게 1벌타씩 부과한다.

골프 룰 개정

2019년 골프 룰 개정은 골프 역사상 가장 큰 변화를 주었다. 2023년에도 추가 개정 되었다. 경기 속도 향상, 플레이의 간소화, 더 많은 선택권 제공, 플레이어 친화적 개정으로 골퍼들에게 더 유리하고 경기 진행을 빠르게 하는 방향으로 변경되었다.

✪ 주요 개정 사항 정리

- 드롭 방식을, 이전에는 어깨 높이에서 공을 떨어뜨려야 하는 것을 **무릎 높이**에서 드롭하도록 개정.
- 공 찾는 시간을 이전 5분에서 **3분**으로 단축.
- 퍼팅 그린에서 실수로 공을 건드린 경우에 벌타 없이 원위치.
- 퍼팅할 때, 깃대를 꽂은 상태로 플레이 가능.
- 벙커에서 낙엽, 돌, 나뭇가지 등 루스 임페디먼트 제거 가능.
- 벙커 내 언플레이어블 볼(Unplayable Ball)일 경우, 벙커 내에서는 1벌타 후 드롭. 벙커 밖에서는 2벌타 받고 드롭 가능.
- '워터 해저드'란 용어는 없어지고 '**페널티 구역**'으로 변경. 물이 있든 없든 페널티 구역으로 지정 가능.
- 페널티 구역에서는 클럽을 지면에 댈 수 있고 자연물(루스 임페디먼드)들을 세거 가능.
- **레디 골프**(Ready Golf) 장려. 순서 상관 없이 준비된 사람이 먼저 칠 수 있도록 장려.
- 공을 칠 때, 실수로 클럽에 두 번 맞아도 벌타 없음.
- O.B나 로스트 볼 발생 시, 공이 들어간 근처 페어웨이에서 2벌타 받고 드롭 가능.(로컬 룰 적용 가능)
- 퍼팅 그린에서 퍼팅 라인 위의 스파이크 자국을 벌타 없이 정리 가능.

멋진 샷에 동반자의 환호까지 있다면
정말 째지는 라운드가 되겠지요.

Chapter 2 골프 에티켓

골프를 처음 시작하는 사람들에게는 게임의 룰도 중요하겠지만 동반자에게 실례가 되지 않는 행동이 무엇인가를 먼저 알아야 한다. 골프 에티켓에 어긋난 행동인줄을 본인도 모르는 경우가 많다.

상대의 플레이에 방해되지 않게 하는 것이 골프 에티켓의 기본이 된다. 골프를 잘 치는 사람 보다 매너 좋은 골퍼가 기억에 더 오래 남는 법이다.

1 초보 골퍼들이 놓치기 쉬운 에티켓

게임의 진행에 있어 룰은 아니지만 룰보다 더 중요한 사항들이 있다. 특히 초보자들은 몰라서 못 지키는 경우가 많다. 괜히 매너 없는 사람으로 오해 받기 십상이다. 필드에서 흔하게 일어나는 경우들만을 추려 본다. 특히 그린에서는 지켜야 할 사항이 많기 때문에 뒤 장에서 따로 설명한다.

1 지연 플레이
- 시간을 끄는 행동은 골프장에서의 퇴출 대상 1호이다.
- 초심자들은 공을 잘 잃어버리기 때문에 호주머니에 항상 공을 한 개씩 가지고 다닌다.
- 상대 플레이어가 칠 동안에 모든 준비를 완료하고 자신의 차례가 되면 바로 샷을 할 수 있도록 한다.
- 연습 스윙은 한두번만으로도 족하다.

2 홀 아웃
- 퍼팅 그린에서는 동반자들의 퍼팅이 모두 끝 날 때까지 기다렸다가 결과를 보고 다 함께 홀 아웃 하도록 한다.

3 컨시드(이하 O.K)
- O.K는 게임의 진행을 조금이라도 빨리 하고자 함이다.
- 상대가 O.K를 주면 고마움을 표하고 바로 공을 집어 올린다. 홀에 들어가는 소리를 듣겠다고 끝까지 마무리 하려는 사람이 있는데 O.K를 준 사람을 무시하는 행동이다.
- 비록 10cm가 남았더라도 동반자들의 O.K 콜이 없다면 끝까지 마무리해야 한다.
- 1m가 넘게 남았더라도 동반자가 O.K를 주면 집어 들어야 한다. O.K에도 불구하고 스트록하여 홀에 넣지 못했다면 서로 애매해 진다. 이럴 땐, O.K를 받지 않겠다고 의사를 분명히 한다.

- O.K의 남발은 게임을 김빠지게 만든다. O.K를 받기 싫어하는 골퍼도 있다. 퍼팅이 골프의 하이라이트라고 생각하는데 눈치 없이 O.K를 남발하는 사람이 있는데 이 또한 실례.

4 마크 하기

- 일단 공이 온 그린 되면, 다른 사람의 퍼팅 라인에 걸리지 않는 공 일지라도 바로 마크를 하고 공을 집어 든다. 퍼팅 하는 플레이어의 시야에서 방해가 되지 않게 배려하는 것이다.

5 공 찾기

- 동반자의 공이 숲이나 긴 러프에 빠졌다면 함께 찾는다. 빨리 찾기 위한 것이지만 상대에게 호감을 표시하는 행동이기도 하다. 접대 골프라면 필수적인 행동이다.

6 플레이 순서 'Ready Golf'

- 경기의 흐름을 빠르게 하기 위해, **준비된 사람이 먼저 플레이** 하는 것을 허용하도록 개정.('**먼 사람 우선**' 원칙은 잠시 유보)
- 페어웨이에서는 안전상의 위험도 따르기 때문에 주의. 뒤 사람이 치기도 전에 앞쪽으로 나가면 플레이어의 시야에서 방해가 될 수 있기에 플레이어 간에 소통이 필요.
- 퍼팅 그린에서도 적용되지만 타인의 퍼팅 라인에 방해가 안 될 경우에 준비된 플레이어 먼저 퍼팅도 가능.

7 드롭

- 항상 홀 쪽에 가깝지 않는 곳에 드롭 하는 것을 철칙으로 한다. 내기 골프라면 매너 이전에 금전적인 문제와 동시에 감정적 언쟁의 불씨가 될 수도 있다.
- 벌타 없이 구제 받는 경우의 드롭일 때, 동반자들 모두가 당신이 어디에 드롭을 하는지 유심히 보고 있을 것이다. 구제를 받는 만큼 최소한의 염치는 가져야 한다.

- 벌타를 받고 드롭을 하는 경우에는, 약간은 보상을 받으려는 심리가 있어 대충 휙 던져 낸다. 동반자들도 어느 정도 모른 척 하고는 있겠지만 속으로는 불편해 할 것이다. 벌타를 먹음에도 불구하고 칼 같이 규정대로 플레이 한다면 아마 당신을 다시 평가할 것이다. 기대는 않지만 동반자가 먼저 더 꺼내 놓고 치라고 할지도 모를 일이다.

8 잠정구

- 타구의 날아간 방향이 O.B나 위험지역이라고 예상이 되면 잠정구를 치고 나가야 게임의 진행이 원활 해 진다.
- 잠정구는 본인의 선택 하에 있기 때문에 조금만 의심이 들면 치고 나간다.

9 매너의 3R

- **Replace**(디벗 원위치) 샷에 의해 떨어져 나간 디벗은 주워서 파인 곳에 다시 덮어 둔다. 한국형 잔디는 뿔뿔이 흩어져 큰 디벗이 잘 생기지 않지만 양잔디 종류의 잔디는 크게 떨어져 나가는 경우가 있기 때문에 꼭 리플레이스를 한다.
- **Repair**(그린 수선) 그린에 떨어진 공은 그린 표면에 볼 자국을 만든다. 자신의 공에 의해 생긴 공 자국은 본인이 꼭 수선을 한다. 습관적으로 그린 보수기를 가지고 다니는 것은 좋은 습관.
- **Rake**(모래 정리) 모래 벙커에 생긴 발자국에 공이 들어가면 제대로 실력 발휘를 할 수 없다. 다음 사람을 위해서 자신이 만든 발자국은 자신이 정리하고 간다면 캐디에게도 좋은 인상을 줄 수 있다. 물론 좋은 점수로 돌아 올 것이다.

② 퍼팅 그린에서 꼭 지켜야 할 에티켓

골프에서는 지켜야 할 에티켓이 많이 있지만 거의가 퍼팅 그린에서 이루어진다. 퍼팅이 가장 집중력을 필요로 하기 때문에 더욱 신경이 날카로워진다. 초심자뿐 아니라 경력자들 조차도 그린 예절을 잘 몰라 실례를 범하는 경우가 많다. 동반자에 대한 최소한의 배려로 감정이 상하지 않도록 조심해야 한다.

1 퍼팅 그린 에티켓 - 1

3 퍼팅 그린 에티켓 - 3

퍼팅의 순서는 아주 중요하다. 공의 흐름이나 그린의 굴곡, 빠르기 등을 참고할 수 있기 때문이다. 상대를 배려한답시고 순서를 양보하는 것도 실례이다.

불가피하게 상대의 퍼팅 라인을 밟아야 될 경우는 꼭 양해를 구한다.

플레이어는 마크를 해 달라고 할 권리가 있고 상대는 마크를 해 줄 의무가 있다.

마크, please!

상대의 퍼팅 라인과 상관이 없더라도 마크를 하고 공을 치워 준다.

퍼팅을 마친 후, 상대 라인의 자국을 가볍게 다져주는 매너.

자신의 볼 자국은 스스로 수선(Repair)한다. 잔디 보수기 지참은 기본 매너.

4 무한 그린 사랑

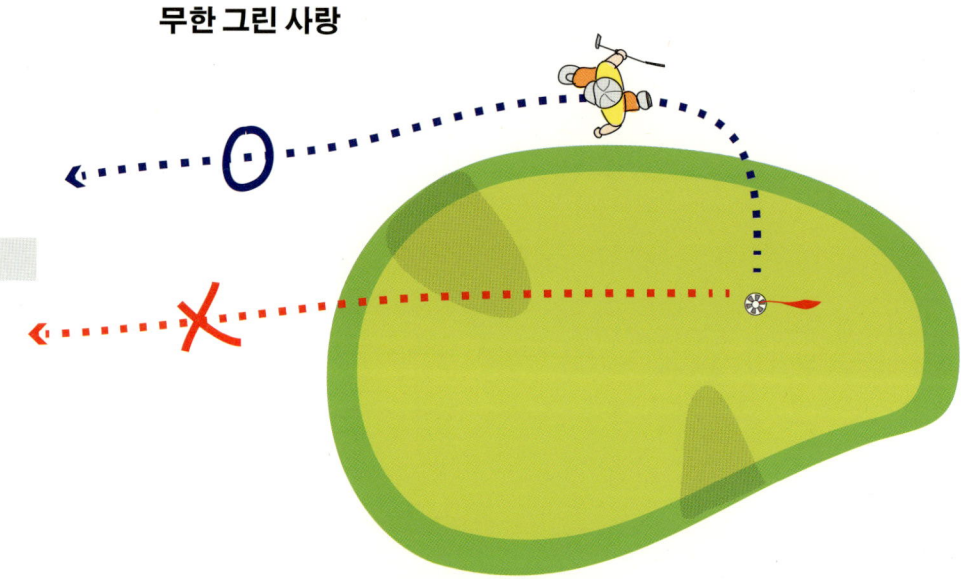

무한 그린 사랑

홀 아웃 하여 다음 홀로 이동 할 때는 그린 바깥으로 나가 이동하도록 한다. 가능한 그린을 밟지 않고 보호하려는 배려 차원이지 특별한 매너 문제는 아니다.

3 벙커 에티켓

벙커 내의 신발 자국에 들어 간 공만큼 재수없는 일은 없을 것이다. 벙커에 빠진 것만 해도 속상한데….

벙커 정리는 다른 플레이어에 대한 배려이다. 자신이 만든 자국은 자신이 해결하고 가자. 언젠가는 다시 자신에게 되돌아 온다는 사실을 알아야 한다.

'진정한 신사는 흔적을 남기지 않는다.'

벙커 진입 방법
조금 돌아가더라도 벙커 모래에 발자국을 가능한 적게 내면서 공에 접근하도록 한다.

벙커 정리
공을 친 자국과 발자국은 꼭 정리하고 나오는 습관을 갖자.

3 구 제

- 각종 장애물로 의해 플레이에 지장을 받을 경우에는 구제를 받는다.
- 벌타 없이 옮겨 놓고 칠 수 있는 기회를 준다.
- 가장 긴 클럽(드라이버)의 1클럽 길이 이내에서 드롭 할 수 있다.
- 핀과 가깝지 않은 곳으로 택해야 한다.
- '구제 받을 수 있는 경우'에는 스탠스나 스윙에 지장을 받아도 구제가 된다.

골프 코스 내의 장애물들

장애물

- **자연 장애물** — 루스 임페디먼트 (Loose Impediment)
- **인공 장애물**
  - 움직일 수 있는 인공 장애물
  - 움직일 수 없는 인공 장애물

자연발생적으로 생긴 장애물

눈/얼음/서리
그린 위의 모래/잔 돌
고인 물
나뭇잎/나뭇가지
벌레/

- 무벌타로 제거 가능.
- 제거 시, 공 움직여도 무벌타.
- 페널티 구역에서도 제거 가능
- 이슬, 물방울은 제거 불가.

*이슬은 지면에 부착된 수분 형태로 간주되어 잔디의 일부처럼 처리. 자연 장애물이 아니라 그린 상태를 개선하는 행위로 간주.

이동 가능한 인공 장애물

각종 표시목
뺄 수 있는 표시물
고무 호스
모래 정리 갈퀴
비닐 봉지
꽁초, 버려진 물건
코스 관리 장비류

- 인공 장애물을 뽑거나 옮길 수 있다.
- 옮길 때, 공이 움직이면 원위치하고 무벌타.
- O.B 말뚝은 제거 불가.

이동할 수 없는 인공 장애물

보호 그물망
스프링쿨러
나무 지주대
배수구, 맨홀 두껑
볼 세척기, 쓰레기 통
모래함
포장된 도로
조명탑, 광고판
설치 시설물들

- 무벌타로 공을 옮겨 칠 수 있다.(1클럽 내)
- 공의 비행경로 방해는 구제 불가
- 페널티 구역에서는 구제 불가

1 구제 받을 수 있는 경우

1 페어웨이에 박힌 공

비가 온 후 혹은 눈이 녹아 땅이 질퍽해져서 공이 페어웨이 잔디에 박힌 경우.

- 마크를 하고 공을 빼 낼 수 있다.
- 빼낸 공은 닦을 수도 있다.
- 박힌 지점의 가까운 곳에, 홀과 먼 쪽으로 리플레이스(재위치) 한다.
- 벙커나 러프에서는 뺄 수 없다.
- 발로 밟아 박힌 공은 구제 받지 못한다.

2 일시적으로 고인 물 (캐주얼 워터)

갑작스런 폭우로 인해 일시적으로 페어웨이에 물이 고여 있는 지역.

❶ 페어웨이에 물이 고여 있는 곳에 빠진 경우.
벌타 없이 1클럽 내에서,
핀과 가깝지 않는 곳에 드롭.

❷ 벙커 전체에 물이 차서 드롭할 공간이 없는 경우.
1벌타 후, 벙커 바깥쪽에서 핀과 가깝지 않는 지역에 드롭.

드롭 라인

X 드롭 지역

❸ 벙커 내의 고인 물에 빠졌을 경우
벌타 없이 벙커 내에서 물이 없는 곳에 드롭.

3 수리지에서의 구제

새로운 잔디를 심었거나 잔디가 심하게 상해 있는 부분에 잔디를 보호 할 목적으로 표시해 놓은 지역. 흰색 선이나 흰색 깃발로 표시한다.

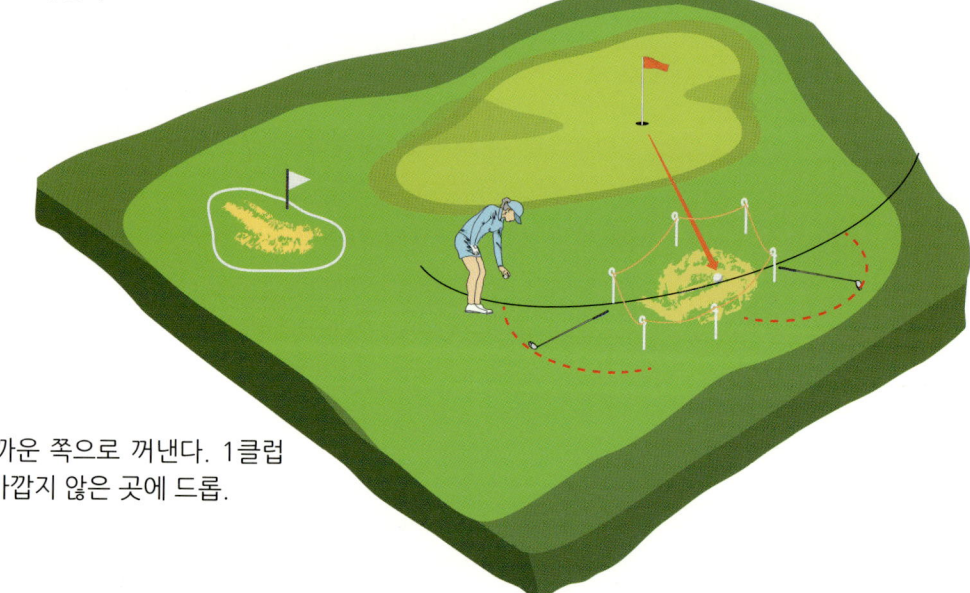

벌타 없이 가까운 쪽으로 꺼낸다. 1클럽 이내에 핀과 가깝지 않은 곳에 드롭.

4 옆 그린(서브 그린)에 떨어진 공

공이 옆 그린(B그린)에 떨어졌을 때에는 꺼내어 놓고 친다. 단, 핀과 가깝지 않게 B그린 바깥쪽으로, 그린 끝에서 공과 가까운 쪽으로 한 클럽 이내에 무벌타로 드롭하면 된다.

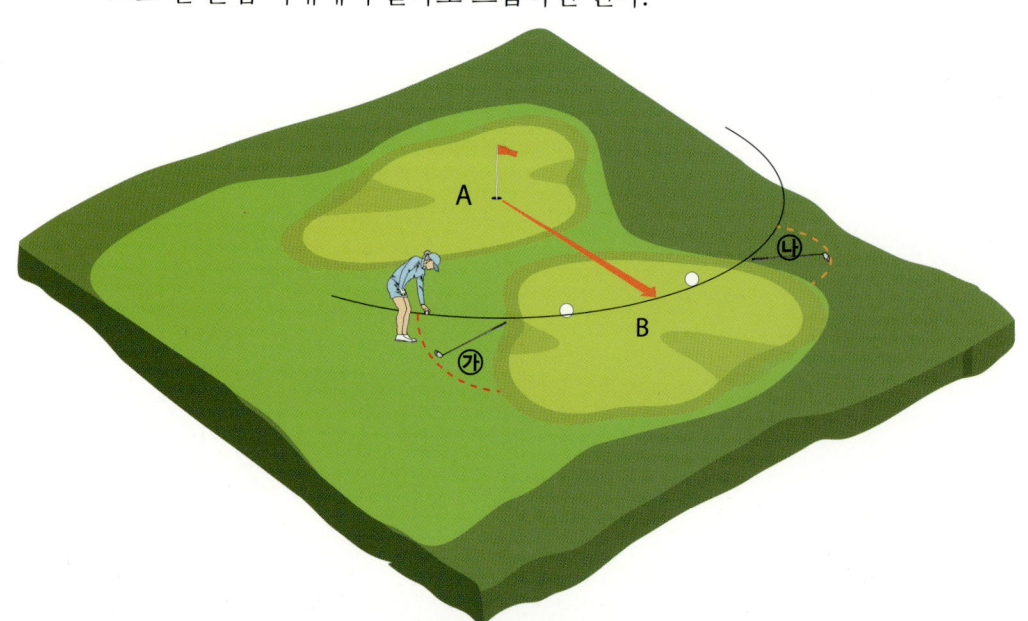

5 움직일 수 없는 인공 장애물 경우

골프장 내에 설치된 인공 구조물이나 시설물로 인해 스윙이나 스탠스에 방해가 될 때는 별타 없이 구제를 받을 수 있다. 단, 공의 방향에 방해가 된다고 해서 구제 받지는 못한다. (p.337 **4**참조)

구제 방법
- 드롭 라인(홀과 공의 연장선) 후방의 아무 곳.
- 공의 가까운 쪽으로 1클럽 이내
- 홀과 가깝지 않게 유리한 쪽 선택.
- 드롭 지역이 페어웨이라도 가능.

❶ 카트 길에 있는 공
- 드롭 라인의 후방, 아무 곳에 가능.(다)
- 도로에 공이 놓인 가까운 쪽을 택한다.(가, 나)
- 한 클럽 이내에서 드롭한다.
- 홀과 가깝지 않은 곳에 드롭.
- 공이 놓여 있는 상태대로 그냥 쳐도 된다.

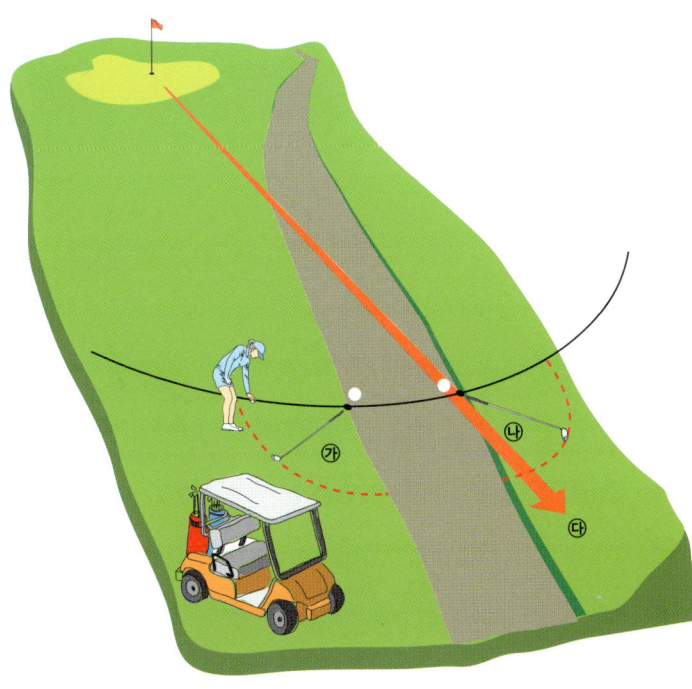

❷배수구에 걸린 공

- 공이 놓인 곳에서 가까운 쪽으로(가, 나)
- 드롭 라인의 후방, 아무 곳에 가능.(다)
- 홀과 가깝지 않은 쪽으로 1 클럽 이내에 드롭.

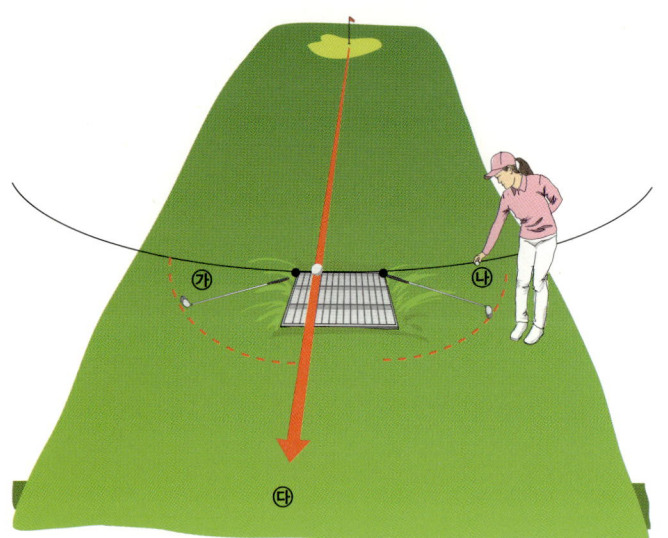

❸나무 지주 목 아래에 있는 공

- 공이 있는 가까운 쪽으로 뺀다.(가)
- 드롭 라인 후방 아무 곳으로(나)
- 홀과 가깝지 않은 곳으로 1 클럽 이내에 드롭.

❹ 기타 움직일 수 없는 인공 장애물들

보호 그물망, 스프링클러 헤드, 잔디 보수용 모래 함 쓰레기 통, 볼 세척기, 조명 탑, 광고판 등으로 인해 스윙의 방해를 받을 때, 벌타 없이 구제 가능하다. 1클럽 이내, 핀과 먼 쪽으로 드롭한다.

6 움직일 수 있는 인공 장애물

각종 표시목, 뺄 수 있는 표지물, 깡통, 고무 호스, 모래 정리 갈퀴, 비닐 봉지, 꽁초, 버려진 물건 등으로 스윙에 지장이 있다면 구제가 가능하다.

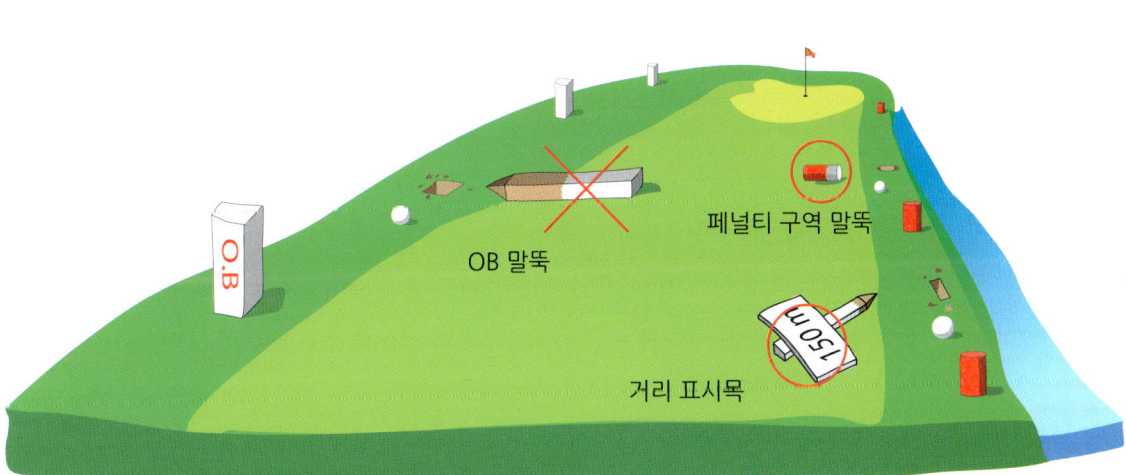

- 움직일 수 있는 인공 장애물은 옮기거나 제거하여 플레이 할 수 있다.
- 제거하는 과정에서 실수로 공이 움직여도 벌타없이 원 위치하여 플레이 한다.
- O.B 말뚝은 인공 장애물로 보지 않기 때문에 뽑을 수 없다.

7 움직이는 자연 장애물 (Loose Impediment)

돌, 나뭇잎, 나뭇가지, 동물의 배설물, 벌레, 그린 위의 모래, 눈, 얼음, 캐주얼 워터(고인 물)등의 자연 장애물 등으로 플레이에 지장이 있으면 구제한다.

- 페널티 구역을 제외한 모든 곳에서 자연 장애물은 언제든지 제거 할 수 있다.
- 제거하는 과정에서 공이 움직였다면 벌타가 부가되고 다시 원위치 시킨다.
- 벙커와 워터 페널티 구역 (물이 말라 있을 경우) 내에서는 제거 할 수 없다.
- 이슬과 서리는 자연 장애물이 아니어서 제거 할 수 없다.
- 그린 위의 모래는 제거하다 공이 움직여도 벌타없이 원위치.

페어웨이나 러프에서 자연 장애물은 제거 할 수 있지만 공이 움직이면 벌타이므로 조심해야 한다.

8 자연 장애물

벙커와 페널티 구역 내에서는 자연 장애물이라도 제거 할 수 있다.

2 구제 받을 수 없는 경우

벙커 내의 발자국이나 디봇 자국에 빠진 공은 가끔 논쟁의 대상이 되기도 한데, 아쉽지만 공이 놓인 그대로의 상태에서 플레이 해야 한다.

1 벙커 안의 발자국에 빠진 공

신발 자국 등 밟아서 생긴 움푹한 곳에 공이 있어도 놓인 그대로의 상태에서 플레이 해야 한다. (합리적으로 구제할 수 있도록 룰을 개정하여야 할듯.)

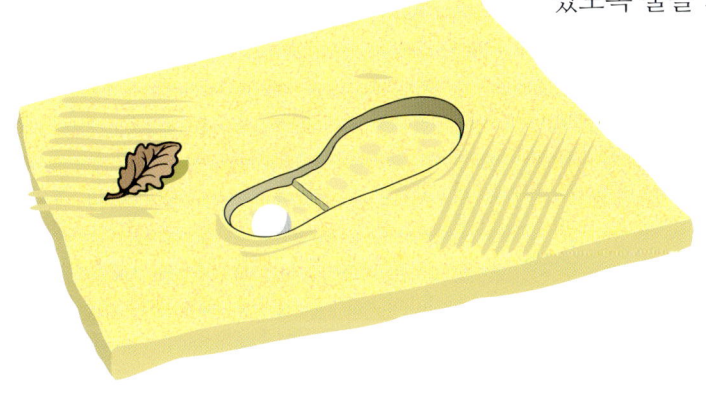

2 디봇(Divot) 자국에 있는 공

가끔 논쟁의 대상이 되기도 한데 구제 받을 수 없다. 그대로 쳐야 한다.

3 다리 위에 놓인 공

페널티 구역은 수직의 위쪽으로도 연장 적용되기 때문에 다리 위도 페널티 구역에 속한다.

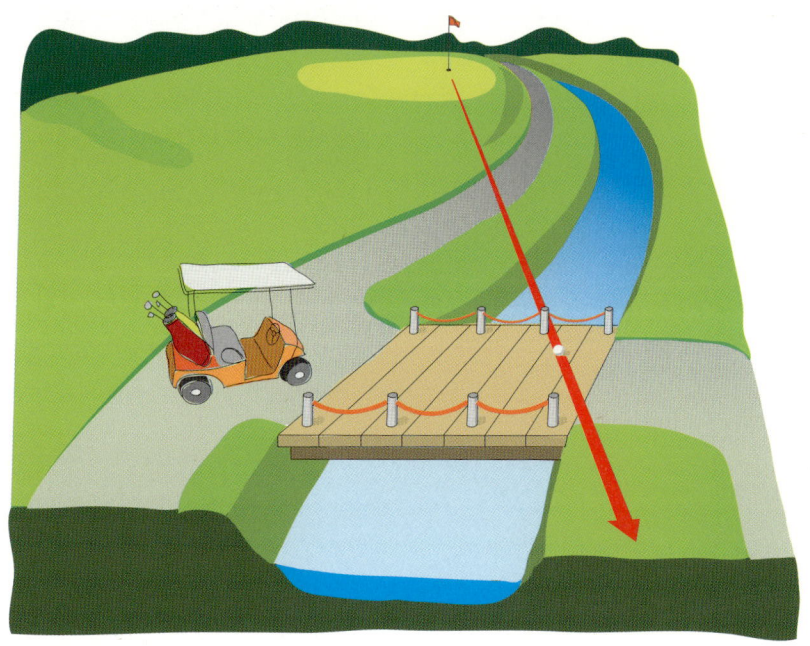

- 페널티 구역에서는 클럽을 바닥에 댈 수 있다.
- 그 상태서 공을 그냥 쳐도 된다.
- 드롭하려면 1벌타 후, 후방으로 한다.

4 인공 장애물에 가로 막힌 공

움직일 수 없는 인공 장애물이라 할지라도 공의 궤도에 지장을 받는다고 해서 구제 받을 수는 없다.
단, 스윙이나 스탠스에 방해를 받으면 구제 가능.

5 O.B 말뚝 아래의 공

O.B 말뚝은 움직일 수 있는 인공 장애물로 취급하지 않기 때문에 뽑을 수 없다. 구제 받을 수 없고 그 상태서 플레이 해야 한다. 플레이가 힘든 경우에는 1벌타 후, 2클럽 이내에서 홀과 먼 쪽으로 드롭이 가능하다.

4 Chapter 벌타

- 벌점을 부가한 후, 다시 칠 수 있는 기회를 준다.
- 가장 긴 클럽(드라이버)으로 2클럽 이내 거리에서 드롭한다.
- 드롭 지역은 핀과 가깝지 않아야 한다.

1벌타 : 본의가 아닌 벌칙에 부가하는 벌점.
2벌타 : 고의적인 부정 행위에 대한 벌점.

페널티 구역
언플레이어블 볼
오비와 로스트 볼
로컬 룰

1 페널티 구역 (Penalty Area)

골프장에서 지정한 연못, 호수, 개천 또는 골프장에서 특정한 구역 등을 말한다. 물이 말라버린 상태도 포함된다. 노란 색 말뚝이나 노란 색의 선으로 표시. 골프장에 따라 로컬 룰을 만들어 드롭 지역을 정하고 지정한 곳에서 플레이 하기도 한다. 페널티 구역 내의 물이 말라서 플레이가 가능하다면 벌타 없이 플레이 할 수 있다. 페널티 구역 안에서 클럽이 바닥에 닿아도 무벌타.

1 노란 말뚝

연못이나 개천이 페어웨이의 앞쪽에 있는 경우 아래 3가지 중 유리한 방법 선택하면 된다.

X 공이 들어간 지점

❶ 벌타 없이
빠진 상태 그대로 칠 수 있다. 물이 말랐을 경우에도 클럽 헤드가 바닥에 닿아도 무방하다.

❷ 1벌타 후,
공이 들어간 지점과 핀의 연장선 후방 아무 곳에서나 칠 수 있다.

❸ 1벌타 후,
원래 샷을 했던 곳에서 다시 칠 수 있다.

4 벌타

드롭 지역의 지정

공이 페널티 구역으로 들어 간 지점을 기준으로 드롭 존을 정한다.
㉮물로 들어간 지점과 핀을 연결한 선상의 직 후방에 아무 곳.
㉯물로 들어간 지점의 노란 말뚝에서 2 클럽 이내에 드롭.
㉰원래 샷 한 곳.

- 공이 굴러서 연못의 앞쪽으로 굴러 들어간 경우.
- 공이 직접 연못으로 빠진 경우.

- 공이 연못의 뒤 턱을 맞고 굴러 빠진 경우.

X 공이 들어간 지점

2 빨간 말뚝

연못이나 개천이 페어웨이의 옆쪽에 있는 경우. 룰을 적용하는데 약간의 차이가 나기 때문에 빨간색으로 달리 구분하고 있다. 드롭 할 자리를 확보할 수 없는 경우에 구제하기 위한 설정이다. 두 가지 방법이 추가 된다.

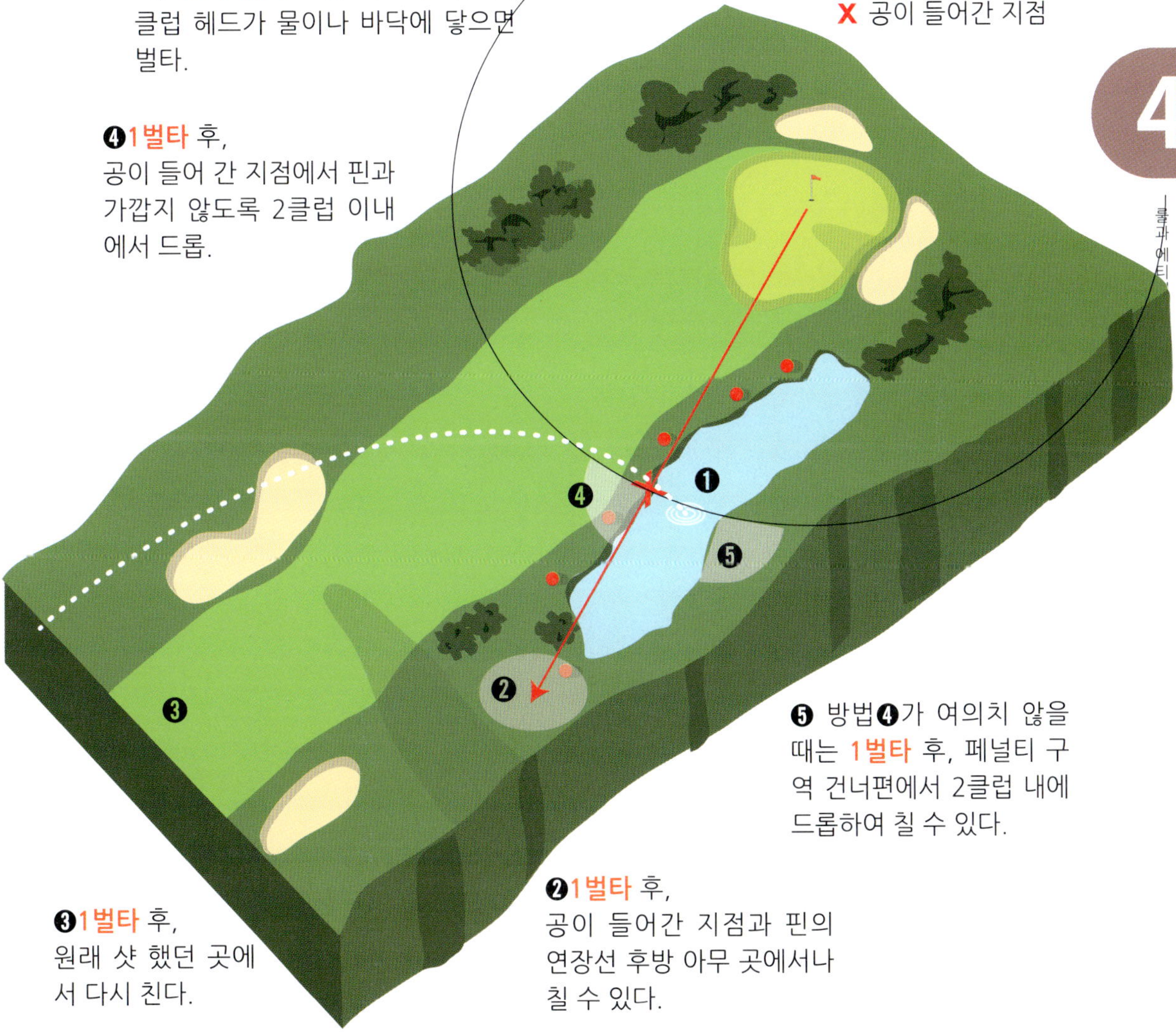

❶ 공을 칠 수 있다면(물이 마른 상태) **벌타 없이** 그냥 쳐도 된다. 단, 클럽 헤드가 물이나 바닥에 닿으면 벌타.

❹ **1벌타** 후, 공이 들어 간 지점에서 핀과 가깝지 않도록 2클럽 이내에서 드롭.

X 공이 들어간 지점

❺ 방법❹가 여의치 않을 때는 **1벌타** 후, 페널티 구역 건너편에서 2클럽 내에 드롭하여 칠 수 있다.

❷ **1벌타** 후, 공이 들어간 지점과 핀의 연장선 후방 아무 곳에서나 칠 수 있다.

❸ **1벌타** 후, 원래 샷 했던 곳에서 다시 친다.

2 언플레이어블 볼

언플레이어블 볼(Unplayable ball)

 공이 플레이 하기에 불가능한 지역에 있거나 플레이를 하기 힘든 상태에 있을 경우, 벌타를 부가하고 다시 칠 수 있다. 칠 수가 없으니 벌타를 받고 다시 치겠다고 동반자에게 선언하는 것이다. 그 공을 소유한 플레이어만이 언플레이어블 볼 여부를 결정할 수 있다. 페널티 구역을 제외한 코스 어느 곳에서나 언플레이어블을 선언할 수 있다.

1 벌타 후,

❶ 앞서 플레이 했던 곳으로 되돌아가서 친다.
❷ 공이 있던 곳에서 2클럽 이내에서 드롭하고 플레이 한다.
❸ 공이 있던 곳과 홀을 직선으로 연결한 선상 후방에서 드롭하고 플레이 한다.

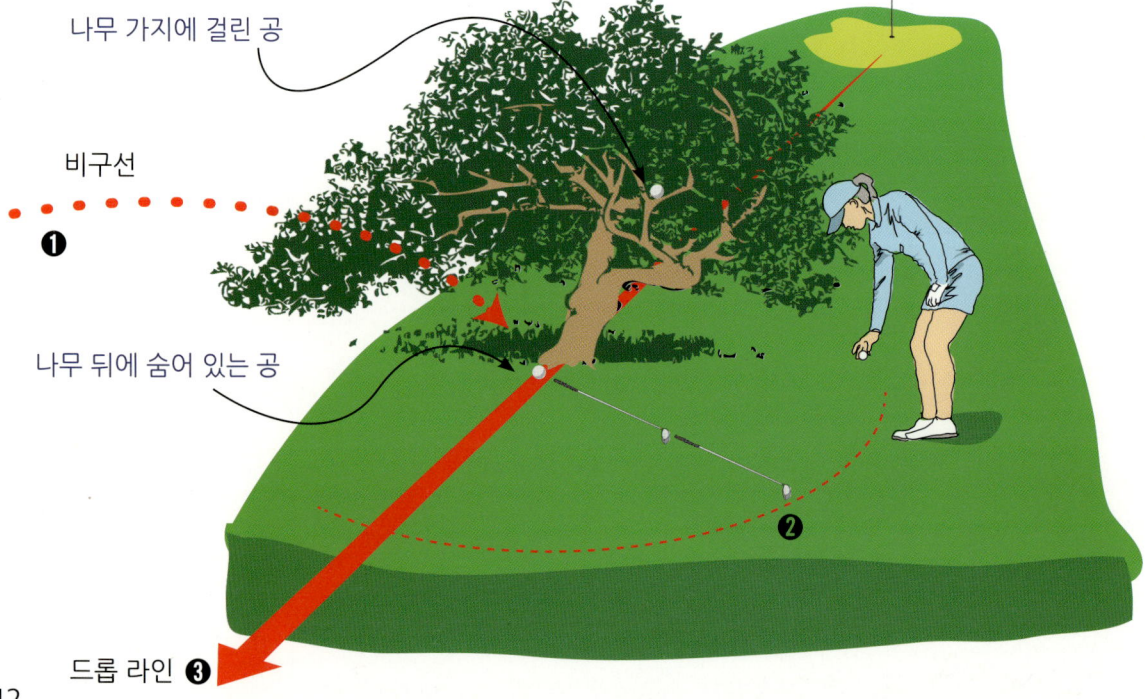

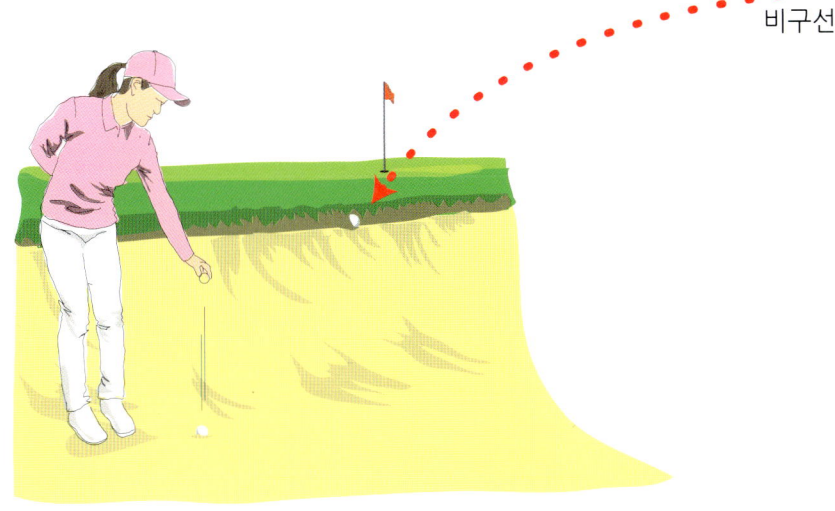

비구선

벙커의 턱에 박혀버린 공
공이 턱에 깊이 박혔거나 모래에 완전히 덮혀 도저히 칠 수가 없는 상황일 때, 플레이어는 언플레이어블 볼로 선언할 수 있다.

다음 두 가지 방법 중 선택
벙커 내에서 드롭하면 **1 벌타**,
벙커 바깥에서 드롭하고 플레이 하면 **2 벌타**

3 오비와 로스트 볼

1 오비(O.B)
- 친 공이 코스에서 규정한 경계를 벗어났을 경우.
- 1벌타 부가 후, 쳤던 곳에서 다시 플레이 한다.
- 시간 관계상 제자리로 돌아가지 못할 때는 2벌타 후, 공이 들어 간 지점 근처에서 플레이 한다.(정식 규정은 아님.)
- O.B인지 불분명할 때는 잠정구를 치고 간다.

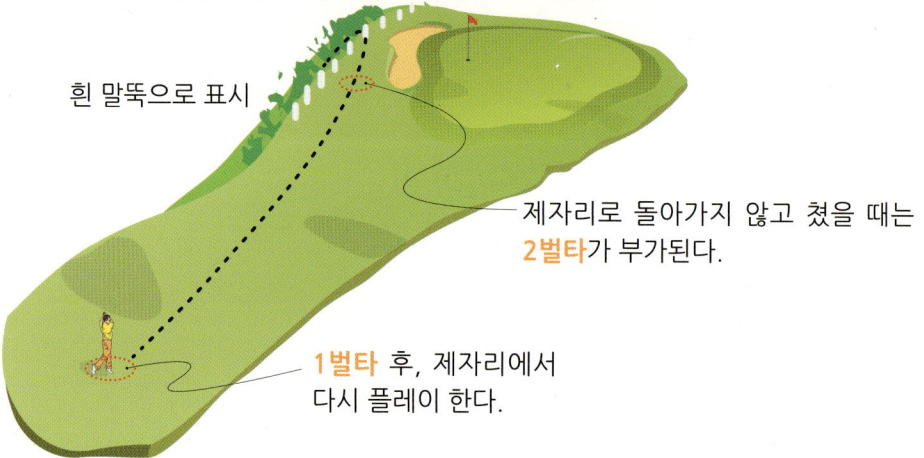

흰 말뚝으로 표시

제자리로 돌아가지 않고 쳤을 때는 **2벌타**가 부가된다.

1벌타 후, 제자리에서 다시 플레이 한다.

2 로스트 볼 (Lost ball_분실구)
- 공을 찾지 못했을 경우.
- O.B와 동일하게 룰이 적용된다.(1 벌타)
- 동반자와 함께 찾을 수 있는 시간이 5분간 주어진다.
- 잠정구를 친 후, 원래 공을 찾았다면 원래의 공으로 플레이 한다.

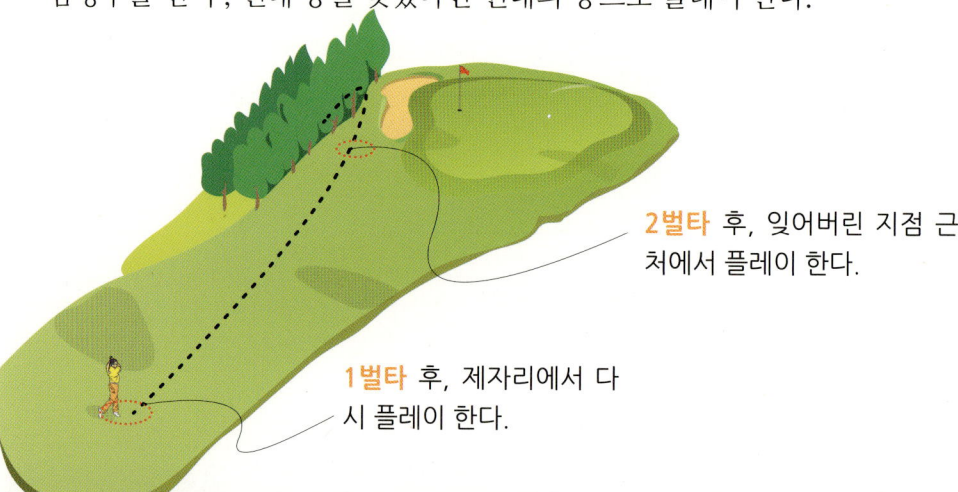

2벌타 후, 잊어버린 지점 근처에서 플레이 한다.

1벌타 후, 제자리에서 다시 플레이 한다.

4 로컬 룰(Local rule)

코스의 특수한 조건 때문에 그 코스에서만 적용되는 특별한 규칙을 말한다. 우선적으로 적용되어야 할 룰이다. 로컬 룰은 스코어 카드에 명시되어 있고 골프장마다 약간씩 다르게 규정하고 있는 경우도 있기 때문에 항상 확인하고 플레이 하는 게 좋다.

화단의 공을 구제 받을 수 있는 경우, 화단 밖이라도 스탠스나 스윙에 지장이 있으면 구제 받을 수 있다.

공이 연못에 빠졌을 경우, 진행을 위해 정해 놓은 페널티 구역 박스에서 치도록 로컬 룰로 정하기도 한다.

화단 안에 공이 있을 경우에는 구제하도록 로컬 룰로 정한 골프장이 많다.

드롭 라인

화단

페널티 구역 박스

O.B 티 박스

티 샷이 오비가 났을 때, 게임의 진행을 원만하게 하기 위하여 페어웨이에 드라이버 티 박스를 만들어서 치게 한다. 벌타를 합쳐 4타째가 된다.

1 화단의 경우

골프장 마다 약간 다르게 규정하기도 한다.
- 공이 화단 안에 들어 갔을 때, 있는 그대로 플레이 하는 골프장
- 무조건 1벌타 먹고 나와서 쳐야 하는 골프장
- 화단 보호 차원에서 무벌타로 구제해 주는 골프장 등, 골프장마다 로컬 룰로 정해 놓고 있다. 간혹 이지만 이런 이유로 플레이어들 간에 논쟁의 대상이 되기도 한다.

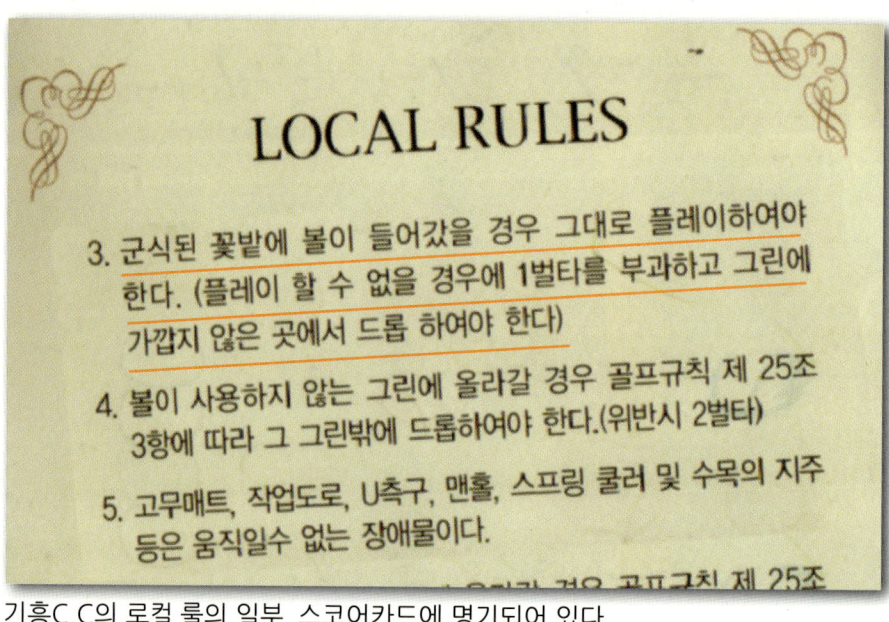

기흥C.C의 로컬 룰의 일부. 스코어카드에 명기되어 있다.

로컬 룰에 구제의 지정이 없는 경우
- 공이 있는 그대로 플레이 한다.
- 혹은, 언플레이어블 볼로 선언하고 1벌타 후, 홀과 가깝지 않게 2 클럽 이내에 드롭한다.

로컬 룰로 구제할 경우
- 벌타 없이 1 클럽 이내에 드롭한다.
- 스탠스나 스윙에 지장이 있어도 구제 대상이 된다.

2 특별한 로컬 룰

1. O.B 티 박스

티 샷의 공이 O.B가 되었을 때, 원활한 경기 진행을 위해 페어웨이의 중간쯤 지점에서 샷을 할 수 있도록 만들어 놓은 특설 티 박스. 티 플레이가 가능하며 4번째 샷이 된다.

2. 페널티 구역 특설 티잉 구역

공이 연못이나 개천에 빠졌을 때, 역시 원활한 게임의 진행을 위해 골프장 측에서 지정해 놓은 지역에서 샷을 하도록 만들어 놓은 박스. 빨간색으로 표시. 물에 빠지면 어떠한 경우를 막론하고 무조건 이 곳에서 치라는 뜻이다.

3. 기타

코스의 지리적 특성이나 계절적 변화, 또는 코스의 특이한 시설 때문에 발생할 수 있는 상황에 대하여 골프장이 규정을 한다. 주로 스코어 카드 뒷면에 기재되어 있으며 게임 전에 캐디에게 미리 알아 보도록 한다

김효권의 슬픈가 예수이네!

펴낸날	초판	2012년 6월 25일
	개정판	2017년 3월 24일
	개정2판	2025년 5월 1일
지은이	김효권	hkim501@gmail.com
펴낸이	김남희	nami2003@naver.com
펴낸곳	지앤오미디어	
편 집	김효권	
디자인	김효권	

출판신고 2012년 6월 12일 제2012-000069호

서울시 송파구 올림픽로 32길 11
전화:070-4065-9294   팩스:0504-155-4649

ISBN   978-89-969084-4-9   13690

- 무단 복제를 금지하며 모든 저작권은 저자와 지앤오미디어에 있습니다.
- 값은 뒤표지에 있습니다.
- 잘못 만들어진 책은 구입처에서 바꾸어 드립니다.

Copyright © Hyokwon Kim 2012